中矢俊博

ケインズ経済学研究

芸術家ケインズの誕生を探る

同文舘出版

はしがき

　ケインズは，多くの才能に恵まれた人物であった。彼の名を世界に広めた経済学者であるのはもちろんのこと，イギリス・インド省の官僚，ヴェルサイユ会議での大蔵省首席代表，母校キングズ・カレッジの会計官，金融街「シティ」での経営者ならびに投機家，「タイムズ」などの新聞を通じたオピニオン・リーダー，「エコノミック・ジャーナル」などの雑誌の編集者，「マクミラン委員会」など各種委員会の委員，対米借款交渉でのイギリス代表，ディルトンの農場主，イギリス芸術評議会の設立者など，枚挙にいとまがない。ケインズの人物像に関しては，ハロッドの『ケインズ伝』(1951年)，スキデルスキーの『ジョン・メイナード・ケインズ』(1983-2000年)，モグリッジの『ケインズ』(1992年)を始めとして，多数の文献が挙げられる。投機家として活躍したことに関しては，那須正彦の『実務家ケインズ』(1995年)や伊藤宣広の『投機は経済を安定させるのか？』(2016年)が参照されるべき文献である。

　さて，ケインズの近くにいた研究者は，ケインズのことをどのように見ていたのか。ロイ・ハロッドは，ケインズを論理学者・散文作家・心理学者・書籍蒐集家・絵画鑑定家であったと見る。ジェームズ・ミードは，ケインズが科学者・芸術家・人道的道徳主義者・実務家の資質を独特の仕方で兼ね備えていたと言う。オースティン・ロビンソンは，ケインズを経済学者・投機家・官僚・政治家であったと同時に，哲学者・数学者・歴史家・愛書家・現代絵画やバレエの批評家や大家であると考える。彼らは，ケインズの多様性に富んだ人物像を正確に描写している。ブルームズベリーでの友人であったクライブ・ベルは，『旧友たち』(1956年)の中で，「彼は芸術家であった」と述べる。

　また，優れたケインズ解説として『ケインズの戦い』(2007年)を書いたドスタレールは，「ケインズは，自分自身を芸術家だとは考えていなかった。しかし彼は，人生の早い時期から，自分には，経済理論家としての使命以上に重

要な使命が，すなわち芸術および芸術家の後援者としての使命があると考えていた」，と述べる。彼の書物の付録2「友人および同時代人がみたケインズ」には，多くの人によるケインズの人となりが紹介されている。その中でも興味を惹くのは，ケインズの強力な批判者であったハイエクが，「彼の成功は，天才的で鋭敏な知性と，英語の巧みな使い方や人を魅了するような説得力のある声などとの類い稀な組み合わせにある」と指摘し，ロビンズも「思考のすばやさと知覚の鋭さ，彼の声の調子と散文の文体，彼の理想主義と道徳的情熱」を挙げていることである。ケインズの声は，多くの人を説得する力を持っていたのである。BBCラジオを通じて朗読された「イギリス芸術評議会の理念」が多くの人を感動させたのも，ケインズの説得力のある声によるところが多かったのかもしれない。また，ヴァージニア・ウルフが「彼は奇妙な膨れたウナギのような顔つきで，とくにすぐれた容貌ではない。しかし，彼の目はすばらしい」，と言っているのも面白い。ケインズは，素晴らしい声を持っていたと同時に，目も実に生き生きとしていたに違いない。

　本書は，『ケインズ経済学研究―芸術家ケインズの誕生を探る―』という題目を持つ。管見の及ぶ範囲で，今までこのような副題で物された書物はない。世界的な経済学者であり，保険会社の経営者であったケインズにとって，彼の経済面を分析した書物は膨大な数に上るものの，彼の芸術面を強調した書物は少ない。筆者は，以下の叙述において積極的に，ケインズが芸術家であったと主張したが，その意見に賛成しない人もいるに違いない。

　ケインズが芸術家であったかどうかについては，何をもって人を芸術家と呼ぶのかにかかっている。ハロッドやハイエク，それにロビンズが指摘しているように，ケインズが文章の達人であったとするならば，当然芸術家の範疇に入れてもよいであろう。また，クライブ・ベルのように，優れた芸術的資質を数多く有している人を芸術家と呼ぶならば，ケインズは十分芸術家に値する。絵を描き（画家），音楽を創造し（作曲家），バレエを踊る（舞踏家）人は芸術家と認定されやすいが，小説や伝記を書き（作家），様々な批評活動を実行した人（評論家）も芸術家と呼ばれるべきであろう。

　ちなみに，最近（2018年1月12日）改訂された『広辞苑』第7版を見ると，

芸術とは「①技芸と学術。②（art）一定の材料・技術・身体などを駆使して，観賞的価値を創出する人間の活動およびその所産。絵画・彫刻・工芸・建築・詩・音楽・舞踏などの総体。特に絵画・彫刻など視覚にまつわるもののみを指す場合もある」，とある。もちろん芸術家とは，そのような芸術の創作活動を行う人である。芸術を狭く捉えれば，絵画や彫刻などを中心とした視覚面での創作活動ということになるが，芸術と言うものを広く捉えれば，文学や評論などの散文を中心とした学術が含まれてもよいに違いない。

　ケインズは，「使徒会」に属していた若き日に，詩人のミルトンやワーズワス，画家のヴェラスケスといった芸術家の一人となることを希望していた。ブルームズベリーの芸術家たちと同様に，優れた散文作家として多くの評論や人物伝（『説得論集』（1931 年），『人物評伝』（1933 年））を物していることから，ケインズを芸術家と呼んでもよいのではないか。さらに言うならば，ケインズは単なる芸術家ではなく，大きな視野を有した芸術家であったと言っておきたい。なぜなら，ケインズは，現実に見られる不完全雇用（失業）や所得ならびに資産の不平等（格差）などの経済問題を解決した後に来る豊かな社会においては，経済領域ではなく，文化や芸術こそが様々な人間活動の頂点に立つことを強く期待し，そのために全生涯を捧げたからである。

　本書の構成を示しておこう。第 1 章は，ケインズと芸術について，ブルームズベリー・グループを中心に様々な角度から振り返った後，彼が BBC ラジオを通じて朗読した「イギリス芸術評議会の理念」について考察する。資料として，「イギリス芸術評議会の理念」の私訳を掲載しておく。第 2 章は，彼の周りにいた芸術家たちについて，少し詳細に述べる。ここでの主要人物は，ヴァネッサ・ベル，ヴァージニア・ウルフ，ダンカン・グラント，リットン・ストレイチー，ロジャー・フライ，クライブ・ベル，レナード・ウルフの 7 名である。続く第 3 章は，ケインズが大学時代に所属した「使途会」のメンバーに焦点を当て，彼らの人物像や業績について簡潔に論じる。有名な「若き日の信条」で，ケインズは「人生の主目的は，愛であり，美的体験の創造と享受であり，知識の追求であった。その中でも，愛が断然一位を占めていた」，と明言した。彼の人生を決定したのは，ジョージ・エドワード・ムーアやリットン・

ストレイチーなどを中心とした「使途会」の仲間たちであった。

　第4章は，先に言及した「若き日の信条」を取り上げ，その執筆動機や議論を呼ぶ内容について検討する。ケインズがビクトリア朝時代の道徳について反逆したことは事実であるが，これは決して道徳一般に対する否定ではない。「われわれはムーアの宗教を受け入れて彼の道徳を捨てた」と言う場合に彼が捨てたのは，道徳規則への無条件の服従であって，個々のケースについてはそれぞれの功罪に応じて判断を下す権利を持つべきだ，としたのである。ここでは，議論の中心となるムーアの『倫理学原理』についても，簡潔に検討しておく。続く第5章は，「若き日の信条」と同様に，ケインズの死後発表された素晴らしい論稿「敗れた敵，メルヒオル博士」を取り上げる。先に，ミードやロビンズが述べたように，ケインズは人道主義者であり，道徳的情熱を持つ人であった。これは，第一次世界大戦の終盤に，大蔵省首席代表としてヴェルサイユ条約に臨んだ際に，遺憾なく発揮された彼の特質である。ケインズは，若い時から人道主義的情熱に燃え，世界の経済的秩序を再構築しようと努力する人であった。その努力の一端を検討してみたのが本章である。第6章は，ケインズの将来ビジョンが示された「わが孫たちの経済的可能性」を取り上げる。1930年前後の世界恐慌の最中に執筆されたこの論稿は，経済的苦境を乗り越えた後の将来の人間生活について，ケインズ自身の麗しい展望を見ることができる。

　さて，第7章はケインズの「自由放任の終わり」を分析する。この論稿は，ケインズの考え方が明確に表現されたものとして有名であり，新古典派経済学の中心的教義である自由放任主義を厳しく批判し，自由を守るために政府の介入が必要であることを強く主張する。しかし，その題名が混乱を生んだこともよく知られており，偉大な経済学者は皆，自由放任主義を教条的に信奉してはいなかった，と論じている。本章では，そのような混乱の原因についても検討する。第8章はケインズの景気循環論，第9章はケインズの経済社会哲学を取り上げる。これらの論稿は，『雇用・利子および貨幣の一般理論』の第22章と第24章を検討したものである。第8章はケインズに景気循環論があることを知らせるだけでなく，ジェヴォンズの景気循環論に対する好意的な取り扱いが

われわれの興味を惹く。第9章はケインズの経済社会哲学がどのようなものであったか論じる。それを論じるに当たっては、『一般理論』の最終章にある「一般理論の導く社会哲学に関する結論的覚書」を検討するのがよい。ここには、「遅かれ早かれ、良かれ悪しかれ危険なものは、既得権益ではなくて思想である」、というケインズの名言が末尾を飾っている。

付論として、ケインズが詩人のシェリーを高く評価していたことを教える「ケインズとイギリス・ロマン派詩人　パーシー・シェリー」と、第5章で述べた第一次世界大戦の顛末を興味深い戯曲にしているグレッグ・ヒルの翻訳稿「パリ講和会議：一幕劇（『戯曲：ケインズ』より）」を入れておいた。前者は、ケインズと文学の関係を知るための予備作業となることを期待しているし、後者は、ヴェルサイユ講和会議でのケインズとフォッシュ元帥やメルヒオル博士たちとのやり取りを戯曲として描いたものである。この戯曲は、第5章の「敗れた敵、メルヒオル博士」と合わせて読んで頂きたい。

最後になったが、30年近くに亘ってご厚情を頂いている同文舘出版の中島治久社長と市川良之編集局長に対して、深甚の感謝を申し上げたい。同文舘出版には、筆者の学位論文となった『ケンブリッジ経済学研究』（1997年）や筆者が一番愛している『ケインズとケンブリッジ芸術劇場』（2008年）を作って頂いたし、筆者が大学で初学者向けの講義に使っている『入門書を読む前の経済学入門』（2001-2018年）や専門科目である経済学史のための『天才経済学者たちの闘いの歴史』（2014年）を出して頂いた。その他にも、ロンドン大学で教えを受けたマーク・ブローグ教授の『ケインズ以前の100大経済学者』（1989年）と『ケインズ以後の100大経済学者』（1994年）の翻訳出版もお願いした。繰り返しになるが、このように1989年から2018年まで、本当に長くお世話になった同文舘出版の関係者の皆様に、心からなる感謝を捧げるしだいである。

　　2018年8月
　　　酷暑の夏を実感しながら

中矢　俊博

目　　次

はしがき ……………………………………………………………………… (1)

第1章　ケインズと芸術 ──────────────────── 3
　　　　──芸術評議会の理念──

　1.　はじめに ……………………………………………………………… 3
　2.　使徒会での活躍 ……………………………………………………… 5
　3.　ブルームズベリー・グループ ……………………………………… 7
　4.　集合的欲求としての文化・芸術 …………………………………… 9
　5.　リディアとの結婚とケンブリッジ芸術劇場の建設 ……………… 12
　6.　ケインズの将来ヴィジョン（イギリス芸術評議会の設立）…… 15
　7.　おわりに ……………………………………………………………… 18

第2章　メイナード・ケインズを取り巻く芸術家たち ─────── 33

　1.　はじめに ……………………………………………………………… 33
　2.　メイナードとブルームズベリー・グループ ……………………… 34
　3.　ブルームズベリー・グループの特徴 ……………………………… 37
　4.　メンバーの個性と交流 ……………………………………………… 39
　5.　メイナードの多様性に富んだ人生 ………………………………… 62

第3章　ケインズとケンブリッジ「使徒会」──────────── 67

　1.　はじめに ……………………………………………………………… 67
　2.　ケインズと使徒会員 ………………………………………………… 68
　3.　ケインズとブルームズベリー・グループ ………………………… 78
　4.　ケインズとメモワール・クラブ …………………………………… 83

5. おわりに ……………………………………………………………… 87

第4章　ケインズの「若き日の信条」————————— 89

1. はじめに ……………………………………………………………… 89
2. 「若き日の信条」が執筆された経緯 ………………………………… 90
3. D. H. ロレンスの経歴 ………………………………………………… 93
4. ロレンスの嫌悪とケインズの反省 …………………………………… 95
5. 「ムーアの宗教」と有機的統一の原理 ……………………………… 97
6. ムーアの「理想」(『倫理学原理』第6章) について …………… 100
7. 人間性に関する偽りの合理性 ……………………………………… 104
8. おわりに ……………………………………………………………… 106

第5章　ケインズの「敗れた敵, メルヒオル博士」————— 115

1. はじめに ……………………………………………………………… 115
2. 「敗れた敵, メルヒオル博士」の論理展開（その1）…………… 117
   [1] 第一次世界大戦の戦後処理 …………………………………… 117
   [2] ドイツとの休戦に関する条約 ………………………………… 122
3. 「敗れた敵, メルヒオル博士」の論理展開（その2）…………… 127
   [3] ケインズとメルヒオル博士 …………………………………… 127
   [4] ロイド・ジョージとクロッツとの対決 ……………………… 133
4. おわりに ……………………………………………………………… 138

第6章　ケインズの「わが孫たちの経済的可能性」————— 151

1. はじめに ……………………………………………………………… 151
2. 「わが孫たちの経済的可能性」におけるケインズの論理展開 (その1)
   …………………………………………………………………………… 153
3. 「わが孫たちの経済的可能性」におけるケインズの論理展開 (その2)
   …………………………………………………………………………… 158

4. おわりに ·· 162

第7章　ケインズの「自由放任の終わり」──────── 169

　　1. はじめに ·· 169
　　2. 個人主義と自由放任思想の歴史 ······························· 171
　　3. 自由放任思想と偉大な経済学者 ······························· 177
　　4. おわりに ·· 180

第8章　ケインズの景気循環論 ─────────────── 187
　　　──『一般理論』第22章「景気循環に関する覚書」──

　　1. はじめに ·· 187
　　2. 循環的運動の規則性 ·· 189
　　3. 資本の限界効率 ··· 190
　　4. 大恐慌の分析 ··· 191
　　5. 様々な景気循環論 ·· 196
　　6. おわりに ·· 203

第9章　ケインズの経済社会哲学 ─────────────── 205
　　　──『一般理論』第24章「一般理論の導く社会哲学に関する結論的覚書」──

　　1. はじめに ·· 205
　　2. 有効需要の原理 ··· 206
　　3. ケインズの経済社会哲学 ·· 208
　　4. 税制改革による民間消費の拡大―むすびにかえて― ·········· 217

付論1　ケインズとイギリス・ロマン派詩人パーシー・シェリー － 225

　　1. はじめに ·· 225
　　2. シェイクスピアの『マクベス』 ································ 226
　　3. 『確率論』の最終ページに掲載されている詩 ·············· 227
　　4. ケインズとイギリス・ロマン派詩人パーシー・シェリー ······ 227
　　5. パーシー・シェリーの短い生涯 ································ 230

付論2　パリ講和会議：一幕劇（『戯曲：ケインズ』より） ───── 233

　　1. 訳者はじめに ───────────────────── 233
　　2. 作者はじめに ───────────────────── 234
　　3. 第一幕：パリ講和会議，1919年 ───────────── 236
　　4. 謝　辞 ───────────────────────── 261

参考文献 ────────────────────────── 263
あとがき ────────────────────────── 273
索　引 ─────────────────────────── 275

ケインズ経済学研究
―芸術家ケインズの誕生を探る―

第1章 ケインズと芸術
—芸術評議会の理念—

1. はじめに

　ケインズに関する文献は，汗牛 充 棟(かんぎゅうじゅうとう)の感がある上に，毎年何冊もの書物が新たに出版されている。特に，2008年9月に発生したリーマンショック以降，ケインズの評価が著しく高まってきた事もあり，その数はますます増えている。例えば，ダビッドソンの『ケインズ・ソリューション：グローバル経済繁栄への道』(2011年)，ケインズ学会編の『危機の中で〈ケインズ〉から学ぶ』(2011年)，ポール・クルーグマンの『さっさと不況を終わらせろ』(2012年)，平井俊顕の『ケインズは資本主義を救えるか—危機に瀕する世界経済—』(2012年)，原正彦編の『グローバル・クライシス』(2012年)，那須正彦の『ケインズ研究遍歴』(2012年)などが挙げられよう[1]。

　しかし，ケインズに関する文献の多くは，経済学者としての業績を捉えたものがほとんどであり，彼が一生をかけて追求した文化・芸術に関するものは皆無と言っても言い過ぎではない。ケインズ自身が，音楽や美術，バレエや演劇などの芸術 (art) が，人間の様々な活動の中でも最上位を占め，物理学や経済学などの科学 (science) の上に位置するものであり，ましてや現実に営まれている経済活動の上に立つのは当然だ，と考えていたことを忘れているかのようである[2]。筆者は，このような状況に鑑み，10年前に『ケインズとケンブリッジ芸術劇場—リディアとブルームズベリー・グループ—』(2008年)を世に送り出した[3]。

　さらに，現在ケインズ学会の会長を務めており，日本におけるケインズ研究

の第一人者である平井俊顕は，このようなケインズ経済学の偏った現状を深く憂慮し，彼の『ケインズとケンブリッジ的世界―市場社会観と経済学―』（2007年）の第7章「ブルームズベリー・グループ」の中で，「20世紀前半のイギリスにあって，その学術的・芸術的創造性において，その価値理念において，そしてその生活実践において，一際異彩を放ったグループが存在する。それが『ブルームズベリー・グループ』である。本書の主人公であるケインズは，生涯を通じてこのグループの中心メンバーであったから，『人間』ケインズを知るうえで，このグループについての知見を得ることは必須の事柄といえる。だが，『ケインズ革命』に象徴されるように，ケインズが語られるのは圧倒的に経済学者としてであり，それ以外の側面は，ほとんど無視されるのが常であった。わが国においても，ブルームズベリー・グループへの関心はもっぱら文学的視点から払われてきており，経済学者が本格的な関心を寄せるということは，現在に至るもほとんどない」[4]，と述べたのである。

　ところが近年，筆者の『ケインズとケンブリッジ芸術劇場―リディアとブルームズベリー・グループ―』だけでなく，ジル・ドスタレールの大著『ケインズの闘い―哲学・政治・経済学・芸術―』（2008年），スキデルスキーの『なにがケインズを復活させたのか？―ポスト市場原理主義の経済学―』（2010年）などが相次いで出版され，ケインズの文化・芸術活動を研究しようとする環境が整ってきた[5]。本章では，平井の問題意識に強く共感する形で，経済学者の末席を汚している筆者なりのやり方で，ケインズと芸術について論じるものである。

　以下では，ケインズ自身が文化・芸術面での感性を育んだケンブリッジ「使徒会」（Apostles）での活躍，スティーヴン家の4人の兄弟姉妹であるヴァネッサ，トウビー，ヴァージニア，エイドリアンを中心としたブルームズベリー・グループ，文化・芸術を集合的欲求として捉える分析，さらにはケインズの芸術に対する熱い思いを実行に移したリディアとの結婚や「ケンブリッジ芸術劇場」（Cambridge Arts Theatre）の建設について述べる。最後に，ケインズの芸術活動の集大成となった「イギリス芸術評議会」（Arts Council of Great Britain : ACGB）設立に際して，BBCラジオ放送で発表した素晴らしい将来ヴィジョン等について，論じることにする。

2. 使徒会での活躍

　ケインズの伝記などを手掛けたモグリッジによると，ケインズはケンブリッジ「使徒会」で，20本以上の論文を発表している。これらを年代順に示してみると，「時間」「ディキンソン」(1903年)，「行為に関する倫理学」「美」「エドモンド・バークの政治原理」「真実」「現代文明」「寛容」(1904年)，「美徳と幸福」「倫理学雑考」「美の理論」「パラダイス」(1905年)，「メロドラマを書くべきか」「エゴイズム」「義務」「事後分析」(1906年)，「容貌」「ヘンリー王子とルパート王子」(1908年)，「余剰を消費すべきか，あるいは家具が愛に及ぼす影響」「科学と芸術」「形而上学の社会における現在の状態」(1909年)，「有機的統一の原理」(1910年) である。このリストからも容易に理解できるように，学生時代にケインズがケンブリッジ「使徒会」で発表したのは，文化・芸術論や倫理学・哲学に関する論文が大半である。[6]

　ところで，ケンブリッジ「使徒会」とはいかなる団体であるのか。以下では，ジョン・メイナード・ケインズ（使徒番号：243），リットン・ストレイチー（使徒番号：239），レナード・ウルフ（使徒番号：241），ロジャー・フライ（使徒番号：214），E.M.フォスター（使徒番号：237），デズモンド・マッカーシー（使徒番号：231），サクソン・シドニー・ターナー（使徒番号：240）などが所属していた「使徒会」について，少し見ておきたい。

　ヴァージニア・ウルフの研究書を物している坂本公延の『ブルームズブリー・グループの群像―創造と愛の日々―』(1995年) によると，「この会は長い伝統を有し，最初1820年に『ケンブリッジ談話会』(Cambridge Conversation Society) として発足した。19世紀の初期には雄弁なスピーチが学生生活の気ばらしの一つだったから，談話会そのものはさほど珍しいものではなかった。『使徒会』のメンバーの支持政党は保守のトーリー党であり，宗教は福音教会だったという。『使徒会』の名称はこの会に与えられた渾名（あだな）で，その由来は不明だが，当時会員がキリストの12使徒と符合する12名に制限され

ていたせいとも，エリートとして威厳を保つために会員たちは独自の宗教的見解の下で統率されていたからだともいわれている[7]」，とのことである。

そして，「会員によって書かれたエッセイを持ち寄り，会員同士が非公開で討論した点に特徴が見出せる。使徒たちは土曜日の夕方，エッセイを発表する会員の部屋に集まって，読まれたものの主題について，あるいは会員が選んだ問題について討論する手続きをとった。……会員に空席ができると，新しい「使徒」が全員によって推挙される。例えば，リットン・ストレイチーがメイナード・ケインズを1903年に「使徒」に推挙している[8]」，のであった。

ケインズの時代に，「使徒」たちを魅了したのが，ジョージ・エドワード・ムーア（使徒番号：229）の『倫理学原理』(1903年)であった。ケインズによると，彼らの関心を呼んだのが，「われわれが知っているか，想像できるものの中で，とりわけ価値が高いのは，ある意識の状態 (certain states of consciousness) であり，大雑把に表現するなら，人間の交際の喜び (the pleasure of human intercourse) と，美しいものを鑑賞する楽しみ (the enjoyment of beautiful objects) にあるといえよう。この問題をわが心に問うたことのある人なら，おそらく誰しも，個人的な愛情 (personal affection) と，芸術や自然における美しいものの観賞 (the appreciation of what is beautiful in Art or Nature) とが，それ自体善いものであることを疑わないであろう[9]」，というフレーズであった。また，ケインズの論文は，「行為に関する倫理学」「倫理学雑考」「美の理論」などのように，ムーアの意見に賛成するにしても反対するにしても，彼の『倫理学原理』に関して論じたものが多い。

さて，「使途会」の中でも，ロジャー・フライは，絵画の世界で有名となり，美術評論家として世に認められた。フライは，1920年に『ヴィジョンとデザイン』を発表しているが，ケインズが「使徒会」において，1905年という極めて早い時期に，「美の理論」(A Theory of Beauty) を発表していた事は特筆に値する。ドスタレールの大著『ケインズの闘い―哲学・政治・経済学・芸術―』(2008年)の第8章「芸術」には，ケインズの美学に関する感性の素晴らしさが，次のように示されている。

ケインズは「美の理論」の中で，「美の価値とはひとえに，それが意識ある

人間のうちに喚起する感動の結果なのである。……善きものとはそれ自体で美しいものではなく，むしろ美が喚起する感動なのである。こうした感動の価値は，感動とわれわれの精神の満足感との関係の中に存するのであって，このような満足感と何らかの原因——感動の源泉と想定された——との関係のなかに存するのではない。……私が主張したいのは，われわれの感情の価値はもっぱら，われわれが見るものと感情との関係に依存するのであって，われわれが見るものと存在するものとの関係にはまったく存在しないということである。……すなわち，美とは外的な事物の固有の特性ではないということ，観察の角度いかんで受ける印象は異なってくるのだということである」[10]と主張し，美に対する自らの見解を披露したのである[11]。

先にも強調したように，ケインズが発表した「美の理論」の執筆は 1905 年であり，1910 年 11 月 8 日にロジャー・フライの努力によって開催された，「マネとポスト印象派（Manet and the Post-Impressionists）」展の 5 年も前のことであった[12]。そういえば，ケインズは 1905 年の休暇中に家族と共にヨーロッパを旅行し，パリのルーブル美術館を何度も訪れている。彼は，ルーブルの中でも印象派の部屋がとても気に入ったようで，その中でも特に睡蓮で有名なモネの絵に好感をもったらしい。ケインズは，学生時代から「善きものとはそれ自体で美しいものではなく，むしろ美が歓喜する感動である」といったように，美についての深い理解とマネやモネなどのポスト印象派の絵画に対する明確な知覚をもっていたのである。

3. ブルームズベリー・グループ

ここで，本章で一番重要なブルームズベリー・グループ（Bloomsbury Group）について，経済学史学会編の『経済思想史辞典』（2000 年）を参考にしながら，手短に見ておくことにする[13]。

さて，ブルームズベリー・グループとは，20 世紀の初頭，ロンドンのブル

ームズベリー地区とその周辺に住んでいた芸術を愛好する青年たちの集まりのことを言う。その辺りには，ロンドン大学や大英博物館があり，ラッセル・スクエアやブルームズベリー・スクエア，ゴードン・スクエア，フィッツロイ・スクエア，ベッドフォード・スクエアなどの公園も配置され，文化的にも洗練された地域となっている。そのグループは，スティーヴン家の4人の兄弟姉妹を中心に，ケンブリッジ「使徒会」のメンバーも合流して，彼らが住むゴードン・スクエア46番地を本拠地として活動した。[14]

　ブルームズベリー・グループに集った若者たちは，当時支配していたヴィクトリア時代の既成観念（禁欲，節制，貞淑など）に捉われることなく，まったく自由に愛や美，真理などを追求し，後に経済・文学・政治・画家・美術評論などの分野で大成した人が多い。主な人物として，経済学者のジョン・メイナード・ケインズ，伝記作家のリットン・ストレイチー，政治学者のレナード・ウルフ，画家のヴァネッサ・ベル，作家のヴァージニア・ウルフ，画家のダンカン・グランド，美術評論家のロジャー・フライとクライブ・ベルの8名が挙げられるが，ヴァージニアが尊敬していた作家のE. M. フォスター，第一回の「マネとポスト印象派」展の事務長であったデズモンド・マッカーシーとその妻メアリー，ヴァージニアの弟でホガース・プレス版『フロイト全集』の出版に協力したエイドリアン・スティーヴン，木曜会からの友人で国家公務員のサクソン・シドニー・ターナー，ケインズに「若き日の信条」を書かせたデイヴィッド・ガーネット等を入れることもある。[15]

　ケインズは，偉大な経済学者として知られているが，大学時代に関心を持ったのは数学，哲学，美学，倫理学，論理学などであり，このグループのメンバーと同じ関心をもつ存在であった。『平和の経済的帰結』の中でみせた有名な人物描写は，リットン・ストレイチーの『ヴィクトリア朝の著名人』からの影響が大きいと言われている。また，ヴァネッサやダンカンに絵画の素晴らしさを教授され，数多くの絵画を収集すると同時に，ロバーツなどの若い芸術家たちを支援したのも彼であった。[16] ケンブリッジに「芸術劇場」を建築して寄贈し，晩年には「音楽芸術奨励協議会」(Committee for the Encouragement of Music and Arts : CEMA) で活躍すると同時に，「イギリス芸術評議会」を設立

するために精力的な芸術支援活動を行った。これらのことは，このグループの精神を実践に移したものとして高く評価されている[17]。

ブルームズベリー・グループに造詣の深い橋口稔は，『ブルームズベリー・グループ―ヴァネッサ，ヴァージニア姉妹とエリートたち―』(1989年) の第6章「平和の帰結」の中で，ケインズについて，「『平和の経済的帰結』がチャールストンの田舎で書かれたことも，忘れてはならないであろう。そこには，ブルームズベリー・グループの雰囲気が濃厚に漂っていたはずである。グループの自由な会話から生まれたものが，そのまま文章になったこともあったかも知れない。しかし，実際に活字になった本には，そのすべてが印刷されていたわけではなく，グループの外の友人たちの忠告もあって，ケインズはかなり穏健なものにしていたのである。それでもなお，人物描写の辛辣さが，何よりも話題になったのであった」[18]，と述べている。

さらに，「ケインズの人物描写が優れたものとなったのは，ストレイチーの影響もさるものながら，何よりもまずその優れた文体によってであった。それは，ストレイチーの文体のように自意識過剰の，人工的に趣向をこらしたものではなかった。むしろ，頭の回転の速さをそのまま生かした直感的な文体であった。それはもちろん，イートンからケンブリッジにおける訓練で鍛えられたものであった。「使徒会」のために書いて発表した論文によっても，洗練されることになったろう。ブルームズベリー・グループにおける交際からも，肉づけを得ていたであろう。ケインズは，大学の人たちとの交際だけでなく，政治や外交の実務に携わる人たちとも密接に接触を持ち，さらに芸術家たちとの交友も愉しんだ人であった。こうして自然に身につけた素養と教養が，その文体にも自然に反映していった」[19]，と好意的に続けたのである。

4. 集合的欲求としての文化・芸術

これまでの検討からも明らかなように，ケインズは学生時代から文化・芸術

への深い理解と，ポスト印象派の絵画に対する明確な見解を持っていた。晩年になるにつれて，ますます彼が愛する文化・芸術を，物心両面から支援していくことになる。ここではエピソードとして，文化経済学の分野で第一人者であるディヴィッド・スロスビーの『文化経済学入門』(2001年)を見ておく。ケインズは，人生の目的を，文化・芸術活動（愛・美・真理の追究）の中に見出しており，「人生の享受と現実のための手段としての貨幣愛」ではなく「財産としての貨幣愛」で動く資本主義に懐疑的であり，かつ合理的かつ打算的な経済人の行動を肯定しなかった[20]。彼を捉えていたのは，社会構成員の個人的欲求(individual desires)の表現である経済的衝動ではなく，芸術家集団や一般大衆の集合的欲求（collective desires）である文化的衝動だったのである。

　スロスビーは，200年以上の間，経済学的思考（economic thought）が個人主義にその基礎を置いていたと言う。その一方で，文化の概念は，集団あるいは集合的な行動の現れである。経済と文化の間の区別を明文化すると，経済的衝動は個人主義的であり，文化的衝動は集合的なのである。彼は，「この命題は，利己主義的な個々の消費者は彼らの効用を最大化することを追求し，利己主義的な生産者は彼らの利益を最大化することを追求するという，標準的な経済モデルに描かれている経済行動が存在することを主張する。この命題の最初の部分は，巨大な企業が生産部門を支配している経済においては真実である。それらは，オーナーやマネージャーが彼らの経済的利益をより効率的に追求する方法を表現しているに過ぎない。標準的な新古典派の経済モデルでは，市場は，相互に利益のある交換がおこることを可能にするために存在し，一般均衡論に従えば，そのような市場は，ある仮定の下では社会的厚生の最大化をもたらす。社会的厚生は，所与の所得配分の下で経済を構成する個人の観点からのみ定義される[21]」，という。

　もちろん，個人主義的な経済においても，集合的行動は発生する。「もし，市場が失敗するか存在しない場合には，自発的または強制的な集合的行動が，最適な社会的産出物を達成するために，必要とされるかもしれない。例えば，国防や法，秩序などの公共財は，個人の需要によって直接的にその費用を賄うことができないため，国家や自発的な協同を通じて供給されなければならな

い。その他の協同的な行動の形態も，個人主義的な経済において，わきおこるであろう。しかし，こうした集合的行動の表れは，個人の需要や，経済モデルにおける経済主体の利己心に帰することができる。利他主義でさえ，このモデルにおいては，個人の効用の最大化の表現であるとみなされる」[22]，のである。しかし彼は，「前の段落における経済行動とは異なる，『文化的』行動とでも言うべき行動が存在する。これらの行動は，個人主義的なものとは異なる集団の目標を反映し，先に規定した『集団』の信条・熱望・一体感を表現するものとしての文化の本性に由来する。それ故，文化的衝動は，集団を構成する個人に還元できない集団的経験や集合的な生産と消費への欲求とみなすことができる」[23]，という。

　例えば，芸術作品に関しては，「生産サイドにおいては，芸術的な財やサービスが，集合的行動によって生み出されている。そこでの成果物は，関わった個人の投入の合計からたんに生み出されるよりも大きな価値や意味を持つと参加者によって承認される集合的な成果である。同様に，芸術の消費サイド―例えば，劇場やコンサートホールの中―においても，個々の消費者の反応を越える集団的経験によって動かされる集合的行動がしばしば存在する」[24]，のである。もちろん，「表面上は，正反対のケースも存在する。多くの芸術は，個人的で孤独な活動によって生み出されるし，プライベートに家で小説を読んだり音楽を聞いたりすることは，個人的消費である。それにもかかわらず，一人で仕事をする芸術家は，彼の作品が他の人々と理解しあえることを願ってそうしているし，孤独な芸術の消費者も，何らかのつながりをつくりたいと思っている。そのために，生産や消費のプロセスがどのようなものであっても，それらは個人的な経験ではなく，個人に還元されない集合的意思の表現」[25]なのである。

　スロスビーの見解をまとめてみると，芸術作品は，関わった個人の投入の合計から単に生み出されるよりも，参加者によって大きな価値や意味をもつと承認される集合的な成果である。これは，全体の美は，単にその部分の美の合計ではなく，それ以上のものであるという意味で一個の有機的統一体であり，ケインズが「若き日の信条」で述べた「有機的統一の原理」(the principle of organic unity) を想起させる[26]。

5. リディアとの結婚とケンブリッジ芸術劇場の建設

さて、ケインズは 1925 年、ディアギレフ・バレエ団のロシア人バレリーナであるリディア・ロポコヴァと結婚する。この結婚は、マスコミに「美と知性の結合」(combination of beauty and intelligence) ともてはやされたが、リディアの経歴や知性に疑問を持ったブルームズベリー・グループの仲間からは反対された。そのために、ケインズは一時期、ブルームズベリー・グループと距離を置くことになる[27]。

リディアは、ケインズとの結婚後、バレエを止める予定であった。しかし、夫であるケインズは、妻のバレエや演劇での活躍を強く望んでいた。そのために、彼女は、ディアギレフ・バレエ団の 1925-26 年のロンドン公演やパリ公演に引き続き、1927 年に行なわれたスペイン国王のための公演でも踊ることとなった。リディアは、結局のところ、ケインズとの結婚後も、バレエや演劇との繋がりを持ち続けたのである。

そして、1933 年 9 月、彼女はオールド・ヴィック座で、役者としてのデビューを果すことになる。演目は、シェークスピアとイプセンであり、シェークスピア『十二夜』のオリヴィア姫役と、イプセン『人形の家』のノラ役を演じることになった。その際に、ケインズ自らが、ロシア訛りのひどいリディアの英語を指導しつつ、舞台に臨んだ。彼の腹心(キングズ・カレッジの会計官兼ケンブリッジ芸術劇場の共同経営者)で、役者兼シェークスピア学者であったライランズは、ミロ・ケインズ編、『ケインズ—人・学問・活動—』(1975 年)にある「キングズマン」の中で、「この夢はついに実現し、リディアはオールド・ヴィック座で、シェークスピアの『十二夜』のオリヴィア役と、イプセン四作品特別シーズンで、ノラとヒルダ・ヴァンゲルの役を演ずることになる」[28]、と述べた。

さらに、「[美、真理、稀有なるもの] と題された仮面劇は、リディア、コンスタント・ランバート、フレデリック・アシュトンおよび私の四人の協力によ

るものであった。以前リディアと私は，キングズ・カレッジの私の部屋で開かれたパーティーの席で，ミルトンの『コウマス』の一部を演じたことがある。これは，ロンドンのゴードン・スクウェアにあるケインズの私邸でも再演され，マイケル・レッドグレイブとロバート・エディソン（当時はともに学生）がヒロインの兄弟役を演じた。今回の演し物の一つは『コウマス』でいった。もう一つの演し物として，メイナードとリディアは，シェークスピア学者がどういうわけか不当に軽視するが，その時代をみごとに代表する作品『恋人の嘆き』に目をつけていた。さらにこの二つのほかに，旧約聖書から翻案した青年と老人の対話，ミルトンの『失楽園』からとった『悪魔たちの議会』を加えた」，と付け加えたのである。[29]

　ライランズは，「私と共演したのは，キングズ・カレッジのドナルド・ビービス―彼は40年間を通じて最高の学生俳優だった―のほかに三人の学生がいた。ニコラス・ハネンの子息で才能に恵まれながら夭折したピーター・ハネン，未来の名優ジェフリー・トゥーン，やがて劇作家として名をなすウィニヤード・ブラウンがそれである。音楽はコンスタント・ランバートがバレエ音楽を二曲編曲した。ひとつは，キャンピオンの［甘美な言葉見て，汝の聖者に従え］から題詩をとったダウランドの『情熱的なパヴァーヌ』と，もうひとつは，ウィリアム・ボイスのシンフォニーに基づいた『スコットランドの主題による舞曲』だった。その少し前，創作バレエ『ポモナ』を発表し，ウォルトンの『ファサード』を準備中だったフレデリック・アシュトンが振付けをした。アシュトンとともに，ロポコヴァの相手役をつとめたのは，『バラの精』をカルサヴィーナと踊って名人芸を披露したハロルド・ターナーだった。衣装のデザインはウィリアム・チャペル，写真撮影はセシル・ビートンだった」[30]，とかなり詳細に当時の状況を説明している。

　しかし，この公演は，ケインズのリディアに対する支援の甲斐なく失敗に終わる。新聞などでは，ロシア訛りのひどいリディアの英語が原因だったと言われた。ケインズは，妻の公演失敗を成功に変えるべく，新しく斬新な構想を練ることになる。それが，ケンブリッジに芸術劇場を建設するという大きな計画であった。彼のヴィジョンは，「私は，あらゆる近代的な舞台装置を備えた小

さな劇場が，文学・音楽・美術等と複雑に絡みあっている舞台芸術を理解するのに必要であると確信しています。これは経験科学にとって実験室が必要なようにです。17世紀の初めに開学したキングズ・カレッジの最も関心を呼ぶ場所に，知力や想像力といった内面に問いかける劇場を復興させたいというのが，ケンブリッジに住んでいる私達のような世代の際立った特徴なのです。ケンブリッジの皆さんは，この計画の素晴らしい点を良くご存じでしょう。私

劇場の目的

ケンブリッジ芸術劇場は，大学や町の人々を楽しませることを目的とします。建設者が描いた五角形は，演劇，オペラ，バレエ，音楽，映画といった5つの芸術を象徴しており，芸術劇場という名称は，これらの芸術の本拠地をケンブリッジに提供するという意図を表しています。この劇場は，常設の劇団を持っておりませんが，少なくとも次のような4種類の公演ための機会を提供いたします。

1) 最初に，この劇場は，ケンブリッジで計画・上演される，演劇や音楽の公演に利用できます。例えば，ギリシャ劇は各学期の終わりにここで見ることが出来ます。ロードナリー・ドラマ・クラブは，休暇中の1週間，この劇場を使用します。学期の始めには，ケンブリッジ大学音楽協会がR.V.ウイリアムによる新しいコミック・オペラを公演します。

2) 時には，この劇場の経営者自身も，上演の企画を立てることがあります。この最初の企画として，2月にイプセンによる4作品の公演を行います。

3) ウエスト・エンドの演劇を，ロンドンでの配役のままに，ロンドンで上演される直前か直後に，持ってきたいと考えています。

4) 国内の代表的なレパートリー劇団や国際的な巡回劇団をケンブリッジに呼び，そのレパートリーのうち，比較的成功した演目を上演してもらおうと考えています。

映画に関しては，総支配人のヒギンズ氏の名と結びついた性格のものとなるでしょう。即ち，ヨーロッパ大陸の価値ある作品が，他の映画館よりも大きな比重を占めるということです。日曜日の夕方には，コンサートや講演が，各学期中行われるでしょう。

は，この劇場が，ケンブリッジに学ぶために来ている人々の嗜好や想像力を作り上げるのに，大きな役割を果たすと考えています」[31]，と言うものであった。

1936年2月3日，幾多の困難を乗り越えて，「ケンブリッジ芸術劇場」（Cambridge Arts Theatre）は完成した[32]。柿落しには，ケインズが設立に協力したヴィック-ウェルズ・バレエ団（後のロイヤル・バレエ団）を招待し，公演のシリーズでは，リディアもイプセン『人形の家』のノラ役などを演じた。ケインズは，ケンブリッジ芸術劇場の開場に際して，実に誇らしげに前ページのような「マニフェスト」を書いたのである[33]。

6. ケインズの将来ヴィジョン（イギリス芸術評議会の設立）

これまでの議論からも理解できるように，ケインズはまず，ケンブリッジ「使徒会」で人生の目的（愛・美・真理の追究）をみつけ，その後ブルームズベリー・グループの芸術家たちとの出会いにより自らの感性を磨き，さらにはバレリーナであったリディア・ロポコヴァとの結婚によってバレエや演劇と深く係わることになる。そして，彼女や多くの芸術家たちの活躍の場を提供するためにケンブリッジに「芸術劇場」（Arts Theatre）を作り，そのような彼の文化・芸術活動の延長として，イギリスにおいて真に文化・芸術を追求した「音楽芸術奨励協議会」での活躍や「イギリス芸術評議会」の設立があったのである。

以下では，彼自身極めて多忙の中，戦時中の芸術活動の中心であった「音楽芸術奨励協議会」との関わりを深めていき，遂にはそれを「イギリス芸術評議会」へと発展させていく過程を見ていく。ケインズは，イギリス芸術評議会が，芸術の創造や専門家による芸術の自由を保障し，その成果を国民が享受しうるだけでなく，芸術に対する公的な援助が自由を擁護する政府の責任であると明言する。これは，彼の資本主義観やケインズ政策と言われる優れた考え方を彷彿とさせる[34]。ケインズが心をこめて提唱した芸術政策は，芸術に関する知

識と実践の普及，国民の芸術の享受能力と機会の向上，政府や自治体その他の諸団体への助言と協力であり，その後全世界の芸術政策の模範となったものである。ここには，ケインズその人が持っている品格の高潔さと，将来へのヴィジョンが明確に表れているように思われる。[35]

　ケインズは，まず「音楽芸術奨励協議会」（CEMA）が私的なピルグリム・トラストの援助から発足したことと，CEMA の誕生と果たすべき役割の重要性や芸術家への援助などについて触れる。そして，CEMA には公的援助が導入されるものの，それは組織の上であくまで独立しており，官僚制度の拘束を受けない永久的な団体として発展していき，やがて「イギリス芸術評議会」が誕生する。[36] 一般に「音楽芸術奨励協議会」は，頭文字をとって CEMA と呼ばれたが，ケインズはこの頭文字を取った呼び方を好ましく思わなかった。「イギリス芸術評議会」は，頭文字をとっても ACGB なので，簡単には発音できない。彼は，慎重なる検討の結果，頭文字を取った簡易な呼び方を避けたのである。

　ケインズは，演劇，音楽，絵画の鑑賞を通じて，一般大衆に楽しみを与えることを願い，実にイギリスらしいやり方で芸術活動への公的援助が導入されたと言う。イギリスらしいやり方とは，公的援助が個人や地方主導で行われるべきであり，しかも支援だけに限定すべきだという点にある。さらに，ケインズによれば，芸術家の仕事は個人的で自由な性質のものであり，規律や組織化や統制に馴染まないこと，公共団体の任務は教えることでもなければ検閲することでもなく，勇気と自信と機会を与えること，芸術家に発表の機会を与えさえすれば素晴らしい作品が次々と現れるに違いない，と言うことであった。[37]

　「イギリス芸術評議会」の役割は，演劇，音楽，絵画の鑑賞を通じて，一般大衆に楽しみを与えることにある。その意味で，ケインズが取り上げた当時のBBC ラジオ放送は，非常に大きな役割を果たした。ラジオで，シンフォニー・コンサートを一度放送するならば，その演奏を 500 万人もの聴衆が聞いており，一般大衆がオーケストラの生演奏を聴く機会に恵まれたならば，彼らは演奏中のオーケストラの響きが五感を司る全ての器官の一つひとつに訴えかけてくる，流麗さと輝かしさとに陶酔する大聴衆の一人となる。一度生演奏のコ

ンサートに参加するならば，名曲を演奏する人とそれを聞く人がお互いにしびれる感動，言い換えれば背筋を電流が走るような感覚を味わうことは間違いない，などと述べていることからも明らかである。ケインズは，こういった真の芸術に直接触れることで感動や興奮を経験することが，一人ひとりの人生を豊かにするものであると考えていたのであり，筆者の経験とも符合する。

　次にケインズは，「イギリス芸術評議会」が援助をすべき演劇，音楽，絵画の鑑賞に適した建物について論じる。なぜならば，イギリスにはもともと劇場，コンサートホール，ギャラリーが少なかったからである。さらに，第二次世界大戦でのドイツとの攻防で，映画館も大きな被害を受けたことから，ケインズは建造物の再建こそが自分たちの大きな役割であると主張する。戦争で破壊された住宅建設を優先する政府の政策は理解できるが，妻であるリディアの母国ロシアの状況を紹介しつつ，劇場，コンサートホール，ギャラリーの再建に必要な建設資材の供給を強く望んだ。そして，それらの施設を建設することで，真に地方を拠点にした芸術の分権化を進めることが出来ると考えていたのである。

　ところで，芸術の地方分権化を進める上で欠かすことの出来ない芸術評議会の地方事務所は，すでにバーミンガム，ケンブリッジ，マンチェスター，ノッティンガム，ブリストル，リーズ，ニューキャッスル・アポン・タイン，カーディフ，エディンバラといった地方都市に存在していた。また，グラスゴーには専属の劇作家と劇団が備わった劇場があり，地元の人々を引き付けていたし，ウェールズにもそのような機運が高まっていた。このように，ケインズはアメリカの真似ではない，真にイギリスらしい地方を中心とした芸術の振興を考えていたのである。

　しかし，ここでケインズが述べた「楽しきイギリスは，どこにあっても，イギリス流の楽しさでなければなりません。ハリウッドの真似をしたのでは，破滅しかもたらさないことでしょう」(Let every part of Merry England be merry in its own way. Death to Hollywood.) というフレーズは，少しばかり誤解を与えたようである。ケインズ自身，批判に答えて，「Death to Hollywood ではなく，Hollywood for Hollywood！というべきであった」，と釈明している。ケ

インズは，高級な芸術への援助を念頭に置いていたために，ハリウッドで展開されているような商業芸術については余り好意を持っていなかった。

ケインズは，また，1944年末から始まるロイヤル・オペラ・ハウス（コヴェント・ガーデン劇場）の復興計画にも参画した。ロンドンはイギリスの，いや世界の芸術の都であるべきであって，コヴェント・ガーデン劇場でオペラやバレエの観賞が出来なければ残念なことである。戦火で喪失したクリスタル・パレスの再建も必要であるし，国立劇場も準備しなければならない[41]。

最後に，「イギリス芸術評議会」の目的について，「出航したばかりの私達の船が，時勢という潮流に乗ってどこに運ばれていくかは，まだ誰にも分かりません。コミューンという生活文化の発達した素晴らしい時期を見てみると，芸術家と一般の人々とが仲よく団結して，互に支えあい，頼りあって生活したことが実際にありました。ですから，イギリス芸術評議会の目的は，芸術心を生み育て，鑑賞力を養い，両者の生活がそうなるように刺激を与える環境を作っていくことなのです」[42]，と述べている。ケインズは，コミューン時代の両者の関係が再び築けるように，芸術家にも一般の人々にも刺激を与える環境作りこそがイギリス芸術評議会の目的である，と喝破したのである。

7．おわりに

ケインズは，ブルームズベリー・グループの人たちと同じように，文化・芸術をわれわれの生活の一部とするために一生を捧げたのであって，よく言われているような「財産としての貨幣愛」を中心とする資本主義を擁護するためではなかった。このことは，これまでの検討からも明らかなことであろう。

ジル・ドスタレールは，『ケインズの闘い』（2007年）の最終章において，「ケインズの見るところでは，市場はあらゆる問題を解決することのできる自然的な機構ではない。かかる信念から導かれる自由放任主義は，危険な幻想である。このようなケインズの確信は，今日の支配的なイデオロギーとは—また

自動調整的で神人同形（anthropomorphic）の市場に対するその信仰とは—正面から対立するものである。……アメリカにおいては，それは宗教的・道徳的な原理主義の復活をともなっている。ケインズとブルームズベリーの友人たちは，まさにこのような原理主義と闘っていたのである」[43]，と述べている。

ケインズは，先にも見た様に，経済的価値よりも芸術的価値を上位に置いていた。彼がイギリス芸術評議会を創設したのは，人間というものが愛・美・真理・友情など享受するために，短い間この世に送られてきた存在であることを認識し，経済的価値ばかりを追い求めている現代人に対して強く警告を発するためであった[44]。最後に，次のようなケインズの素晴らしい文章を提示することで，本章を締めくくることにする。

「自己破壊的な財務計算という同一のルールが，生活のすみすみにまで支配している。われわれは田舎の美しさを破壊しているが，それというのも，誰にも所有されていない自然の素晴らしさは，何の経済的価値も持たないからである。われわれは太陽や星を見えないようにしかねないが，それというのも，それらは配当金を払いはしないからである。ロンドンは文明史上，もっとも豊かな都市の一つであるが，そこに住む市民が享受しうる最高の達成水準を提供出来ていない。というのも，そのような支出は利益を生まないからである。もし今日の私にその力があったなら，私はきっとわが国の主要都市に，芸術や文明のあらゆる恩恵が，各都市の市民が個人的に享受しうる最高の水準において行き渡るようにするだろう。私がこのように述べるのは，自分が創造できるものは自分が提供できるはずだと確信してのことである。そして私は，このように支出された金はどんな失業手当よりもましなだけでなく，一切の失業手当を不要にするものだと考えている」[45]。

[資料・筆者試訳]

ケインズの講演は，BBCラジオ放送を通じて発表された。この「イギリス芸術評議会の理念」は，当初『リスナー』誌の1945年6月12日付に掲載され，その後ドナルド・モグリッジ編，『ケインズ全集』第28巻（pp.367-72.）に収められた。その邦訳書が那須正彦によって，『ケインズ全集』第28巻『社

会・政治・文学論集』(東洋経済新報社, 2013 年), として出版されている。

　戦争が始まって, 私達の気分を寛がせてくれるものがどこからも提供されなくなった時に, ピルグリム・トラストの援助によって, 公式名は「音楽芸術奨励協議会」ですが, 一般にはその頭文字をとって CEMA という名で知られている団体が生まれました。CEMA の仕事は, そうでもしない限り, 古き良き時代にあった傑作の数々に全く手の届かない場所へ―例えば避難所, 戦時宿泊施設, 工場, 鉱山村などへ―, 音楽や演劇ならびに絵画を持っていくことでした。ENSA は軍隊の慰安だけで手一杯であり, ブリティッシュ・カウンシルは海外諸国との接触に忙しくしていました。CEMA の任務は, 困っている文化人や時には亡命中の文化人達に, 芸術の発表機会を提供することだったのです。

　経験を重ねるにつれ, 私達の野心も大きくなり, 活動範囲も広くなっていきました。CEMA は私的機関の援助によって出発しましたが, まもなく文部省の後援を受け, 大蔵省の補助金によって全面的に維持される時がやって来た, と言っておきたいと思います。私達は, 決して過分な資金を与えられたのではありませんが, 注意深さと適切な運営とによって, それを長らく発展させることが出来ました。当初, 私達の目的は, 戦争が奪い去ったものを再興することでしたが, まもなく平和な時にさえ無かったものを提供していることを認識するようになりました。連立内閣が最後の法令の一つとして, CEMA に新しい名称と広範な機会を与え, 平時においても活動を続けさせることを決議したのは, そんな訳なのです。今後, 私達は組織の上で独立し, 官僚制度の拘束を受けない, 永久的な団体となることでしょう。しかし, 私達は大蔵省に財政面で依存している以上, 最終的には議会に対して責任を負わなければなりません。議会は, 資金を提供する度に, 私達の活動に必ずや満足するに違いありません。もし, 私達が愚かな行動をしたら, 議会のメンバーが大蔵大臣に質問し, その理由を尋ねることが出来るのです。私達の名称は, イギリス芸術評議会となる予定です。略して呼ぶ場合には, 芸術評議会と呼んで下さることを希望します。間違っても, 頭文字を並べて新語を作らないで頂きたい。私達は, 続け

て発音出来ないような頭文字を慎重に選んでいるのです。

　私には，どんなに重要な事が起こっているかが，多くの人に十分に理解されているようには思えません。いつの間にか，見慣れぬやり方で，芸術への保護が始まっていたのです。それはいかにもイギリスらしく，形式にとらわれず，虚飾のない仕方で実行されています—よろしければ不完全なやり方と言っても良いでしょう。個人もしくは地方主導で結成され，演劇や音楽ならびに絵画などの芸術を，一般大衆が楽しめるように提供しようと真摯に取り組み，それなりの成果が見込めそうな協会や団体の運営を奨励し，支援できるだけの補助金が半官半民の一団体に支給されたのです。大蔵省は，生活において教養を高める芸術の支援や奨励が，これからしなければならないことの一つであることを，ようやく認識するようになりました。しかし，私達には芸術面へのこうした尽力を，社会化する意図はまったくありません。当節，政党間の論戦が活発化しており，毎晩夫々の意見を耳にする機会も増えてきましたが，社会化の進む産業に関して各党がいかなる見解を持っているとしても，芸術家の仕事はあらゆる側面において，個人的で自由な性質のものであり，規律や組織化ならびに統制には馴染まないことは，皆さんもお認めになることでしょう。

　芸術家は神に吹き込まれた精神の息吹のままに歩きます。彼は自分の進む方向を教えられることはありませんし，また自分自身で進む方向を知りません。しかし，彼はわたし達を新鮮な牧場へ導き，当初拒否していたものを愛し楽しむことを教え，感受性を豊かにし，直感を研ぎ澄ましてくれます。公共団体の任務は，教えることでもなければ，検閲することでもありません。勇気と自信ならびに機会を与えることなのです。芸術家は，自分の住んでいる世界と時代の精神とに左右されます。今日，高い評価を得ている作品の大半が生み出されたそれぞれの時期と比べて，素晴らしい作品が一つも無い時代，また生まれながらの天才の数が少ない時代である，と想定することにはまったく根拠がありません。伝統的であろうと現代的であろうと，最も高貴な形の古今の芸術に，それぞれが最も気高く見える姿で接する機会を万人に与えてやりさえすれば，思いがけない場所に，予期しない形で，新作がどんどん湧き出してくることでしょう。

しかし，芸術評議会を教育機関と考えてはいけません。私達の第一の目標は，皆さん方が楽しんでくださることなのです。私達の予算はほんのわずかにすぎませんので，皆さんが後援者になることによって，最終的に何を得るかを決定するのは皆さん自身です。指導できるとするなら，新しい芸術の楽しみ方や鑑賞の仕方でしょう。戦時中の経験から，すでに次のことが明らかとなりました。つまり，まじめで優れた娯楽に対する満たされない需要があり，それを求めるたくさんの人々がいる，ということです。これは確かに，数年前にはなかったことです。私はそれを，戦時中だけの現象であるとは思っていません。大勢の人々の需要を創造するのに，他の何よりも大きな役割を演じたのが，BBC放送ではないでしょうか。BBC放送は，これまでわずかな人だけの楽しみであったこれらの新しい芸術を，全国のすべての人々に学習できる可能性を提供し，また新たな趣味や習慣を作り出すことで，リスナーの欲求や楽しめる能力を一層高めてきたのです。私は今日，立派なシンフォニー・コンサートが放送されると，500万もの人々がそれに耳を傾けているという話を聞きました。彼らの耳は訓練されて来ています。大勢のリスナーが，どんな期待を抱いているにしても，もし彼らがオーケストラの生演奏を聞き，高まる興奮や集中力ならびに感情移入を体験する機会を手に入れるならば，演奏中のオーケストラの響きが五感を司る全ての器官の一つひとつに訴えかけてくる，流麗さと輝かしさとに陶酔する大聴衆の一人であるということは，あらゆる期待を上回ることになることでしょう。芸術作品とは芸術家の手や肉体から生まれ，そこに実際の血肉という微妙な色づけを施したものですので，活動中の演奏者や芸術家の作品に一層貪欲にアプローチすることの大切さを人々の多くが理解しつつあるのも，当然の結果といえましょう。

　私は，BBC放送と芸術評議会はお互いに影響し合い，双方にとって大きな利益となるよう，前進していけるものと信じます。新たに呼び覚まされた願望と既に広まっている願望とを，共に満足させることが，芸術評議会の目的です。しかし，それを成し遂げるには，最大の難問を解決しなければなりません。その難問とは，上演に適した建物が不足しているどころか，イギリスのほとんどの地域にそのような建物が全くないということです。この国には数える

に値する劇場はこれまでも少なかったし，コンサートホールやギャラリーにおいても同様の有様であったからです。かつてあった少数の建物の中でも，映画館が最初に大きな被害に会い，電撃戦が続きました。ですから，現在の技術者なら建築できそうな，やや多目の観客数に適した建物など，今では一つもありません。小都市はもちろんのこと，大都市でも再建に必要なレンガやモルタルが全く足りません。さらに，この問題の早期解決にとって都合が悪いのが，国家の現状です。世帯主にとっての最優先事項が，持ち家の問題だからです。確かに持ち家の問題は解決すべきでしょうが，監査官には多少寛大に見てもらい，こちらにもモルタルを回して頂きたいと思います。コミュニティの再建も日常生活の再建も共に，バランスよく進めていかなければなりません。就寝中の私達の身を守る仮設住宅や設備だけに支給を制限し，活動時の集会や娯楽に適した場所を許可しない，ということがあってはなりません。修繕や建設が必要な建物には，それ相応な量の建設資材を毎年割り当ててくれるよう期待します。ロシアでは，劇場やコンサートホールにこそ，建築の優先権があると聞いています。

　このように全国各地で，劇場やコンサートホールの建築を，広く進めて参りましょう。芸術評議会は，わが国の演劇的・音楽的・美術的生活を各地に分散させた上で分権化し，地方の核となるセンターを建設し，どの都市やどの田園地帯でも，芸術面の充実を地方自治体主導で促進していくことに大きな関心を持っています。私達自身が前面に出ることは，出来るだけ避けるつもりです。地方当局と協力し，地方の機関や協会ならびに地方の事業が指導力を持つよう激励したいと思っています。すでにバーミンガム，ケンブリッジ，マンチェスター，ノッティンガム，ブリストル，リーズ，ニューキャッスル・アポン・タイン，カーディフおよびエディンバラに地方事務所があります。スコットランドやウェールズには，事務所設立のための準備委員会も設置されています。特に，グラスゴーの市民劇場は，あらゆるところでわたし達が確立したいと考えている完全なモデルとなっています。そこには，専属の劇作家と劇団が備わっているだけでなく，地元のファンが鑑賞力をつけながらどんどん増えています。ウェールズにも新たに委員会ができ，ウェールズ人特有の気質を活気づけ

るものと，大いに期待しています。

　電撃戦の被害が甚大な各都市では，演劇や音楽ならびに美術用の建築物を，地方当局の手で中心部に幾つも建ててほしいと住民が望んでいることは間違いありません。個人の精神の自由を守るための戦争の記念としては，それに勝るものはないでしょう。私達は，劇場とコンサートホールならびにギャラリーが，あらゆる人々の教養を高める生きた教材となり，演劇やコンサートにたえず出かけることが，教育の一環に組み込まれる時代の到来を待ち望んでいます。BBC放送が地方色を生かした番組を再び作り出せば，地方の人々の生活や関心を目覚めさせ，もう一度演劇や音楽ならびに美術に向かわせる上で，大きな役割を果たすことになるでしょう。もしも，国内の様々な地域が，かつてそうであったように再び前進を始め，近隣地域とはどこか違う，その地域特有のものを伸ばしていくことを学べば，どんなに素晴らしい結果が生まれることでしょうか。大都市の生活水準や流行ばかりを過信することほど，有害なものはありません。楽しきイギリスは，どこにあっても，イギリス流の楽しさでなければなりません。ハリウッドの真似をしたのでは，破滅しかもたらさないことでしょう。

　しかし，ロンドンを一大芸術都市とすること，すなわち見物に出かけたり，驚嘆したりする場所にすることも私達の任務です。見物に訪れる場所としては，今日のロンドンは廃墟同然です。クイーンズ・ホールを失ったために，コンサートにふさわしい場所はなくなりました。コヴェント・ガーデンのロイヤル・オペラ・ハウスは，戦争中ずっと他の目的に転用されていました。クリスタル・パレスは戦火で灰燼に帰したままです。わたし達は，コヴェント・ガーデン劇場が，来年早々オペラとバレエの本拠地として，再開されるものと期待しています。ロンドン州議会は，すでに国立劇場の新設用地を議決しました。芸術評議会は，クリスタル・パレスをもう一度偉大なイギリス国民の一大殿堂にする計画の準備を，トラスト団体の関係者と協力して進めています。

　出航したばかりの私達の船が，時勢という潮流に乗ってどこに運ばれていくかは，まだ誰にも分かりません。コミューンという生活文化の発達した素晴らしい時期を見てみると，芸術家と一般の人々とが仲よく団結して，互に支えあ

い，頼りあって生活したことが実際にありました。ですから，イギリス芸術評議会の目的は，芸術心を生み育て，鑑賞力を養い，両者の生活がそうなるように刺激を与える環境を作っていくことなのです。

[注]
1) ケインズ学会編の『危機の中で〈ケインズ〉から学ぶ』(2011年) のはしがきには，「機能マヒに陥った資本主義をどうすれば立て直すことができるのか，回答をもち合わせている者は今やどこにもいない。こうしたなか，近年，一人の人物に大きな脚光が集まるようになった。ジョン・メイナード・ケインズ (1883-1946) である。その大きな理由は，戦間期の混乱する世界経済にあって，大胆な経済理論・経済政策論を提唱したばかりか，世界システムの構築にも大胆な構想を打ち出し，既存の経済学や思想に果敢な挑戦を挑んだ人物だからである。本書が目指すのは，『ケインズ・スピリット』を尊重しつつ現在世界の経済と思想状況の批判的検討を通じて，何らかの光明を見出そうとする大胆な試みのささやかな第一歩である」，とある。現代のような経済の混迷期には，ケインズから目が離せない。ケインズ学会編，『危機の中で〈ケインズ〉から学ぶ』，pp.2-3, を参照されたい。
2) 中矢俊博,「ケインズの"美と知性"に関する一草稿」『南山経済研究』，第8巻第2号 (1993年10月), pp.143-50. その中でケインズは，「優れた芸術家が科学者よりも地位が上にあるのは，科学者が実業家よりも上にあるのと同じくらい確かなことではないか」，と仲間たちに問うている。
3) 中矢俊博, 『ケインズとケンブリッジ芸術劇場—リディアとブルームズベリー・グループ—』(同文舘出版, 2008年).
4) 平井俊顕, 『ケインズとケンブリッジ的世界』(ミネルヴァ書房, 2007年), pp.121-22.
5) リーマン・ショック以降の不況は，1929年の世界大恐慌に匹敵すると言われる。スキデルスキーによると，「今回の不況は大恐慌以来，最悪のものである。しかし，大恐慌ほど深刻になるとは考えにくい。1929年から32年までは，12・四半期連続してマイナス成長になっている。これが繰り返されるのであれば，不況が2011年半ばまで続くことになる。だが，今回の不況は大恐慌ほど深刻になることも，長期に亘ることもないだろう。そう予想する理由は二つある。第一に，国際協調への意思が強い。第二に，ケインズ経済学がある」，と言う。Cf., R. Skidelsky, *Keynes : The Return of the Master* (PublicAffairs,2009), p.15. 邦訳，山岡洋一訳，『なにがケインズを復活させたのか？』(日本経済新聞出版社, 2010年), p.38, を参照のこと。
　スキデルスキーは，第6章「ケインズと資本主義の倫理」の最終部分で，ケインズの貢献が，倫理学や哲学，さらには文化・芸術論にある，と明言している。すなわち，「第一に，とりわけ重要な点として，良い生活とは何かについての見方を確立しておくことの重要性を示している。この見方がなければ，経済は他人よりも有利な立場を目指すだけの活動になり，自然な終わりがなくなる。第二に，経済学にとって哲学が重要であることを明確にしている。ケインズは現在の意味での経済的自由主義者ではないが，哲学的自由主義者である。経済的な目的や行動と非経済的な目的や行動の関係を常に考えていた。現在の経済学で最大の問題は，応用数学の一分野になっている点だ。この点は学生の教育方法にあらわれている。ケインズは経済学について，人間の対話の一部と

みていた。……第三に，ケインズは経済活動の目的は何なのかを考えるよう求めている。幅広くいうなら，ケインズは倫理的なパレート最適を信じていた。物質的な進歩によって世界の厚生が増大していくが，ある点を越えると倫理的な善の量が減少するとみていたのである。いつそうなるかは判断の問題である。芸術の支援と都市の美化を主張する際には，倫理に基づく根拠を示して，需要の構成と水準に影響を与える政府の行動を支持している。第四に，「公正価格」の概念を維持した。最後に，長期的にみて，宗教がなくても道徳を維持できるのかという問題を提起した」(ibid., pp.152-53. 邦訳, pp.229-31.)，と述べている。ケインズの文化・芸術面を取り扱った本稿では，特に，スキデルスキーのいう第三の点が強調されよう。

6) Cf. D. E. Moggridge, *Maynard Keynes : An Economist's Biography* (Routledge, 1992), pp.114-15. モグリッジの調査によると，日付が付いてない論文も数多く存在し，その中には「芸術批判」(On Art Criticism) という題名のものもある。

7) 坂本公延，『ブルームズベリー・グループの群像―創造と愛の日々―』(研究社出版，1995年)，p.10, を参照のこと。ケンブリッジ使途会については，R. Deacon, *The Cambridge Apostles* (Robert Royce,1985). 邦訳．橋口稔訳，『ケンブリッジのエリートたち』(晶文社，1988年)，も同時に参照されたい。

8) 坂本, *op.cit.*, p.11.

9) J. M. Keynes, *My Early Beliefs* in *Essays in Biography*, Vol. 10 of *The Collected Writings of John Maynard Keynes*, ed. by The Royal Economic Society (Macmillan, 1972), pp.440-41. 邦訳, 大野忠男訳，「若き日の信条」『人物評伝(『ケインズ全集』第10巻)』(東洋経済新報社, 1980年), p.575.

10) Cf. Gilles Dostaler, *Keynes and his Battles* (Edward Elgar, 2007), pp.232-34. 邦訳. 鍋島直樹・小峰敦監訳，『ケインズの闘い―哲学・政治・経済学・芸術―』(藤原書店, 2008年)，pp.511-16, を参照のこと。

11) ドスタレールは，かなり恣意的であると断っているが，ケインズが美というものを4つのタイプに分類したとして，次のように言う。すなわち，「『純粋な美』(Pure beauty)には永遠の不動性があり，たとえそれが嵐の美しさであってもそうである。いくつかのギリシャ彫刻，キーツの詩，黄水仙，氷河などにこれが見られる。これとは異なり，彼が『関心の美』(Beauty of interest)と呼ぶものは，知性の不安定性とその活動にかかわる。これは人類の発展とととともに，第一のかたちの美を犠牲にしつつ重要性を増してくる。『われわれはつねに純粋な美を崇拝しうるが，日々の糧のためにわれわれに必要なのは関心である』(ibid.,p.32)。『連続的配置の美』(Beauty of consecutive arrangement)は，ピタゴラスの定理や偉大な哲学的著作の場合のように，完璧に論理的な配列から生ずる。『悲劇的な美』(Tragic beauty)は破壊する当人には知覚できないが，それを外部から―善の観点から―観照する人々によって知覚される」(ibid., p.234. 邦訳, pp.515-16.)，と。

12) 坂本は，ロジャー・フライなどブルームズベリー・グループの初仕事となった「マネと後期印象派展」について，ロンドン市民の反応を伝えると同時に，美術愛好家であったブラントの悪評を掲載している。それによると，「展覧会はひどい冗談かペテンである。私は後者と考えたい。そこには一片のユーモアもなく，ましてやセンスとか技巧，趣味，善悪，技術や器用などなど一切ない。その絵ときたら，7, 8歳の無教養な子どもの絵の水準であって，色彩感覚は看板書きの水準だ。そのやり方は指に唾をつけ，石板になすりつける学校生徒の類である。300ないし400ある絵の中で，その風変わりさ

だけでも，注目に値するものはなく，嫌悪感以外に感情に訴えてくるものはなかった。……こんな絵は全部で，額縁代を除けば，5ポンドの値打もなく，燃やして焚火をする楽しみがある位なものだ。……一握りの泥を壁にぶつけて，それが芸術と呼ばれない限り，この後期印象派の絵は芸術作品ではない」(坂本, *op.cit.*, p.123) ということである。
　このことは，イギリスの伝統であるジェントルマンと芸術家というボヘミアンとの対立であり，少し大袈裟な言い方をすれば，まさに文明の衝突であった。しかし，様々な批評や批判が噴出したものの，イギリスで初めて開催したこの「マネとポスト印象派展」には多くの人が詰め掛け，大成功の裡に終了した。フィンランドにあるヘルシンキのアート・ギャラリーは，セザンヌの絵を800ポンドで買い取り，その他の絵もかなりたくさん売れたことから，事務局長のマッカーシーは多額のギャラを受け取った。

13) 経済学史学会編，『経済思想史辞典』(丸善，2000年)，p.343.
14) ゴードン・スクエア46番地は，スティーヴン家の4人の兄弟姉妹の後，最終的にはケインズ自身が所有した。現在は，そこにロンドン大学の関係部署が入っているが，玄関のプレートにはジョン・メイナード・ケインズの名前が印刷されており，われわれの目を引く。
15) それらの14名以外に，『フロイト全集』を翻訳した精神分析家のジェイムズ・ストレイチー，経済学者のジェラルド・ショーヴ，数学者のハリー・ノートン，外交官のシドニー・ウォーターロウ，批評家のフランシス・ビレルなどを入れることもある。ハロッドは，紫式部の『源氏物語』を翻訳したアーサー・ウェイリー，リットン・ストレイチーの愛人であった画家のドーラ・キャリントン，リットン・ストレイチーなどブルームズベリーの人達の彫刻を数多く残したスティーブン・トリムンなどを追加している。R. F. Harrod, Chp.5 'Bloomsbury', *The Life of John Maynard Keynes*, Macmillan, 1951. 邦訳，塩野谷九十九訳，第5章「ブルームズベリー」，『ケインズ伝』上 (東洋経済新報社，1967年).
16) ケインズは，ダンカン・グラントとウィリアム・ロバーツが，その当時のイギリスにあっては，最も偉大な二人の画家であると考えていた。だから，彼はダンカンの作品と同様に，ロバーツの作品を好んで収集し，若い芸術家を支援した。彼が購入したロバーツの作品は，「労働者たち」，「リンゴ採取」，「スペインの乞食」，「シャトルコック」，「帽子をかぶった男の子」，「ケインズとリディア」，「鑑定家たち」，「ストリート・アクロバット」，「フランスの船乗り」，「家族と犬」，「海辺の家族」，などである。Cf. D. Scrase, & P. Croft (ed.), *Maynard Keynes : Collector of pictures, books and manuscripts* (Provost and Scholar of King's College, 1983), pp.36-39. & pp.58-60.
17) ケインズは，良く知られているように，第一次世界大戦が勃発した時に大蔵省に呼ばれ，ヴェルサイユ講和条約の際にはイギリス大蔵省首席代表として活躍した。その様に多忙な日々を送っていたにもかかわらず，グループの仲間たちのための良心的兵役忌避活動などの労を惜しまなかったし，戦争末期のパリでドガ・スタジオに出向いた際に，セザンヌの「リンゴ」(静物画) などを購入したことで仲間から称賛された。また，リディアとの結婚ではかなり摩擦を引き起こし，それ以後も気まずい時期が少し続いたが，グループの仲間たちとの親しい交わりが途絶えたりすることは，決してなかった。その様なことが，晩年の「音楽芸術奨励協議会」や「イギリス芸術評議会」での活躍に繋がっていったのである。
18) 橋口稔，『ブルームズベリー・グループ—ヴァネッサ，ヴァージニア姉妹とエリートたち—』(中央公論社，1989年)，p.141. 橋口によると，ウィルソン大統領をクモに例

え，ロイド・ジョージ首相をハエに例えた個所もあったようだ。ケインズが，ロイド・ジョージ首相のことを「ウェールズの魔女」と呼んだことは有名だが，『ケインズ全集』第10巻『人物評伝』の中にある第2章「ロイド・ジョージ氏―断章」を見ると，「私は，彼を知らない読者にどのようにして，この当代の無類の人物，この海の精，この山羊足の吟遊詩人，この，古代ケルトの悪夢にとりつかれた魔法の森からわれわれの時代にやってきた半人の訪問者について，正しい印象を伝えることができるであろうか。彼と一緒にいると，北欧伝説に見る，みめうるわしい魔法使いに，魅惑と恍惚と恐怖とを添えているあの味わい，すなわち，究極目的の欠如，内奥の無責任，われわれサクソン人の善悪の観念から超越ないし遊離した，狡猾と無慈悲と権力欲をまじえた存在―こういったものを感得することができる」と述べており，とても興味深い。J. M. Keynes, *Lloyd George : A Fragment* in *Essays in Biography*, Vol. 10 of *The Collected Writings of John Maynard Keynes*, ed. by The Royal Economic Society（Macmillan, 1972), p.23. 邦訳, 大野忠男訳，「ロイド・ジョージ氏―断章」，『人物評伝（『ケインズ全集』第10巻)』（東洋経済新報社, 1980年), p.29.

19) 橋口, *op.cit.*, p.141. さらに，彼は「彼らに共通していたのは，何よりも人間に対する広く深い関心であった。画家としても，風景画よりも肖像画を好んで描いた。作家としても，伝記を好んで描いた。小説の場合でも，虚構によってしか描き得ないかたちで描いた人間の肖像だったとも言えよう。彼らは多くの自伝やメモアールを書き残した」（pp.12-13.)，と述べている。

20) ケインズは，「わが孫たちの経済的可能性」の中で，「富の蓄積がもはや高い社会的重要性を持たないようになると，道徳律（code of moral）に大きな変化が生じることになる。われわれは，200年にわたってわれわれを悩ませてきた多くの似非道徳律（pseudo-moral principles）から解放されることであろう。この似非道徳律のために，われわれはもっとも忌み嫌うべき人間性の一部を，最高の徳だとして崇め奉ってきたのである。われわれは金銭的動機の真の価値をあえて評価できるようになるだろう。人生の享受と現実のための手段としての貨幣愛と区別された財産としての貨幣愛（the love of money as a possession）は，ありのままの存在として，多少いまいましい病的なものとして，また震えおののきながら精神病の専門家に委ねられるような半ば犯罪的でかつ病理的な性癖の一つとして，見られるようになるだろう。このようになると，資本蓄積を促進するうえできわめて有益であるが故に，それ自体いかに忌み嫌いかつ不公平なものであろうとも，現在どんな犠牲を払っても維持されている富と経済的賞罰との配分に影響を与えるようなあらゆる種類の社会的ならびに経済的慣行を，ついに自由に放棄することができるようになる」，と言う。Cf. J. M. Keynes, *Economic Possibilities for Our Grandchildren* in *Essays in Persuasion*, Vol. 9 of *The Collected Writings of John Maynard Keynes*, ed. by The Royal Economic Society（Macmillan, 1972), p329. 邦訳, 宮崎義一訳，「わが孫たちの経済的可能性」『説得論集（『ケインズ全集』第9巻)』（東洋経済新報社, 1981年), p.397, を参照のこと。

21) Cf. David Throsby, *Economics and Culture*（Cambridge University Press, 2001), p.13. 邦訳．中谷武雄・後藤和子監訳，『文化経済学入門』（日本経済新聞社, 2002年), p.35, を参照されたい。

22) *Ibid*.

23) *Ibid.*, p.13. 邦訳, pp.35-36.

24) *Ibid.*, pp.13-14. 邦訳, p.36.

25) *Ibid.*, p.14. 邦訳, 同上。
26) ケインズは,「若き日の信条」の中で,「大切なのはただ精神の状態だけであった。それは主にわれわれ自身の精神の状態であった。こうした精神の状態は, 行動, 成果, 結果とはまったく関係がなかった。それは時間を超越した, 情熱的な観照 (contemplation) と親交 (communion) の状態にあり, 事の『あと』『さき』とは関係がなかった。それらの価値は, 有機的統一の原理 (the principle of organic unity) に従い, 全体としての事物の状態によって決定されるので, 部分に分解して分析することは出来なかった。たとえば, 愛しているという精神の状態の価値は, ただ単に本人の感情の性質に依存するのでなく, 感情の対象の真価やその対象の感情の反応や性質によるものである。けれども, そうした価値は, 私の記憶に誤りが無ければ, 一年後になって何が起こったか, また当人がそれをどう感じたかにはまったく係わりがなかった。もっとも私自身は, 常に一貫して有機的統一の原理の主張者であり, 今でもそれだけが理に適ったものだと考えている。情熱的な観照と親交とにふさわしい主題は, 最愛の人, 美, および真理である。人生の主目的は, 愛であり, 美的体験の創造と享受であり, 知識の追求であった。その中でも, 愛が断然一位を占めていた」, と明言している。J. M. Keynes, *My Early Beliefs*, pp.436-37. 邦訳, pp.569-70.
27) ケインズがブルームズベリー・グループと距離を置くことになったのは, リディアとの結婚が彼らに受け容れられなかったからだけではない。彼は, 1923年から1930年にかけて,『貨幣論』(上巻・下巻) というケインズ畢生の大作に取り組んでいたのである。その原稿は, 1929年の7月までにはほぼ出来上がっていたが, 弟子のロバートソンやホートレー等に校正刷りを送り幾多の議論を重ねたために, 少し遅れて1930年10月にアルフレッド・ハーコート社から出版されることとなった。
28) George Rylands, "The Kingsman," in *Essays on John Maynard Keynes*, M. Keynes (ed.) (Cambridge University Press,1975), p.42. 邦訳, 佐伯彰一・早坂忠訳, 『ケインズ―人・学問・活動―』(東洋経済新報社, 1978年), p.65.
29) *Ibid.*
30) *Ibid.*, pp.42-43. 邦訳, pp.65-66.
31) R. Christiansen (ed.) *Cambridge Arts Theatre: Celebrating Sixty Years*, with a Foreword by Sir Ian McKellen (Granta Editions,1996), p.15.
32) ケンブリッジ芸術劇場の完成に至る詳細については, 中矢俊博,『ケインズとケンブリッジ芸術劇場―リディアとブルームズベリー・グループ―』の第5章「ケンブリッジ芸術劇場の設立」を参照されたい。
33) Christiansen, *op.cit.*, p.8.
34) ケインズによると,「資本主義は, 本質的には幾多の点で好ましくないが, 経済的目的を達成するためには, このシステムを賢明に管理することで, これまでのいかなるシステムよりも効率的にし得る」, と言うことである。だから, 出来る限り効率的で, かつ文化・芸術などを十分取り入れた, 満足する生活様式をもたらす社会システムを作ることがわれわれの問題だと言う。ケインズは,「多くの場合, 支配と組織の単位の理想的な規模は, 個人と現代国家の間のどこかにある。だから, 国家の枠内における半自治的組織体の成長と認知の中にこそ進歩がある」, と提言している。Cf., J. M. Keynes, *The End of Laissez-faire* in *Essays in Persuasion*, Vol. 9 of *The Collected Writings of John Maynard Keynes*, ed. by The Royal Economic Society (Macmillan, 1972),pp.288-94. 邦訳, 宮崎義一訳,「自由放任の終焉」『説得論集』(『ケインズ全集』第9巻)」(東洋経済新

報社,1981 年),pp.345-52, を参照のこと。なお,訳文は必ずしも,翻訳書と同じではない。

35) ケインズは,18 世紀に出現した資本主義について,「この見解は,功利主義的あるいは経済的―ほとんど金融的と言ってよい―な考え方が,社会全体で唯一の尊重すべき目的 (respectable purpose) だと言うものである。それは (資本主義) は,これまで文明人の耳目を集めた異端説 (heresy) の中でも,恐るべき異端説である。パンを,ただパンだけを,そしてパンでさえなく,石に代わるまで複利で蓄積されるパンを。詩人や芸術家は,しばしばこの異端説に対して,弱いながらも反対の声を上げてきたのである」,と非難している。Cf. J. M. Keynes, *Keynes and the Arts* in *Social, Political and Literary Writings*, Vol. 28 of *The Collected Writings of John Maynard Keynes*, ed. by The Royal Economic Society (Macmillan, 1982), p.342. 邦訳,那須正彦訳,「ケインズと芸術」『社会・政治・文学論集(『ケインズ全集』第28巻)』(東洋経済新報社, 2013 年), pp.469-70, を参照されたい。なお,訳文は必ずしも,翻訳書と同じではない。

36) ケインズは,イギリス芸術評議会のことを,組織の上で独立しており,官僚制度の拘束を受けない,永久的な団体であるとか,半官半民の一団体であると言っている。これは,先の「自由放任の終焉」の中で述べた国家の枠内における半自治的組織体を指すものと言ってよいであろう。文化政策に詳しい中山幾郎によると,「この組織は,政府から一定の距離を置いた団体,いわゆる『アームス・レングス・ボディ』として発足する。準自治的・非政府団体とでもいうべき組織であり,このような団体は通称 "quango" (quasi-autonomous non governmental) と呼ばれている」,という。中山幾郎,『分権時代の自治体文化政策』(勁草書房, 2001 年), p.122, を参照されたい。

一方で,中山は,「芸術文化への公的支援システムが必要であるという認識と,芸術文化の内容には政府が介入してはならないとする認識の2つが,このACGBを成立させたはずである。にもかかわらず,その後のACGBは,一部芸術家とACGB自身が生み出した芸術官僚やアート・アドミニストレーターによる専制 (Despotism) の砦と化してしまった感がある」(p.124.) とも述べており,ケインズの抱いた理想とは異なり,現実のあり方の難しさが指摘されている。

37) ケインズによると,「芸術家は神に吹き込まれた精神の息吹のままに歩きます。彼は自分の進む方向を教えられることはありませんし,また自分自身で進む方向を知りません。しかし,彼はわたし達を新鮮な牧場へ導き,当初拒否していたものを愛し楽しむことを教え,感受性を豊かにし,直感を研ぎ澄ましてくれます。公共団体の任務は,教えることでもなければ,検閲することでもありません。勇気と自信ならびに機会を与えることなのです。芸術家は,自分の住んでいる世界と時代の精神とに左右されます。今日,高い評価を得ている作品の大半が生み出されたそれぞれの時期と比べて,素晴らしい作品が一つも無い時代,また生まれながらの天才の数が少ない時代である,と想定することにはまったく根拠がありません。伝統的であろうと現代的であろうと,最も高貴な形の古今の芸術に,それぞれが最も気高く見える姿で接する機会を万人に与えてやりさえすれば,思いがけない場所に,予期しない形で,新作がどんどん湧き出してくることでしょう」,と言うことになる。Cf. J. M. Keynes, *Keynes and the Arts* in *Social, Political and Literary Writings*, pp.368-69. 邦訳, pp.500-501, 参照。なお,訳文は必ずしも,翻訳書と同じではない。

38) ケインズの原文は,「With what anticipation many of them look forward if a chance comes their way to hear a living orchestra and to experience the enhanced excitement

and concentration of attention and emotion, which flows from being one of an orchestra in being, beating in on the sensibilities of every organ of the body and of the apprehension.」(*ibid.*, p.369), である。
39) Cf. *ibid.*, p.371. 邦訳, p.503, 参照。
40) Cf. *ibid.*, p.372. 邦訳, pp. 503-504, 参照。
41) Cf. *ibid.*, p.372. 邦訳, p.504, 参照。
42) Cf. *ibid.*, pp.371-72. 邦訳, p.504, を参照のこと。
43) Dostaler, *Keynes and his Battles*, p.259. 邦訳, p.568.
44) Cf. *ibid*.
45) *Ibid.*, p.242. 邦訳, p.533.

第2章 メイナード・ケインズを取り巻く芸術家たち

1. はじめに

　第2章では，第1章で取り上げたブルームズベリー・グループの人たちについて，重複することを恐れず，少しばかり詳細に論じてみることにする。

　ケインズは，自由競争市場に信頼を置くマーシャルやピグーの経済学（新古典派経済学）に賛同せず，現実に見られる不確実性をベースにした「新しい経済学」を打ち立てることに成功する。マーク・ブローグやポール・クルーグマンも言うように，ケインズ無くして現代の経済学を考えることは不可能であるが，そのような彼の斬新な思想や哲学は，ケインズの所属したケンブリッジ「使徒会」，ブルームズベリー・グループなどに集まった人々との交流からもたらされたものである。本章では，ケインズと彼を取り巻く芸術家たちとの交流を中心に論じていきたい。

　ところで，わがケインズは，ブルームズベリー・グループの仲間たちの間ではメイナードと呼ばれていたし，彼の妻であるリディアからは，フランス語読みでメイナールと言われていた。だから，以下の叙述では，ケインズとブルームズベリー・グループの仲間との関わりを見ていく際に，ケインズのことをメイナードと呼ぶことにしたい。ケインズを経済学者としてしか知らない多くの読者にとっては，この呼び方は少し違和感があるかもしれない。しかし，筆者は，ケインズのことをメイナードと表記する方が，本章の趣旨に合っていると考える。

　それでは，メイナードと彼らとの係わり合いを三つの視点，すなわち（1）

スティーヴン家4兄弟姉妹との出会い，(2) ケンブリッジ「使徒会」での交友，(3) リディア・ロポコヴァとの結婚，から見ていくことにする。

2. メイナードとブルームズベリー・グループ

(1) スティーヴン家4兄弟姉妹との出会い

　第一点は，スティーヴン家の4人の兄弟姉妹（ヴァネッサ，トウビー，ヴァージニア，エイドリアン）とメイナードとの関係である。父レズリー・スティーヴンが死去した後，彼らは住み慣れたハイド・パーク・ゲイト22番地を離れ，ブルームズベリー地区にあるゴードン・スクエア46番地に移住する。メイナードは，ヴァネッサとはダンカン・グランドを介した絵画を通じて，トウビーとはトリニティ・カレッジの仲間の集まりを通じて，ヴァージニアとは「使徒会」のリットン・ストレイチーやレナード・ウルフを通じて，エイドリアンとはケンブリッジの同期生ということで，それぞれ親交があった。その中でもトウビーは，1905年の3月から，毎週木曜日の夜，自宅にケンブリッジの友人達を呼んだことから，最も重要な人物であった。この地は，最終的にメイナードとリディアのロンドンでの住まいとなる場所である。誰からも好かれたトウビーは，残念ながら1906年11月20日，26歳という若さで腸チフスのため突然亡くなる。妹のヴァージニアは，突然の兄の死を直視できず，精神錯乱を起こし自殺を図ったのである。

　後で詳しく見ていくが，スティーヴン家の長女であったヴァネッサは，画家を職業とした開明的な女性で，美術評論家のクライブ・ベルと結婚して二人の子供（ジュリアンとクウェンティン）を育てた。第一次世界大戦中の1916年からは，画家ダンカン・グランドとチャールストンという田舎で一緒に暮らし，アンジェリカという娘をもうける。ブルームズベリー・グループに属する人達は皆，当時の道徳に縛られない自由な人間関係を持っていた。彼らが最初に注目されたのは美術関連の仕事で，クライブとヴァネッサの共通の友人であ

ったロジャー・フライの尽力により，「マネとポスト印象派展」と題して1910年11月8日から1911年1月15日まで，ブルームズベリ地区にあるグラフトン・ギャラリーで開催された。

　メイナードは，イートン校時代から古書蒐集が趣味であったが，ヴァネッサやダンカンとの交流を通じて美術に興味を持つことで，イギリスの画家ロバーツなどの若き芸術家達を支援し，ナショナル・ギャラリーや自分自身のために絵画を購入してきた。1983年，フィツウイリアム博物館で開催された『ケインズ生誕100周年』のカタログ（Scrase & Croft, 1983年）を見ると，彼はドラクロワ，マチス，ピカソなど90枚を超える絵画を所有していた。第一次世界大戦の末期，フランスの「ドガ・スタジオ」で開かれたオークションで，彼がセザンヌの「リンゴ」（静物画）の絵を買い，チャールストンに帰宅した時の話は有名である。

(2) ケンブリッジ「使徒会」での交友

　第二点は，ケンブリッジ「使徒会」での活動である。メイナードが所属した「使徒会」は，ケンブリッジに今でも存在している結社であり，秘密主義とエリート主義を標榜する。使徒達は，毎週土曜日の夕方，発表する会員の部屋に集まり，誰かが提起した主題について討論した。会員に空席ができると，新しい「使徒」が全員によって推挙された。1902年10月，キングズ・カレッジに入学したメイナードは，リットン・ストレイチーとレナード・ウルフが推挙し，1903年2月に243番目の会員となる。

　リチャード・デーコンの『ケンブリッジのエリートたち』（Deacon, 1985年）には，末尾に数百人の会員録が見られる。その中で，メイナードと関係の深い会員は，会員となった年代順に，ヘンリー・シジウィック（1856年），アルフレッド・ノース・ホワイトヘッド（1884年），ゴールズワージー・ロウズ・ディキンソン（1885年），ロジャー・フライ（1887年），バートランド・ラッセル（1892年），ジョージ・エドワード・ムーア（1894年），デズモンド・マッカーシー（1896年），ラルフ・ホートリー（1900年），エドワード・モーガン・フォスター（1901年），リットン・ストレイチー（1902年），レナード・ウルフ

(1902年），ルートヴィッヒ・ヴィトゲンシュタイン（1912年），フランク・プランプトン・ラムジー（1921年），リチャード・ベヴァン・ブレイスウェイト（1921年），ジョージ・ライランズ（1922年），ジュリアン・ベル（1928年）などである。

　このリストを見れば容易に分かるように，メイナードが「使徒会」会員との交流で得たものは，哲学，美学，倫理学，政治学，文学などであり，決して経済学ではなかった。それ故に，彼の「人生の目的」が，上の使徒達と同様に，愛と美的体験の創造と享受，それに真理の追究であったことは当然のことである。彼自身は，革新的な経済学書『雇用・利子および貨幣の一般理論』を著すことで，20世紀最大の経済学者として有名になったが，ハロッドが『ケインズ伝』(Harrod, 1951年）で明言している様に，また多くの人が認める様に，彼は極めつけの文章の達人であり，長く散文作家として記憶されることは間違いない。その能力の多くは，ここで身に付けたものであった。

(3) リディア・ロポコヴァとの結婚

　第三点は，バレエ・ダンサーであったリディア・ロポコヴァを伴侶にしたことである。筆者は，『ケインズとケンブリッジ芸術劇場―リディアとブルームズベリー・グループ―』（中矢，2008年）で詳述したように，彼女はロシア・ディアギレフ・バレエ団のプリマ・バレリーナであって，1925年にメイナードと結婚した当初は，ハイブロウなブルームズベリーの人たちに受け入れられなかった。彼女が，労働者階級の出身だということもある。しかし，その後徐々にではあるがこのグループに溶け込むようになり，第一次大戦後の集まりである「メモワール・クラブ」では，メイナードと同伴して会合に参加した。

　メイナードは幼い頃からパントマイムが好きで，人間の手の動きやパントマイムの舞踏版ともいうべきバレエに強い関心を持っていた。自らの手を題材にして，塑像を作らせたこともある。『平和の経済的帰結』の中にあるウィルソン大統領の叙述にも，「その手は大きくてかなりがっしりしていたが敏感さと精妙さに欠けていた」とある。彼はバレエ好きということもあってか，自分の生涯のパートナーとして，ロシア人のバレリーナであるリディア・ロポコヴァ

と結婚するという決断を下す。メイナードは，ブルームズベリー・グループの仲間と同様，音楽，美術，文学等を総合した芸術であるバレエ，オペラ，演劇が大好きであった。

　1930年2月に行われたカマーゴ・バレエ協会（現在のロイヤル・バレエ団）の発足や，同年12月のロンドン芸術劇場クラブ公演に尽力したことに続いて，1936年の2月には自らの手でケンブリッジに「アーツ・シアター（芸術劇場）」を作るに至る。メイナードは，愛するリディアやケンブリッジ市民のために，劇場建設に心血を注いだのである。その時の経験をもとに，第1章でも紹介した様に彼は，1945年の6月，BBCラジオ放送を通じて「イギリス芸術評議会―方針と期待―」（CW 28, 1982年）と題してイギリス芸術評議会の理念を公表する。メイナードは，自分自身が表明した理念の下に，戦後，イギリスのバレエやオペラの殿堂として，「コベント・ガーデン劇場」の復興に尽力したのである。

3. ブルームズベリー・グループの特徴

　ブルームズベリー・グループとは，20世紀の初頭，正確に言うならば1905年3月頃から，ロンドンのブルームズベリー地区とその周辺に住んでいた，同じ考え方を持つ青年たちの集まりのことを言う。一般に，何々グループというと，複数の人間が何らかの目的（政治・経済・軍事・音楽・美術等）を持って集まることを想定するが，ブルームズベリー・グループにはメンバーの資格にどんな形式もなく，指導者もいなかったし，共通の生活態度を維持し，かつ固い友情で結ばれた友人たちの集まりであった。彼らは，ほぼ同じ中流階級に属した知的貴族たちであり，芸術への愛と友への信頼，それに真理の追究こそが人生で最善のものであると確信していた。

　第1章でも紹介したように，ブルームズベリー地区には，ロンドン大学や大英博物館があり，ラッセル・スクエア，ゴードン・スクエア，フィッツロイ・

スクエア，ブランズウィック・スクエアなどの公園も配置され，文化的にとても洗練された地域となっている。同グループは，スティーヴン家の4人の兄弟姉妹であるヴァネッサ，トウビー，ヴァージニア，エイドリアンを中心に，トウビーの友人であったケンブリッジ大学の学生を交え，彼らが住むゴードン・スクエア46番地や，ヴァネッサの結婚後は，ヴァージニアやエイドリアンが住むフィッツロイ・スクエア29番地を本拠地とした。彼らは定期的に集い，お互いの知的交流を楽しんだのである。

このグループに集まった若者たちは，当時支配していたヴィクトリア時代の既成観念に強く反発した。勤勉や禁欲，節制や貞淑といった価値観は，彼らの受け入れるところではなく，その中に偽善性を見出していたのである。その代わりとして，まったく自由に人間の交わりの楽しさと美的体験の創造と享受を追求し，後に文学・美術・文芸批評・政治・経済の分野で大成した人が多い。主な人物として，スティーヴン姉妹の他に，クライブ・ベル，レナード・ウルフ，ダンカン・グランド，ジョン・メイナード・ケインズ，リットン・ストレイチー，ロジャー・フライの8名が挙げられる。さらには，モーガン・フォスター，サクソン・シドニー＝ターナー，デズモンド・マッカーシー，モリー・マッカーシー，デイヴィッド・ガーネットなどを加えることもある。

メイナード・ケインズは，偉大な経済学者として知られている。しかし，先にも指摘したように，大学時代に没頭したのは哲学，美学，倫理学，文学，政治学などであり，このグループのメンバーと同じ関心や趣味をもつ存在であった。彼の出世作『平和の経済的帰結』(CW 2, 1919年) は，世界経済を見据えたヴィジョンの素晴らしさと同時に，優れた人物描写で一躍世界に受け入れられる。それには，友人であったリットン・ストレイチーの『ヴィクトリア朝偉人伝』(Strachy, 1918年) からの影響が大きいと言われている。『確率論』(CW 8, 1921年) は，彼自身も述べているように，ジョンソン，ムーア，ラッセルの影響を受けたのみならず，ロック，バークリー，ヒューム，ミル，シジウィックなどイギリス哲学の伝統に則った書物である。これは，確率の論理的基礎に関する体系的な書物として，ブルームズベリーの人達の関心を集めただけでなく，現在でもこの分野での非凡な業績として認められている。

4. メンバーの個性と交流

　さて，以下では，メイナードを除く7人の主要人物（ヴァネッサ・スティーヴン，ヴァージニア・スティーヴン，クライブ・ベル，ロジャー・フライ，レナード・ウルフ，リットン・ストレイチー，ダンカン・グランド）について，彼らの個性と交流に焦点を当てつつ，一人ひとり検討していく。ヴァネッサ・スティーヴンは，ブルームズベリー・グループの中でも中心的な役割を担っていたことから，彼女の生涯と業績に関しては，より詳細に検討していくことにしたい。

(1) ヴァネッサ・スティーヴン（1879-1961年）

　ヴァネッサは，メイナードが愛したダンカン・グランドと並んで，イギリスのポスト印象派を代表する画家の一人である。セザンヌなどフランス・ポスト印象派の画風に影響を受け，色や構成を工夫し抽象的な絵を描くことで，イギリス絵画に新風を巻き起こした。フランセス・スポールディングは，『ヴァネッサ・ベル』（Spalding, 1983年）の中で，ヴァネッサは統率力，鋭敏な才知，誠実さ，皮肉なユーモアのセンスなどにより，ブルームズベリー・グループの中で支配的な役割を果たしたと表現している。

　彼女の経歴を手短に述べると，娘時代は父レズリー・スティーヴンの長女でありトゥビーやヴァージニア，エイドリアンの姉として，結婚時代はクライブ・ベルの妻でありジュリアンやクウェンティンの母として，その後はロジャー・フライやダンカン・グランドと共にポスト印象派の旗手として活躍する。ダンカンと共にキングズ・カレッジのケインズの部屋をコーディネートし，フライと協力して「オメガ・ワークショップ」の運営を続け，イギリス南部にあるチャールストンの自宅に装飾を施しブルームズベリー・グループの拠点とした。また，メイナードと自分たちとの交友関係が失われることから，ロシアのバレリーナであったリディアとの結婚に強く反対するなど，常にブルームズベ

リー・グループの中心に位置したのである。

① 娘時代

ヴァネッサは，レズリー・スティーヴンとジュリア・プリンセップ・ダックワースの長女として，1879年5月30日にハイド・パーク・ゲイト22番地に生まれる。父のレズリーはジョナサン・スウィフトの崇拝者であり，彼の詩「キャデナスとヴァネッサ」から，待望の長女にヴァネッサと名付けた。

彼女は，小さい時から絵画に関心を示し，家庭で絵のレッスンを受ける。1896年になると，パーク・コテッジにあるコープ美術学校に通うようになり，塑像や裸婦などのデッサンに加え，織物の描き方や構成の指導も受けた。1901年には，遂にロイヤル・アカデミー美術学校へ入学するまでに，描写力を上げる。なぜなら，入学試験には，「裸婦のスケッチ」，「モデルを使った頭部と腕のスケッチ」，「解剖により骨格を示した古代人物像のスケッチ」，「解剖により筋肉と腱を示した人物像のスケッチ」などがあり，合格するのがなかなか難しかったからである。

また，ヴァネッサは，年子の弟トウビーと大変仲が良かった。トウビーは，1899年にケンブリッジのトリニティ・カレッジに入ってから，美術に関心の深いクライブ・ベルと友人となった。また，ヴァネッサは，3歳年下のヴァージニアとも仲が良く，性格や進む道は違えどもお互いの良いところを認め合う，素敵な美人姉妹であった。末の弟エイドリアンもイートン校を経て，1902年にトリニティ・カレッジに入学し，メイナードの同僚となった。

ところが，1902年から1904年の2年間は，ヴァネッサにとって試練の連続であった。父レズリーの体調が悪化し，看病の毎日を送ることになったからである。そのために彼女は，ロイヤル・アカデミー美術学校の退学を余儀なくされ，スティーヴン家の長女として，父の最期を看取ることになった。父は，幾多の書物を書いており，大変高名な人ではあったが，とても神経質な性格で，彼女に経済的な不安を包み隠さず語った。そのレズリーが，1904年2月22日，静かに息を引き取ったのである。父の死は，彼女にとって，闇から光への転換点となった。

② 結婚時代

　父レズリーの死後すぐに，ヴァネッサはハイド・パーク・ゲイト 22 番地からゴードン・スクエア 46 番地に転居した。自分たちの生きたいように，自由に生きるためである。トウビーが，ケンブリッジの友人達を連れてくるようになったのは，1905 年の 3 月からのことであり，その友人の一人がクライブ・ベルである。

　フランス帰りのクライブは，1905 年の夏，ヴァネッサに第一回目の求婚をする。その時は，ヴァネッサにその気が無く，彼の求婚を断った。画家として世に出ることを最優先と考えていたからである。それから 1 年後の 1906 年 7 月，クライブは再び彼女に結婚を申し込むが，彼女はこの申し出も拒絶する。自由な生活の方が，彼女にとって重要だったからである。しかし，その年の 11 月，トウビーが腸チフスで急死すると状況ががらりと変わり，クライブの求婚を受け入れる。経済的な問題と精神的な不安の両者を解決するためであったと考えられる。

　1907 年 2 月，ヴァネッサはクライブ・ベルと結婚した。そして，1908 年の 2 月に長男ジュリアンが，そして 1910 年 8 月には次男クウェンティンが生まれ，新たに母としての役割が求められるようになる。ベル夫妻は，お互いに芸術家同士であり，これまでのヴィクトリア朝の道徳に縛られない自由な生き方を模索した。ヴァネッサにはロジャー・フライに続いて，画家ダンカン・グラントとの出会いがあった。ダンカンは，リットン・ストレイチーの従弟で，メイナードの最愛の人であったが，1916 年以降はチャールストンでヴァネッサやデイヴィッド・ガーネットと一緒に暮らし，1918 年にはアンジェリカという娘の父親となった。

③ ポスト印象派時代

　1910 年 2 月，ヴァネッサはロジャー・フライを，ゴードン・スクエア 46 番地の自宅に招いた。これが，フライとブルームズベリー・グループとの出会いとなる。フライは，様々な経験を元に，イギリスにフランスの新しい絵画を導入しようとしており，ダンカン・グラントも賛成であった。「マネとポスト印

象派」展は，このフライを中心にして，1910年11月から1911年の1月まで，ロンドンのグラフトン・ギャラリーで開かれた。

1911年4月と1912年春，ヴァネッサはトルコとイタリアへの旅行中に健康を崩し，フライに看病してもらったこともあり，二人は親密な仲となる。そして，第2回ポスト印象派展がヴァネッサとダンカンの作品も加えられ，1912年10月から12月までグラフトン・ギャラリーで開かれる。1913年の7月には，ヴァネッサとダンカンの協力の下，フライの「オメガ・ワークショップ」が動き出した。これは，芸術を生活の中に生かすべく室内装飾などを中心にしたものであった。ベッドやテーブル，カーテンや椅子，ポットや茶碗にも絵を描き，衣装などのデザインも積極的に行った。これらの作品は，その多くがポスト印象派の感覚を取り入れたものであった。

④ チャールストン時代

ヴァネッサは，1916年の夏，戦火を逃れるために，ロンドンの南，サセックス州にあるチャールストンの農家を手に入れた。ダンカン・グラントやデイヴィッド・ガーネット，それに小さな息子達を連れて転居したが，夫クライブは一緒ではなかった。彼は，多くの女性と関係を持ち続け，二人の夫婦仲はすでに壊れていた。1918年の夏以降は，パリ帰りのメイナードも加わり，充実した生活を過ごすことになる。彼は，この地で弾劾の書『平和の経済的帰結』（CW 2, 1919年）を書き上げ，ヴァネッサにルーデンドルフという渾名を付ける。ルーデンドルフとは，「タンネンベルクの殱滅戦（せんめつ）」を指導したドイツ軍の参謀次長で，冷厳な性格の人物として知られていた。

その後ヴァネッサは，1918年の冬にアンジェリカを生む。彼女は，もちろんダンカンの子であったが，クライブの承認の下ベル家の娘として育てられる。良心的兵役忌避者としてチャールストンの農場で働いていたデイヴィッド・ガーネットは，生まれたばかりのダンカンの娘アンジェリカと結婚することを誓い，22年後の1942年に二人は結婚する。ダンカンとガーネットは，この農場で一緒に働き，生活を共にする同性愛の関係にあった。ブルームズベリーの交友関係は，このように複雑なものであったが，お互いの友情関係は決し

て壊れることは無かったのである。

　ヴァネッサは，ここチャールストンで，終戦に当たる1918年の冬まで過ごした。1919年以降は，ロンドンに戻って様々な活動に精を出し，チャールストンへは休日に訪れるだけであった。この頃ヴァネッサは，ブルームズベリー・グループが消えてしまったことに気付く。戦争と共に，このグループは消滅したのである。1920年3月からは，「メモワール・クラブ」として，過去を語る会となった。

　しかし，1920年2月のダンカンの個展に続いて，ヴァネッサも1922年6月に個展を開くまでに成長する。二人の絵は，フランスのポスト印象派に大きく影響を受けたものばかりであったが，イギリス絵画の伝統を打ち破る意味で大きな役割を果たした。題材も日常生活に依拠したものが多く，生活に芸術を取り入れた点でユニークなものとなった。また，二人はよく肖像画を描いた。ブルームズベリー・グループの人たちは，ヴァネッサやダンカンだけでなく，人間に強い関心があった。リットン・ストレイチーの人物伝，メイナード・ケインズの人間心理をベースにした経済学，ヴァージニアの意識の流れを中心とした小説など，人間に関するものが多かったのである。

　戦間期は，彼女とダンカンにとって，もっとも輝かしい時期である。展覧会のために「ロンドン・グループ」に加わっただけでなく，1925年にメイナードが若き芸術家のための設置した「ロンドン芸術家協会」では，多くの問題が発生したものの，中心的存在として活躍した。彼女の主な作品には，「たらい」(1918年)，「キュー・ガーデン」(1919年)，「ザ・ケインズ・ケインズ」(1927年)，「二人の女のいる室内」(1932年)，「子ども部屋」(1932年)，「メモワール・クラブ」(1943年) などがある。

　しかし，1932年の1月にリットン・スレイチーが胃癌で逝去し，1934年9月にはロジャー・フライが亡くなるという悲哀が，続けて彼女を襲う。最も大きな悲しみは，1937年7月に最愛の息子ジュリアンをスペイン戦争で亡くしたことであろう。彼女は深い悲しみのために，しばらくの間立ち直ることが出来なかった。

　第二次世界大戦が始まると，ヴァネッサはチャールストンに戻り，1939年

以降はここが終の住処となる。彼女は，1961年4月7日に死去するまで，ダンカンや子ども達とここで生活を続けた。

（2） ヴァージニア・スティーヴン（1882-1941年）

ブルームズベリーの中心人物であったヴァネッサの次は，彼女の妹であるヴァージニアを取り上げたい。ジャーン・シュルキンド編集の『存在の瞬間』（V. Woolf, 1976年）は，ヴァージニア自身が書いた自伝的著作集であり，内容も充実しており，彼女の芸術・思想・感受性が良くわかる読み物となっている。特に，彼女がメモワール・クラブで話した，「ハイド・パーク・ゲイト22番地」（1921年），「旧ブルームズベリー」（1922年），「私はスノッブでしょうか」（1936年）が興味深く，中でも「旧ブルームズベリー」がとても素晴らしい。

① ハイド・パーク・ゲイト22番地

さて，ヴァージニアは，レズリー・スティーヴンの次女として，1882年1月25日にハイド・パーク・ゲイト22番地に生まれた。彼女は，「あの家を振り返ってみると，家庭生活の，グロテスクな，喜劇的な，また悲劇的な情景，青春時代の激しい感情，反逆，絶望，酔いしれる幸福感，計り知れぬ退屈，有名な，また退屈なパーティ，またしても激情，ジョージとジェラルド，ジャック・ヒルズとのラブ・シーン，父への熱愛と激しい嫌悪の交錯，それらすべてが若々しい戸惑いと好奇心にみちた雰囲気の中でうずき，ゆれ動きながら，あまりにひしめいているので，思い起こすと息苦しくなります」（V. Woolf, 1976年, p.254），と言う。母のジュリアは再婚であって，彼女の連れ子であったジョージ・ダックワースやジェラルド・ダックワースなど近親者による性的虐待が，生涯に渡って彼女の精神を苦しめた。

スティーヴン家には，神経症を発症するものが比較的多く，父のレズリー，レズリーの兄のフィッツジェイムズ，その次男であったジェイムズ・ケネス，母ジュリアの先夫の娘ステラなどがそうであった。ヴァージニアも小さい時から精神の病を患っており，病気の経過から見るとかなり重い「躁鬱病」であっ

た。さらには,「精神分裂症」の傾向もあったらしく, 内因性の精神病を「躁鬱病」と「精神分裂症」とに分けると, 彼女の場合はこの二つの症状を絶えず往き来していた。この病気の特徴は, 鬱の場合, 不眠・幻想・恐怖・拒食・自殺願望が高まることにある。

1895年に母ジュリアが死んだ時, さらに1904年に父レズリーが亡くなった後, 兄のトウビーが1906年に急逝した直後, 彼女はその病気で倒れる。また, レナードとの結婚1年後の1913年夏, 様々な理由から病気が著しく悪化する。彼女は, 不眠治療のための睡眠薬を多量に飲み自殺を図ったのである。しかし, この時はメイナードの弟で医者であるジェフリーによりいち早く治療され, 危ういところで一命をとりとめた。彼女が1913年に死んでしまったのでは, 後の名作はまったく生まれなかったことになる。

② ゴードン・スクエア46番地

ヴァージニアによると, ブルームズベリーの集まりが始まったのは, 1905年の3月以降の木曜日の夕方からである。そこには, トウビーの友人であるクライブ・ベル, サクソン・シドニー=ターナー, リットン・ストレイチー, レナード・ウルフ, ラルフ・ホートリーが集まって,「美とは」,「善とは」,「現実とは」といった抽象的な問題を議論した。「木曜の夕べの魅力の一つは, それが驚くほど抽象的だったということです。ムーアの本が私たちみなに哲学, 芸術, 宗教を論じさせた」(V. Woolf, 1976年, p.265)。ムーアの本とは, 若きケインズを感動させた『倫理学原理』(Moore, 1903年) である。

さて, ヴァネッサとは仲のよい姉妹ではあったが, その姉がクライブ・ベルと結婚したことにより, 大きな転機が訪れる。1907年2月より, ベル夫妻がゴードン・スクエア46番地を使うので, 弟のエイドリアンと共にフィッツロイ・スクエア29番地に転居せざるを得なくなったのである。「1907年初めの彼女の結婚が, 実際その会の終わりでした。それと共に旧ブルームズベリーの第1章も終わりました。それはたいへん厳しく, たいへん刺激的で, 計り知れぬほど重要でした」(V. Woolf, 1976年, p.268)。それからの第2章は, ロジャー・フライ, ダンカン・グラント, メイナード・ケインズらが加わり, ポスト

印象派展など多彩な活動が繰り広げられることになる。メイナードについて彼女は,「とても残忍で,とても恐ろしく,若い時のトルストイの肖像画に似ていて,しかけられたどんな議論でも前足の一撃で打破することができ,しかも小説家たちが言うように,その途方もなく印象的な知性のよろいの下にやさしく単純でさえある心を隠していました」(V. Woolf, 1976 年, p.277),と描写している。

ところで,メイナードとリディア・ロポコヴァとの結婚話が進んだ際に,ヴァージニアがヴァネッサに宛てた 1922 年 12 月 22 日付けの手紙が有名である。「メイナードが手遅れにならないうちに,あなたが彼の結婚をやめさせるべきだ,と真面目に考えています。彼が結婚の結果を理解しているとはとても思えません。リディアはまるまると太り,口うるさくなることが想像できます。メイナードは大臣となり,ゴードン・スクエア 46 番地に公爵や首相たちが出入りします。メイナードは,私たちのように分析的でなく,とても単純な人間だから,自分の状態に気づいた時には,どうしようもありません。目がさめてみると 3 人の子供がおり,自分の生活も完全に,そして永久に支配されることが分かるでしょう。私の不満は別にしても,そうなることは明らかです。もし,あなたが彼に忠告を与えないならば,破綻が起きた時,彼はあなたを恨むに違いありません。それに,リディアには望みも何もない既婚夫人としてよりも,一人で貪欲に,そして希望に満ちたボヘミアンとしての生活の方が合っています。そうすれば,彼女の権利はすべて思いのままなのですから」(M. Keynes, 1983 年, p.12)。

③ ブランズウィック・スクエア 38 番地

ヴァージニアは,1911 年からはサセックスのファールに住み,その後ブランズウィック・スクエア 38 番地に移転する。彼女とエイドリアンは,その地でメイナードやダンカンと共に住み始めたのである。新しい人生の始まりであった。彼女は,「私たちがみな人前で裸になるというパーティのうわさが広まり始めました。応接間の真ん中のソファーでメイナードがヴァネッサと性交したことを事実として知っている,とロウガン・ピヤソール・スミスはエセル・

サンズに語りました。無情な，不道徳な，シニカルな集まりだといわれました。私たちは破廉恥な女で，友人たちは最もくだらない若者たちだったのです」(V. Woolf, 1976 年，pp.280-281)，と語る。ブルームズベリー・グループの中で，異性愛や同性愛といった性の問題はタブーを解かれ，はっきりと表に現れてきたのである。

　1911 年 12 月，ヴァージニアは，レナード・ウルフに，ブランズウィック・スクエア 38 番地で一緒に住もうと誘い，それが実現する。彼は士官候補生として 6 年ほどインドのセイロンに赴任しており，ちょうど 1 年間のサバティカルを得て，ロンドンに帰っていたのである。レナードは，仕事の継続か彼女との結婚かで迷っていたが，1912 年 1 月正式にヴァージニアに結婚を申し込む。そして，彼女もその申し出を受け入れ，二人は 8 月 10 日に結婚届を出す。しかし，当初から分かっていたことだが，彼らの結婚生活は順調には進まず，結婚の翌年，彼女は睡眠薬を多量に飲み自殺を図った。

　その後，1917 年には，病気の治療も兼ねて，二人で「ホガース・プレス」という名の出版社を設立し，幾多の本を出版する。その中には，ヴァージニアの本以外に，エリオットやメイナードなどがある。第一次世界大戦時は，ロンドン郊外のリッチモンドに住んでいたが，1924 年にはタヴィストック・スクエア 52 番地に移住し，ブルームズベリーの仲間と旧交を温める。第二次世界大戦が始まると，サセックスのロドメルにあるマンクス・ハウスへ移住し生活していたが，1941 年の 3 月 28 日，ウーズ川に身を投げ 59 歳の生涯を終える。

④　ヴァージニアの業績

　彼女の業績についても見ておきたい。彼女は，幼い頃から，文章の訓練を自分に課し，『存在の瞬間』の中にある「思い出すまま」(V. Woolf, 1976 年) などの伝記を書き綴っていた。1913 年の自殺未遂と病気療養の後，1915 年には処女作『船出』を書き，1919 年には長編小説『夜と昼』を書き上げた。1923 年に出した『ジェイコブの部屋』は，心理面の描写が明確な作品となった。ヴァージニアは，1925 年に書いた『ダロウェイ夫人』で，作家として世に迎えられる。これは，何気ない生活の中で人間の心理（意識の流れ）を見事に描写

し，新しい世界を切り開いた作品として高く評価された。1927年には『灯台へ』，1928年には『オーランド』，1931年には『波』，1937年には『歳月』を出版した。フォスターは『波』がヴァージニアの最高傑作であり，メイナードは『歳月』が彼女の最良の本であると評価した。1940年には『ロジャー・フライ伝』を書いたが，遺族からは不評であった。遺作として，1941年に書き綴った『幕間』がある。

(3) クライブ・ベル (1881-1964年)

ヴァージニアの次は，ヴァネッサとの結婚に成功したクライブ・ベルを取り上げたい。ヴァネッサが，クライブの三度にわたる求婚を経て結婚することになったことは，以前に述べた。1907年2月のことである。この結婚は，前年に最愛の弟トウビーを亡くしたことが大きいといわれているが，ヴァネッサが経済的な安定を求めたからでもある。クライブについては，次男のクウェンティンが書いた『回想のブルームズベリー』（Q. Bell, 1995年）や，橋口稔の『ブルームズベリー・グループ』（橋口, 1989年）が参考になる。

① ベル家の由来

ベル家は，イングランドの南部にあるウィルトシャーの田舎地主であった。しかし，古くからの地主ではなく，ウェールズの炭鉱経営者として得た富をもとに，クライブの父親の時代に成り上がった地主ということである。それ故に，ベル家の人たちの粗野は，先祖代々の田舎地主の伝統的な粗野とは少し違っており，新興の成金地主が一生懸命に伝統に忠実であろうとした粗野であった。そのため，「知的貴族」であったヴァネッサ・スティーヴンにとって，ベル家の人々と混じるところはほとんど無く，最後まで親しく打ち解けなかったのもしかたのないことである。ベル家の館は，クリープ・ハウスと呼ばれ，比較的新しい建物であったが，ゴシック風のポーチを持っていた。また，ベル家の人々は，新興地主の例に漏れず，皆狩猟に打ち込んでおり，広いホールは死せる野獣たちの主な陳列場所だったし，クライブも小さい頃から馬を上手に乗りこなし，猟銃を使うことにも長けていた。

② ヴァネッサとの結婚とトルコ旅行

クライブは，新興地主の子として，ケンブリッジ大学へと進学した。トリニティ・カレッジでは，トウビー・スティーブンと親しくなり，文学や美術に接することになった。彼はトリニティに来るまで，本を開くことは無かったそうが，シェリーとキーツに出会い心から感動する。サクソン・シドニー＝ターナー，リットン・ストレイチー，レナード・ウルフといった友にも恵まれ，「深夜会」では夜遅くまで議論を続けた。

クライブは，トリニティの自分の部屋にドガの複製画を掛けていたこともあり，卒業後はパリで絵の勉強を続ける。そして，先にも書いたとおり，1907年の2月，ヴァネッサと結婚した。1908年には長男ジュリアン，1910年には次男クウェンティンが生まれた。この段階では，二人の結婚生活は順風満帆であるように見えたが，2011年4月のトルコ旅行から状況は一変する。この旅行には，友人のロジャー・フライとハリー・ノートンが参加した。橋口は，「父のレズリーの死後すぐにしたイタリア旅行がルネサンス美術を見るためのものであり，トウビーの死を招いたギリシア旅行が古代芸術を見るためのものであったとするなら，このトルコ旅行はビザンチン芸術を見るためのものであった」（橋口, 1989年, p.80），と書く。

しかし，この旅行は，またしても大きな出来事を生む。ヴァネッサが旅行中に病気で倒れたのである。彼女は二人の子どもを生み，健康状態は決して良くない上に，病気の彼女を親身になって看病したのは，夫のクライブではなくロジャー・フライの方であった。ベル夫妻の関係は，このことにより決定的に悪くなり，これ以後決して元に戻ることは無かった。

③ 良心的兵役忌避と業績

1914年の8月，第一次世界大戦が勃発する。橋口は，「ブルームズベリー・グループの人たちはみな，この戦争に反対し，徴兵制に反対して徴兵を忌避した。国家といえども個人に対して戦うことを強制する権利を持たないという考え方が，徴兵に対する反対の基本にあった」（橋口, 1989年, p.114），と言う。また，「クライブは，文明を破壊するものとして戦争に反対していた。戦争が

始まると,『いますぐに平和を』というパンフレットを書いて刊行した。このパンフレットはロンドン市長によって発禁処分にされた。クライブはまた, ロイド・ジョージに要請されて, 良心的兵役忌避のための条件を考える委員会に参加している。徴兵制が施行されると, クライブは良心的兵役忌避を申し出て, 国内での労働を認められ, モレル夫妻のガーシントンの農場で働くことになった」(橋口, 1989年, pp.116-117)。

クライブは, 1916年に『芸術』を出版した。「意味を持つフォーム」(significant form) という言葉がキーワードであった。クウェンティンが言うには, この書物は「過去150年の芸術の歴史に照らして, クライブや彼の同時代人たちが扱わねばならなかった問題についての, 少なくとも一つの見解を試みた」(Q. Bell, 1995年, p.45) ものである。「意味を持つフォーム」とは, われわれの心に何か審美的な感情を掻き立てるもので, 視覚芸術作品には欠くことのできない形体のことである。1928年には, 良い精神の状態への手段が文明であると定義づけた,『文明』という名の書物も出版している。

第二次世界大戦後に『旧友たち』(C. Bell, 1956年) を書き, ブルームズベリーの仲間を振り返った。メイナードに関するエッセイの中で,「私の思い出のなかにある, 取るに足りないような煩わしい事柄にもかかわらず, 私がメイナードについて鮮明に, そして繰り返し思い出すことは, 彼が素晴らしい仲間だったということである。私は彼を失って寂しく思っている」, という人々の心に沁みる文章を書いた。

クライブは,「私が何よりも懐かしいのは, 彼の会話であった。それはとても素晴らしいものだった。ありふれた言い方には違いないが, それは本当にそうだったのである。彼は, 月並みなことを逆説に変えたり逆説を陳腐事に変えてしまう才能, 類似点と相違点を見分けたり (あるいは作り出し) 相互に何の関係もない考えをうまくひとつに結びあわせる才能を豊かに持っていた。非常に賢い人が, そして非常に賢い人だけが, 会話によって人生に独特の潤いを与えることが出来る, あの喜びと驚きをひきおこす才能を, である。彼は機知に富んだ知性と文字どおりの技巧を持っていた。

議論となると, 目が回るほど早く型にはまらなかった。議論中のどのような

話題でも，またそれを彼がほとんど知らないと思われるものでさえ，その説明は生き生きとしており，とても斬新なものであったので，人はそれが正しいのかどうかを尋ねざるをえなかった。しかし，より深刻な雰囲気にあって，素人にはほとんど理解できないような事柄で，何か専門的なことの説明を求められるような時にも，彼は大層気軽に，実に簡単な事であるかのように話してくれるので，人は彼の知性に驚くべきなのか，それとも自分自身の愚かさに驚くべきなのか分からないほどだった。このような時，私はこれまでに会った人の中でメイナードほど賢い人は誰もいないと確信し，彼は芸術家であると感じたのである」(C. Bell, 1956 年, pp.60-61)，と上手にまとめている。

　クライブは，ヴァネッサよりも長生きし，1964 年に 83 歳で死去した。作品としては，『いますぐに平和を』(1915 年)，『芸術』(1916 年)，『英国の自由について』(1920 年)，『文明』(1926 年)，『旧友たち』(1956 年) 等がある。

(4) ロジャー・フライ (1866-1934 年)

　クライブの次は，少し年齢の離れたロジャー・フライを取り上げたい。彼は，遅れてブルームズベリー・グループに参加した人物である。1910 年の 2 月，ベル夫妻の住んでいるゴードン・スクエア 46 番地に招かれ美術関連の話をしてから，このグループに加わることとなった。フライについては，ヴァージニアが書いた『ロジャー・フライ伝』(V. Woolf, 1940 年) がある。

① 苦難の人生

　ヴァージニアは，伝記の第 7 章「ポスト印象派の画家」の冒頭で，「その頃 (1910 年)，初めてフライに会った者は，彼を実際の年齢よりずっと上に見たことだろう。彼はまだ 44 歳だったが，大きな体験の重荷を背負った人の印象を与え，疲労し，人生を知り尽くし，苦行者のようでいて，しかも強靭な人に見えた」(V. Woolf, 1940 年, p.174)，と書いている。それほど，フライの人生は，困難の多いものであった。父親との確執，ケンブリッジでのフェロー資格取得の失敗，ヘレンとの結婚の際の揉め事，妻の精神疾患の発病，ケンブリッジの教授職就任の挫折等々，挙げればきりがない。ニューヨークにある「メトロポ

リタン・ミュージアム」でのキュレーター（学芸員）の仕事も，満足のいくものではなかった。しかし，フライは，人は幸福よりも苦悩から多くのことを学ぶと考え，前向きに生きていかざるを得なかったのである。

② マネとポスト印象派展

ブルームズベリー・グループの最初の仕事は，フライの人脈と努力によって実現した。彼は，フランスの新進気鋭の画家たちの作品を，イギリスの人々に紹介したいと考えていた。「ロジャー・フライは，視覚芸術に対するイギリス人のあきれるばかりの無関心と，あらゆる芸術を道徳的問題に結び付けようとするかれらの頑迷さをしばしば嘆いた」（V. Woolf, 1940 年, p.57）。そこで，ブルームズベリー地区にあったグラフトン・ギャラリーと交渉し場所を確保すると，その次は事務局長に「使徒会」の後輩であったデズモンド・マッカーシーを任命し，彼と二人で展覧会のための絵画を揃える算段をした。フライが名付けたポスト印象派の画家たち（the Post Impressionists）は，幸いなことに無名であったため，たくさんの作品を集めることが出来た。

フライたちは，セザンヌ，マネ，モネ，ゴーギャン，ゴッホ，マチス，ピカソ，ドラン，ルオーなどの作品を 300 点以上も集めた。これらの画家たちの絵は，とても安い値段で取引された。今では信じられないが，ゴッホの作品で有名な「ひまわり」や「郵便配達夫」もその中にあった。しかし，今回の展覧会の中心に据えられたのは，マネの過激な「草上の昼食」や「オランピア」ではなく，比較的穏健な「ファーリー・ベルジェールの酒場」であった。

この展覧会は，1910 年 11 月 8 日から 1911 年の 1 月 15 日まで開催される。イギリスでは初めてと言うこともあり，初日から多くの人でにぎわった。しかし，芸術のパトロンにして美術愛好家のウィルフリッド・ブラントによると，「11 月 15 日，パリから送られてきたポスト印象派絵画なるものを見にグラフトン・ギャラリーへ。ひどい冗談か詐欺である。自分は後者だと思う。ユーモアがかけらもないからである」（V. Woolf, 1940 年, p.183），ということであった。

今回の「マネとポスト印象派展」は，多くの人の反応からも分かるように，

イギリスの伝統的なジェントルマンと新しい芸術家というボヘミアンとの対立であった。これまでのイギリスの絵画は，物語性や自然の描写を中心としたものが多く，ポスト印象派の絵画とは性格の異なるものであった。しかし，様々な批評や批判が噴出したものの，イギリスで初めて開催されたこの展覧会には多くの人が詰め掛け，大成功の裡に終了した。

③ オメガ・ワークショップ

　第一回のポスト印象派展の成功に続いて，1912年10月から12月まで，同じギャラリーで第二回ポスト印象派展が開催された。事務局長は，ヴァージニアの夫であるレナード・ウルフが務め，ブルームズベリー・グループのヴァネッサとダンカンの作品も加えられた。フライは，これらの展覧会に続いて，1913年の春，フィッツロイ・スクエア33番地にワークショップを開設した。これが，ポスト印象派の絵画様式と装飾芸術を応用した「オメガ・ワークショップ」ある。フィッツロイ・スクエア33番地は，過去にロセッティやミレイなど夏目漱石にも愛された，「ラファエル前派」の芸術家が集まった場所であった。

　オメガ・ワークショップの理念は，開かれた芸術形式を通じて，多くの人と感性を共有することであり，芸術家の生活保障と芸術愛好家の審美眼育成を目的とした。橋口は，「19世紀のウィリアム・モリス商会に似たような試みであるが，モリスの工房が中世趣味を生かした民芸的なものであったのに対して，これはポスト印象派の感覚を生かした，はるかにモダーンなものであった。顧客も上流階級の人が多かった」(橋口, 1989年, p.83), と述べている。

　実際に，オメガ・ワークショップの仕事は，部屋の装飾，カーテンの模様，椅子やテーブル，ベッドやタンス，ティー・ポットや皿，衣装のデザインなど多岐に渡っており，芸術を生活の中に生かそうとした試みであった。主な作品としては，「オメガの子ども部屋」，「暖炉用衝立」，「オメガの陶器」などがある。しかし，この素晴らしい試みも，第一次世界大戦の発生と共にその活動を終える。ロジャー・フライと，そのワークショップを支えていた仲間たちとの諍いごとが顕在化したからである。経営難による実際の閉鎖は，第一次世界

後の 1919 年であった。

④ フライの芸術論と彼の業績

フライは，セザンヌの絵を高く評価する。彼の絵は，画面全体の効果やリズムを優先しており，構成，色彩などが関与する美の創造と，これらを含むフォームが明確に現れている。セザンヌは，対象に積極的に立ち向かい，それを変形し，強固な構成を明確に表現したのである。

また，「美学におけるエッセイ」『ヴィジョンとデザイン』（1920 年）では，芸術を論じる。フライは，芸術は現実の生活ではなく，想像の生活と結びついたものであると言う。芸術は，直接私たちの生活に役立つものではなく，それ自体が目的となるものである。だから，芸術作品が生み出す審美的感情，フォームの熟視の結果生じる感情は，普遍的でありそれ自体が目的である。求められるものは，秩序と多様性であり，秩序の中で最も重要なのは統一性である。さらに，画家が秩序と多様性に対する要求に応える要素は，線が持つリズム，色彩，構成，空間，陰影などである。画家は，フォームそれ自体がわれわれの中に情緒的な状態を作り出すように描くのである。

彼の主な業績としては，『ヴィジョンとデザイン』（1920 年），『トランスフォーメーション』（1926 年），『セザンヌ論』（1927 年），等を挙げることが出来る。

(5) レナード・ウルフ（1880-1969 年）

レナード・ウルフは，トウビーの友人として，最初からゴードン・スクエア 46 番地に集まったうちの一人である。リットン・ストレイチーの無二の親友であり，メイナードを「使徒会」に推薦したことでも知られる。宗教的にも，厳格なユダヤ教徒として一生を送った。もちろん，ヴァージニアの夫として，実に献身的に，彼女の自己実現を助けたことを忘れることは出来ない。レナードには，5 巻にのぼる『自伝』（L. Woolf, 1960-69 年）がある。

① ヴァージニアとの結婚

父のシドニー・ウルフは弁護士として活躍し，10 人の子どもに恵まれた。

レナードは 3 番目の子どもである。しかし，レナードが 11 歳の時，父が急死する。そのために，ウルフ家は困窮に陥り，レナードは奨学金を得てケンブリッジに入学する。在学中は，トゥビーやリットンなどの友達に恵まれ，充実した大学生活を送る。卒業後は，金銭的な理由から，士官候補生としてセイロンに赴いた。6 年半ほどそこで行政官を務めた後，1 年間のサバティカルを得て，1911 年 6 月イギリスに帰国する。

1911 年 12 月，レナードはヴァージニアの勧めで，ブランズウィック・スクエア 38 番地の 4 階を間借りすることにした。1 階はケインズとダンカン，2 階はヴァージニア，3 階はエイドリアンが使っていた。彼は，ヴァージニアと結婚したいと考えていたが，なかなか実現するには到らなかった。しかし，彼は勇気を奮って，1912 年 1 月，ヴァージニアに求婚する。その返事が無いまま，いたずらに月日が過ぎ，1 年間のサバティカルが終わろうとしていた 1912 年 5 月，レナードは植民地省に辞表を提出する。彼は，自分の仕事より，ヴァージニアとの結婚を選んだのである。そういうこともあってか，ヴァージニアもこの申し出を受け入れ，1912 年 8 月 10 日に結婚した。

②　ホガース・プレス

先に記したように，結婚の翌年，ヴァージニアの病気が著しく悪化する。治療のための睡眠薬を多量に飲み，自殺を図ったのである。この時は，メイナードの弟である医師のジェフリーが胃の洗浄を施して，一命を取り留めた。レナードは，ヴァージニアの病気療養を兼ねて，リッチモンドのホガース・ハウスに印刷機を買い，ホガース・プレスという出版社を立ち挙げた。ヴァージニアに活字を拾う仕事をさせ，生活意欲を喚起させようとしたのである。

レナードは，住居が個人にとって，学校，仕事，結婚，死，別離など，人生に大切なことに劣らず，個人の歴史をかたどるものだと考えていた。ホガース・プレスは，エリオットやケインズの本を始め，多くの本を出版することになる。ヴァージニアの『灯台へ』など，彼女の本の多くもここから出版されている。ラルフ・パートリッジ，マジョーリー・トムスン，ジョージ・ライランズ，アンガス・デイヴィッドソン，ジョン・レイマンなど，若く優秀な人たち

が次々とこの出版社に参画した。

③ 国際連盟

　第一次世界大戦が始まると，レナードは，「フェビアン協会」からの依頼により，戦争原因の解明と戦争防止の方策について研究を始めた。彼は，以前から，『インターナショナル評論』，『ニュー・ステーツマン』，『レヴュー』誌などに執筆しており，戦争を防止するには権威ある国際機関が必要だと考えていた。

　労働党に属する「大学協会」の薦めにより，国会議員への立候補も実行に移したが，最下位で落選する。その時の公約の一つに，戦後処理として，ドイツに過大な賠償を要求しないことが挙げられていた。これは，メイナードを初めとしたブルームズベリーの友人たちに共通の考え方であった。彼の友人であったシドニー・ウォーターロウは，その当時外務省に勤務にしており，レナードの案を元に国際連盟案を作成する。ディキンソンやロジャー・フライも，このような国際連盟構想に携わっていた。もちろん，ケインズは大蔵省首席代表として，実際にヴェルサイユ講和会議に臨んでいたのである。

　アメリカ大統領のウッドロウ・ウィルソンは，1918年1月8日の連邦議会で，「14ヵ条の平和原則」を公表し，自由貿易，民主主義，民族自決などを明確化した。その第14条には，大国にも小国にも等しく，政治的自由と領土保全の相互保証を与えることを目的とする具体的な盟約の下に，諸国の全般的な連携が結成されなければならないとして，国際連盟の設立が謳われていた。彼は，国際連盟の主要提唱者ではあったが，講和条約ではこの問題を賠償問題よりも重視したために，メイナードから厳しい攻撃を受ける。ウィルソンは，国際連盟設立等の功績により，1919年度のノーベル平和賞受章という栄誉を受けるが，議会でのヴェルサイユ条約批准のための遊説中に脳梗塞で倒れたことは，彼にとって不幸なことであった。アメリカ議会は，結局ヴェルサイユ条約を批准しなかった。

④ タヴィストック・スクエア52番地

　1924年，ヴァージニアがリッチモンドからブルームズベリー地区に移り住むことを望んだのは，1920年3月からゴードン・スクエア46番地にあるメイナードの家で，メモワール・クラブが開かれるようなったからである。戦争が終わって，昔の仲間が再び集まるようになったのであり，そこでは多くの回想が読まれることになった。ヴァージニアも，先に紹介した「ハイド・パーク・ゲイト22番地」と「旧ブルームズベリー」を，1921年前後に読み上げた。

　レナードが言うには，メモワール・クラブは13人からなっており，ヴァネッサ，ヴァージニア，エイドリアン，クライブ・ベル，レナード・ウルフ，メイナード・ケインズ，ダンカン・グラント，リットン・ストレイチー，ロジャー・フライ，モーガン・フォスター，サクソン・シドニー＝ターナー，デズモンド・マッカーシー，モリー・マッカーシーがそうであった。これは，ヴァネッサが描いた「メモワール・クラブ」（1943年）の絵とも符合する。1943年には，リットン・ストレイチーとロジャー・フライ，それにヴァージニア・ウルフの3人は既に死去し，後ろの壁に肖像画として描かれていたのである。

⑤ マンクス・ハウスと彼の業績

　ヴァージニアがウーズ川に身を投げたのは，1941年3月28日のことである。レナード宛の遺書の一つには，「また，頭がおかしくなるのをはっきりと感じます。あの恐ろしい体験を乗り越えられそうにありません。……あなたは，これ以上ないほど，私を幸せにしてくださいました。誰にも出来ないことを，全てしてくれたのです。2人の人間が，私たち以上に幸せになれることはないでしょう」（V. Woolf, 1980年），と書かれてあった。レナードは，その後1969年に死去するまで約27年間，彼の愛したマンクス・ハウスで生活を続けた。全5巻にわたる自伝もここで執筆されたものである。

　彼の業績としては，幾多の新聞や雑誌に書いた論稿の他に，『社会主義と協同組合』（1920年）や5巻に及ぶ『自伝』（1975年）などがあるが，最大の業績はヴァージニアの庇護者として彼女の生活を守り，『ダロウェイ夫人』（1925年），『波』（1931年），『歳月』（1937年）など後世に残る名作を書かせたことで

あろう。

(6) リットン・ストレイチー (1880-1932年)

次に，レナードやトウビーの友人であったリットン・ストレイチーを取り上げる。彼は，ヴァージニアへの求婚や，ダンカンとの同性愛，メイナードとの競争心，良心的兵役忌避活動，ドーラ・キャリントンとの同棲などで，ブルームズベリー・グループでも重要な役割を演じた人物である。ここでは，マイケル・ホルロイドの書いた『リットン・ストレイチー』(Holroyd, 1967-68年) が参考になる。

① ランカスター・ゲート69番地

ストレイチー家は，軍人の父リチャードと婦人参政権運動の支持者であった母ジェーンによって営まれ，13人の兄弟姉妹に恵まれた。リットンは11番目の子どもである。彼らは，ランカスター・ゲート69番地で育った。彼が言うには，とても醜く，薄暗くて住みにくい家であった。リットンは，背はとても高いが運動神経は鈍く，大変な変わり者であった。ケンブリッジ「使徒会」で得た友人のトウビーやレナード，それにメイナードこそが，リットンの生涯の友であった。姉のドロシーは画家となり，フランス人画家シモン・ビュッシーと結婚する。ビュッシーは，「リットン・ストレイチー像」を描いた人物である。弟のジェイムズは，使徒会員で精神分析学者であり，『フロイト全集』の翻訳をホガース・プレスから出版している。

② ヴァージニアへの求婚

ヴァージニアは，仲の良かった姉の結婚以来，喪失感に襲われていた。1909年2月，リットンはそのヴァージニアへ求婚し，受け入れられる。しかし，お互いに結婚する意思は持てなかったのであろう。この出来事は，求婚だけに終わったことから，白日夢のようであった。ヴァージニアが1912年8月10日に，レナードと結婚したのは，先に述べたとおりである。

リットンは，その後ケンブリッジ大学のフェロー取得資格論文を書くが，2

度続けて失敗する。そのため，文筆で生きていくことを決意し，その成果が『フランス文学道しるべ』（Strachey, 1912 年）となって現れる。

③ 良心的徴兵忌避

第一次世界大戦時には，「徴兵反対国民会議」，「徴兵阻止の仲間」に参加し，徴兵制に反対した。1916 年 1 月に，徴兵制が施行されると，良心的徴兵忌避を申し出るが，認められなかった。彼は，本当に体が弱く，医師の診断書を提出して，なんとか兵役を免除される。しかし，兵役を免除されている間執筆を続け，1918 年の 5 月には，『ヴィクトリア朝偉人伝』を出版する。これは彼の自信作であり，「マニング枢機卿」，「ナイティンゲール」，「アーノルド博士」，「ゴードン将軍」というヴィクトリア朝時代の英雄を，皮肉を込めて描いた。彼らは，社会への奉仕を装いながら，実は時の権力と結びつき，自分自身の願望を実現させた人物であると指摘し，多く議論を呼んだ。

④ ドーラ・キャリントン

リットンが，ヴァネッサの紹介で彼女に会ったのは，1915 年のことであった。キャリントンは，スレイド美術学校で勉強を続け，芸術家たちの後援者であったオットライン・モレルにその才能を見出された画家である。1917 年になると，リットンはバークシャーのティドマーシュに，彼女と一緒に住み始める。1918 年には，リットンは先に紹介した『ヴィクトリア朝偉人伝』を出版し，名声を博す。そこに，ホガース・プレスで働いていたラルフ・パートリッジが現れ，リットンと親密な関係になる。そこで，色々と思案したキャリントンは，ラルフ・パートリッジと結婚しつつ，リットンとの生活を続けることを決断する。10 年ほど複雑な三角関係が続くことになった。リットンは健康面の理由から，1928 年にハンガーフォードに移転したが，胃癌で 1932 年 1 月 21 日に死去する。享年 52 歳であった。リットンの後を追って，キャリントンがピストル自殺を遂げたのが，同年 3 月 10 日のことである。

⑤　リットンの伝記論と業績

　散文はフォームとしての美しさを持ち，優雅さとバランスを保ち，芸術としての趣向を凝らす必要がある，とリットンは考える。そして，伝記作家の第一の義務として，適切な短さを守りながら，余計なものはすべて排除し，意味のあるものだけにすべきであると述べる。さらに，伝記作家らしく，良い伝記を書くことは，良い人生を生きるのと同じくらいむずかしい，と考えていたのである。彼は，『フランス文学道しるべ』(1912年)や『ヴィクトリア朝偉人伝』(1918年)に続いて，『ヴィクトリア女王』(1921年)，『書物と人物』(1925年)，『エリザベスとエセックス』(1928年)，『小さき肖像画』(1930年)等々を書いた。

(7)　ダンカン・グラント (1885–1978年)

　最後は，メイナードに最も愛された画家ダンカン・グラントを取り上げたい。メイナードは，遺言の中で，ダンカンに対して1000ポンドの贈与と年金の支給を明言した。また，ダンカンが描いた「ケインズの肖像画」については，特別の配慮を希望した。1908年の秋に二人で行ったオークニー諸島での滞在が，あまりに楽しかったからであろう。メイナードは，そこで，『確率論』の最終稿を練り直し，ダンカンは上記の肖像画を描いたのである。

　ダンカン・グラントに関しては，フランセス・スポールディングの『ダンカン・グラント伝』(Spalding, 1997年) がある。

①　ダンカンの個展

　ダンカンの個展は，1920年2月にオールド・ボンド・ストリートにあるギャラリーで開催された。メイナードは，パーティの席で乾杯の音頭を取る。作品としては，「メイナード・ケインズ」(1908年)，「フットボール」(1911年)，「踊り子」(1912年)，「シバの女王」(1912年)，「洗礼」(1919年)等が展示された。彼は，メイナードに言わせれば，ロバーツと並んで，イギリスで最も優れた画家であった。

　ヴァネッサの次男であるクウェンティンは，妹アンジェリカの父親であるダ

ンカンのことを,「絵筆を取ると彼は真剣そのもので,そのときもなお彼が魅力的だったとすれば,それは意識的努力とは無関係だった。彼はなかば閉じた目をまばたきながら主題の色調を定め,それから細心の注意を払って絵筆を使い,身を離して風景と自分のカンヴァスを意味ありげに眺めては,自然を楽しみ自分の作品をおおいに愉しんで,いくらか当惑しつつも心の底から幸福そうだった」(Q.Bell, 1995 年, p.90),と述べる。彼は,クライブではなくダンカンが自分の父親だったら良かったと考えたのである。

② ダンカンとメイナード

ダンカンは,リットン・ストレイチーの従弟であり,彼と同性愛の関係にあった。リットンが,ダンカンをメイナードに紹介すると,今度はメイナードとダンカンが親しくなった。1907 年 3 月,パリで絵の勉強をしていたダンカンと,友人と旅行中のメイナードは再会する。その後,二人は同性愛の関係になり,1908 年には先にも書いたように,オークニー諸島に旅している。1910 年には,フィッツロイ・スクエア 2 番地に,メイナードと一緒に住み,その後ヴァージニアやエイドリアンとブランズウィック・スクエア 38 番地に住むようになる。ダンカンは,真正の自然児であり,ストレイチーやメイナード以外にも,多くの男性に愛される人であった。

③ ダンカンとヴァネッサ

1914 年に第一次世界大戦が始まると,メイナードが大蔵省に呼ばれたことから,ダンカンはヴァネッサと関係を持つようになる。まず,ダンカンは良心的兵役忌避のために,ロンドンの北東にあるサフォークの農場で働いた。その後,1916 年の夏,サセックスにあるチャールストンにガーネットやヴァネッサの 2 人の息子と共に移り住んだ。これらすべては,ダンカンを愛するヴァネッサの計らいで実現したことであった。二人の間にアンジェリカが誕生するのは,1918 年のクリスマスの日である。

ダンカンは,ヴァネッサに対して強い忠誠心を持っており,ヴァネッサも彼に対して深い愛情を感じていた。彼らは,絵画の仕事で切磋琢磨し,お互いに

自己実現を図っていった。先にも述べたように，ダンカンの個展は1920年，ヴァネッサの個展は1922年に開催されることになる。ダンカンは，音楽では，ベートーヴェンよりもモーツァルトを愛した。彼の自然を愛する心には，ベートーヴェンのような圧倒的な迫力を持つ構築物よりも，モーツァルトの作品が醸し出す優しさと流麗さが大切であった。

　④　ダンカンとロッシュ

　1961年4月7日，崇拝するヴァネッサが肺炎で亡くなる。ダンカンは，失意のあまり病を得て，床に伏すことになった。それを聞いて飛んで来たのが，アメリカの詩人ポール・ロッシュである。彼はダンカンの心からの信奉者で，家庭の問題を顧みることなく，チャールストンに駆けつける。そして，彼の献身的な看護のお陰で，ダンカンは再び元気を取り戻すことになったのである。

　その後，ロッシュはダンカンの面倒を見続け，1973年には89歳を過ぎたダンカンと2人で，トルコに旅行する。地中海はとても素晴らしく，廃墟は荘厳そのもので，気候は完璧であった。二人の旅行記は，ロッシュにより，『南トルコでダンカン・グラントと共に』（Roche, 1982年）という書物として出版された。ダンカンは，亡くなる半年前までチャールストンに住んでいたが，その後はロッシュの自宅で面倒を見てもらい，1978年5月9日，93歳という高齢で死去した。

5. メイナードの多様性に富んだ人生

　メイナードの人生は，他のどの人にも真似ができないほど，多様性に富んだものである。中でも，大学時代に出会った友人たちは彼の一生の財産であって，幾多の問題は発生したものの，その友好関係は彼らの死の瞬間まで続いた。メイナードは，経済学者にして文学者，哲学家にして数学者，芸術家にしてパトロン，個人投資家にして大学財政責任者，政治家にして古書蒐集者な

ど，数々の顔を持つ人物であった。以下では，これまでに述べたことを簡潔にまとめることで本章を終わりたい。

（1） ブルームズベリーの芸術家たち

メイナードは，1903年に入会したケンブリッジ「使徒会」を通じて，リットン・ストレイチーやレナード・ウルフの親友となった。彼らとの友情は，第一次世界大戦で一時的に破綻したかに見えたが，その後末長く続いた。また，リットン・ストレイチーの従弟であったダンカン・グラントとの出会いは，深い愛情と共に審美眼を開花させた。1908年にダンカンと行ったオークニー諸島への旅行は，一生の思い出として彼の心に刻み込まれる。1910年の「マネとポスト印象派展」は，ブルームズベリー・グループとしての初舞台であり，1911年にヴァージニアやエイドリアンと一緒に住んだことは，彼がブルームズベリー・グループで大きな役割を果たすことを暗示した。

1914年に勃発した第一次世界大戦は，彼らの友好な関係を壊すに十分な出来事であった。ケインズは大蔵省に招聘され戦時金融の仕事を任された一方，ボヘミアンであった仲間たちは，戦争反対や良心的兵役忌避などでメイナードと違う道を歩いた。ヴァージニアが言うように，ブルームズベリー・グループの第1章は，この戦争によって終わりを迎えたのである。しかし，幸いなことに，戦争の末期に「ドガ・スタジオ」で開かれたオークションにメイナードらが参加し，ポスト印象派の絵画をたくさん購入したことで彼の評価が好転する。さらに，ヴェルサイユ講和会議でのメイナードの代表辞任や，ヴァネッサやダンカンのいるチャールストンでの『平和の経済的帰結』の執筆は，ブルームズベリーの仲間たちとの親交を以前より深めることとなった。

（2） メモワール・クラブ

1920年から，ブルームズベリー・グループは，メモワール・クラブとして再出発する。ブルームズベリーの人たちの仕事も，ダンカンの個展開催を始め，この頃から開花するのである。メイナードもこの時期から，キングズ・カレッジの副会計官，『エコノミック・ジャーナル』の編集者，王立経済学会の

書記長，生命保険会社の取締役，自由党新聞の取締役会長，経済関係書物の執筆，外国為替や商品への投機など，経済関係の仕事が多くなる。さらに，ディアギレフ・バレエ団のバレリーナであったリディア・ロポコヴァとの結婚（1925年）により，彼らと少し疎遠になる時期が生じたが，友情関係は長く続く。

メイナードが関係した1925年の「ロンドン芸術家協会」の試みや，1930年の「カマーゴ・バレエ協会」（現在のロイヤル・バレエ団）の設立と「ロンドン芸術劇場クラブ」の公演は，ヴァネッサやダンカンなどブルームズベリー・グループの人たちにも好評であった。さらに1936年，メイナードはケンブリッジ市や愛するリディアのために，「アーツ・シアター」（芸術劇場）を設立する。この劇場は，現在もケンブリッジの名物劇場として名声を博している。もちろん，革命の書『雇用・利子および貨幣の一般理論』も，この年に刊行された。1938年には，メモワール・クラブで，デイヴィッド・ガーネットの回想に触発されて『若き日の信条』（CW 10, 1972年）を読み上げ，ヴァージニアを初め多くの参加者に感動を与えた。

(3) イギリス芸術評議会

1941年からは，「愛，美的体験の創造と享受，真理の探究」を人生の目的とした人にふさわしく，ナショナル・ギャラリー委員や音楽芸術奨励協議会委員長を歴任し，イギリス芸術評議会の設立に奔走する。第1章でも述べたが，イギリス芸術評議会は，芸術文化の創造や専門家による「芸術の自由」を保障し，その成果を国民が享受しうるだけでなく，芸術文化に対する公的な援助が自由を擁護する政府の責任であるとした組織である。

メイナードは，ブルームズベリー・グループの芸術家たちとの交友，彼ら芸術家への支援活動，音楽芸術奨励協議会を通じた芸術を鑑賞するための劇場の建設や再建，芸術を普及させるイギリス芸術評議会などの組織化など，実に精力的に活動した。経済学者ケインズとして，戦後の国際金融の安定を目指し，被害を受けた国々の復興と開発を目的とした世界銀行と，国際貿易の拡大や為替の安定を目的とした国際通貨基金の設立にも尽力しつつ，芸術家メイナード

として，力の限りを尽くして芸術・文化のために動き回った。少し大袈裟な表現かもしれないが，すべてはリディア・ロポコヴァへの限りない愛と，個性豊かなブルームズベリーの芸術家たちと共に創り上げた，素晴らしい芸術や文明を守るためであった。

第3章 ケインズとケンブリッジ「使徒会」

1. はじめに

　第2章では,「メイナード・ケインズを取り巻く芸術家たち」と題して,彼が属していたケンブリッジ「使徒会」や「ブルームズベリー・グループ」などについて論じた。周知の様にケインズは,20世紀を代表する経済学者の一人として有名であるが,彼の周辺には経済学や経済実務,あるいは政治を生業とする人々だけではなく,哲学者や小説家,画家や美術評論家,演劇家やバレエダンサーなどの芸術家がたくさんいた。

　特筆すべきことは,ケインズは,自分自身が第一級の経済学者でありながら,経済学や政治学,物理学や生物学などの科学よりも,音楽・美術・文学・演劇・バレエなどの芸術の方が,自分の人生では断然上位を占めていた,と主張していることである。大学時代でのケンブリッジ「使徒会」のことを振り返った論文『若き日の信条』の中で彼は,「情熱的な観照(contemplation)と親交(communion)とにふさわしい主題は,最愛の人,美,および真理である。人生の目的は,愛であり,美的体験の創造と享受であり,知識の追及であった。その中でも,愛が断然一位を占めていた」,と明言している。

　本章では,「メイナード・ケインズを取り巻く芸術家たち」で言及した人物だけでなく,ケインズに影響を与えたその他の人物も数多く取り上げてみたい。もちろん,ケインズが属していたのはキングズ・カレッジではケンブリッジ「使徒会」であり,大学卒業以降は「使徒会」を発展させた「ブルームズベリー・グループ」であったし,第一次世界大戦以降は「ブルームズベリー・グ

ループ」を回想した「メモワール・クラブ」なので，そこでの主要な人物についても，第1章や第2章と重なることを恐れず言及する．

まずは，「使徒会」の会員でケインズに関係した人たちを取り上げた後，そこで読み上げた彼の論文「科学と芸術」について検討する．その論文の中でケインズは，使徒会に集まった仲間たちに向かって，芸術家が科学者よりも地位が上にあることに反対する人はいるか，と問う．当然のことながら，ケインズは，金儲けを中心とするビジネスマンよりも，技術の発見や開発を主導する科学者の方がその地位は上であると見ている．そして，若き日の彼は，ビジネスマンや科学者の両者よりも，あこがれの対象であった芸術家になりたい，と考えていたのである．本章の最後には，今までに取り上げなかったブルームズベリーの芸術家たちを，手短に紹介する．

ケインズは，誰にも真似の出来ないような素晴らしい人生を送った．その多くは，「使徒会」で出会った人たちとの交友関係が無ければ実現しなかったものである．ケインズは，金融の専門家として，一般の人々が得たいと望む，経済力や世俗的な名声を獲得した．しかし，先にも述べたように，彼は友人との愛情，芸術や自然における美しいものの鑑賞，さらには学問研究などの真理の追究を自らの人生の目的としたのである．そのようなケインズについて，「使徒会」との関連で考察するのが本章の目的である．

2. ケインズと使徒会員

「使徒」（Apostles）に選ばれた人たちは，毎週土曜日の夕方，発表する会員の部屋に集まり，その会員が提起した主題について議論した．議論が白熱すると深夜になることも多く，日が白々と空けて来る事もあった．会員に空席ができると，新しい「使徒」が全員によって推挙される訳だが，1902年10月，キングズ・カレッジに入学したケインズは，イートン校在学中に文学や政治面での華々しい活躍を聞いていたリットン・ストレイチーとレナード・ウルフが推

挙し，当時の「使途会」で中心的な役割を果たしていたジョージ・エドワード・ムーアが了承した後，全員一致で1903年2月に243番目の会員となった。

以下では，使徒会員の中で，ケインズと特に関係の深かった人物を取り上げたい。その際に，取り上げた人物を会員となった年代順に記載し，使徒会員となった年を括弧で示しておくことにする。

(1) ケインズと関係の深い使徒会員

［その①］

まず，哲学者のヘンリー・シジウィック（1856年）とアルフレッド・ノース・ホワイトヘッド（1884年）である。

シジウィックは道徳哲学者であり，ケンブリッジに初めて女子のカレッジ「ニューナム」を提案した人である。彼は，そこでケインズの母フローレンスやマーシャル夫人のメアリーなどの精鋭を育てた。彼は，善の基準が最大の快楽にあるとして功利主義的なアプローチを採用したが，この考え方はジェレミー・ベンサムやJ. S. ミルの思想を受け継ぐものであった。ピグーが経済学に「光よりも果実」を求めたことは有名であるが，その主張はシジウィックからインスピレーションを得たものであろう。シジウィックは，経済学に経済生活を改善する力が無ければ，まったく無意味であると考えていたのである。彼は，『倫理学の方法』（1874年），『経済学原理』（1883年），『政治学の基本』（1891年）などの著作を世に送り出した。ケンブリッジ学派の中心的存在であったアルフレッド・マーシャルは，「私は，実質的に，道徳科学における彼の弟子であった。……彼はいうなれば，精神的な意味で私の父であり，母であった。……私以上に，彼に感謝しなければならない人間は他にいない」と述べ，シジウィックに最大級の賛辞を送ったのである。ケインズの父であるネヴィルは，シジウィックの親友であり，ケインズが生まれた1883年に出版された『経済学原理』初稿の校正刷りを読んでいる。

ホワイトヘッドは，哲学者として名声を勝ち得ているが，もともとはケンブリッジ大学の数学科教授であった。彼は，1911年にはユニヴァーシティ・カレッジ・ロンドンへ転籍し，1924年からはアメリカのハーバード大学で哲学

科教授として活躍した。彼がケインズと関係があるのは，1908 年にケインズがフェロー資格取得論文として書き上げた『確率論』を，内容に不備があるとして不合格としたことによる。ケインズはこの論稿を改訂し，翌年再提出してめでたくフェローとなる。しかしながら，その後出版された『確率論』(1921 年）の序文に，哲学者であるジョンソンやラッセル，ムーアらの名前はあるものの，ホワイトヘッドの名が無いのは，このような事情があるからである。ホワイトヘッドは，ラッセルとの共著『プリンキピア・マテマティカ（数学原理）』(1910 年) で著名である。1924 年からはハーバード大学の哲学科教授として「有機体の哲学」や「プロセス神学」を唱え，1947 年に亡くなるまで後進の指導に尽力した。主著である『過程と実在』(1929 年) には，「西洋のすべての哲学は，プラトン哲学の脚注に過ぎない」とあり，ケンブリッジ・プラトニズムの流れを継承しているとみられる。

［その②］

次に，歴史学者のゴールズワージー・ロウズ・ディキンソン（1885 年）と美術評論家のロジャー・フライ（1887 年）を取り上げたい。

ケインズは，1903 年に「使徒会」に入って読み上げた最初の論文が「ディキンソン」であった。ディキンソンは詩人のパーシー・シェリーを絶賛し，ギリシア的なもののすべてを愛した。彼が女性に対する愛情よりも男性に対する愛情を高尚だと考え，プラトンを心から崇拝していたことが若きケインズに多大な影響を与えたことは言うまでもない。ケインズは，ディキンソンの考えに共鳴し，プラトンを生涯信奉すると同時に，プラトンの『饗宴』を翻訳したシェリーの研究を続けたのである。ディキンソンは，フェビアン協会への協力やロンドン・スクール・オブ・エコノミクスの設立に関わり，内外で活発に活動した。彼は第一次世界大戦に強く反対し，イギリス中立保持委員会に参加しただけでなく，戦後の国際連盟の設立に尽力したことも特筆されて良い。このような国際連盟の設立は，ウィルソン大統領の専売特許ではなく，ケインズも含めたブルームズベリーの仲間たちに共通した考えであった。

ロジャー・フライは，ブルームズベリー・グループを初めて世に送り出した重要な人物である。彼は様々な経験を元に，イギリスにフランスの新しい絵画

を導入しよう考えており，「マネとポスト印象派」展は，このフライを中心にして，1910年11月から1911年の1月まで，ロンドンのグラフトン・ギャラリーで開かれた。フライについては，後に述べる。

［その③］

さて，ケインズと親しかった哲学者のバートランド・ラッセル（1892年）とケインズに多くの影響を与えたジョージ・エドワード・ムーア（1894年）を挙げよう。

ラッセルの『自叙伝』（1968年）には，ケインズのことが様々に紹介されているが，自分よりも知性に優れていたという件(くだり)（「ケインズの知性は，私が知る限り，最も鋭敏で明晰であった。私は彼と議論すると，いつも命が縮まる思いがしたし，自分が何か愚か者であるという気持ちに落ち込まないことは稀であった」）は多くの人を驚かせる。なぜなら，ラッセル（バーティと呼ばれていた）こそは，世界の知性として幅広く活躍した人だからである。哲学者，数学者，教育者，論理学者，政治思想家，文明批判家として膨大な著作を発表し，それらはとても一人の人間のなし得る仕事とは思えないほどである。また，日本国憲法の前文と第9条を絶賛し，アメリカによる原爆投下を徹底的に非難した情熱の人でもあった。1950年にノーベル文学賞を受賞し，その後核廃絶のために「ラッセル＝アインシュタイン宣言」を発表している。そのラッセルが，ケインズの知性に最大の敬意を払っていたのである。ラッセルを上回る知性を身に付けていたケインズは，人類史上最も優れた能力の持ち主であった，と表現しても言い過ぎではあるまい。

ジョージ・エドワード・ムーアは，ケインズがキングズ・カレッジに入学した年度に『倫理学原理』（1903年）を出版した。この書物は，若きケインズを含め，「使徒会」に参加していた多くの青年を虜(とりこ)にしたものである。1938年にメモワール・クラブで読み上げた「若き日の信条」には，ムーアの書物が若者に与えた影響の大きさが表明されている。「この書物がわれわれに対して与えた影響と出版に前後して行われた議論とは，他の何ものにもまして圧倒的な重要性を持っていた。……それは胸をわくわくさせ，人を陽気にするものであり，ルネッサンスの幕あき，新しい地上における新しい天国の出現であった。

われわれは，これを新しい摂理の前触れと受け取り，怖いもの知らずであった」。ヴァージニア・ウルフも，ムーアの書物にある「美とは」や「善とは」といった抽象的な話題に共感し，哲学や文学の素晴らしさを確認している。

　ムーアは，1939 年にその地位をヴィトゲンシュタインに譲るまで，長くケンブリッジ大学の哲学科教授として君臨した。ピアノ演奏の得意な彼は，ピアノを弾きながら，若者たちにシューベルトやシューマンなどのドイツ・リートを披露し，「善とは何か」を熱く説いた。すなわち，「われわれが知っているか，あるいは想像しうるもののなかで，何にもまして価値あるものとは，人間の交わりの喜び，および美的対象の享受として大まかに表現されるような，ある種の意識の状態である。おそらく自らに問うて，人間的な友愛および芸術や自然において，美なるものを享受することは，それ自身が善であることを疑う者はないであろう」，と。若く多感なケインズが，ムーアの考え方に共鳴したことは言うまでもないことである。

　［その④］
　次は，デズモンド・マッカーシー（1896 年）とエドワード・モーガン・フォスター（1901 年）を取り上げたい。

　デズモンドは，フライに協力してヨーロッパに赴き，セザンヌ，マネ，モネ，ゴッホ，ピカソなどの絵画を 300 点以上集め，1910 年 11 月に開催された「マネとポスト印象派」展を成功に導いた人物である。その展覧会で事務局長を務めた彼に多額の報酬が支払われたように，この会は大成功の裡に終了した。戦後のメモワール・クラブでは，夫人のメアリーと共に積極的に関わり，ヴァネッサ・ベルが描いた「メモワール・クラブ」（1943 年）にはケインズと向き合って中央に大きく描かれている。デズモンドは，雑誌の編集者などを長く務め，ペン・クラブの会長を歴任するなど，イギリスの文芸活動に大きな貢献をしたことから，晩年は勲爵士の称号を与えられている。

　フォスターは，『ハワーズ・エンド』（1910 年）や『インドへの道』（1924 年）などで有名な作家である。特に，『ハワーズ・エンド』は，イギリスの美しい自然を背景に，ハワーズ・エンドにある古い別荘の相続を絡ませ，中産階級と上流階級との階級間の対立を描いた傑作である。お金持ちの上流階級が，必ず

しも幸せな人間関係を持っていた訳ではないことを示した作品としても秀逸である。ヴァージニアは、フォスターの小説家としての力量を高く買っており、自分の作品に対する評価では、ケインズのものよりもフォスターの評価を喜んだという。フォスターは、ヴァージニアの最高傑作を、人々に広く知られている『ダロウェイ夫人』(1925年)ではなく、6人の人物がただ独白するだけの不思議な小説『波』(1931年)である、と喝破している。彼は、ディキンソンとのギリシア方面の旅行から、『天使も踏むを恐れるところ』(1905年)や『眺めのいい部屋』(1908年)を創り上げている。

さて、ケインズを使徒会に導いてくれたリットン・ストレイチー (1902年)とレナード・ウルフ (1902年) については、後のブルームズベリー・グループで取り上げるので、ここでは言及しない。

［その⑤］

最後は、ルートヴィッヒ・ヴィトゲンシュタイン (1912年) とフランク・プランプトン・ラムジー (1921年) である。

ヴィトゲンシュタインは、オーストリアの富豪のうちに生まれた天才である。彼は、哲学を学ぶために、1912年にトリニティ・カレッジに入学した。ムーアやラッセルの講義に出席したのち、1913年からはノルウェイで論理学上の諸問題を考察する。1年でラッセルから学ぶことが無くなった彼は、第1次世界大戦が勃発すると志願兵として従軍し、ロシアやイタリアで激戦を経験する。そのような戦闘の合間に書いたのが、「論理哲学論考」であった。ケインズは、当時イギリス大蔵省の首席代表として、ヴェルサイユ講和条約での交渉に当たっており、この草稿をイギリス政府の重要書類として1919年の6月にラッセルの手元に送り届けた。そしてラッセルは、1922年11月にラムジーの英訳で、この本をロンドンで出版した。後々、ケンブリッジ大学出版会は、この本があまりに難解なことから、出版を見送ったことを悔しがったのである。

ケインズは、ヴィトゲンシュタインの天才を鋭く見抜き、金銭上の援助を行うだけでなく、1929年1月にキングズ・カレッジへ招き、トリニティ・カレッジへの再入学に奔走した。ヴィトゲンシュタインは学位論文として『論理哲

学論考』(1922年)を提出し，6月18日に哲学博士の学位を授与された後は，ムーアやラムジーの推薦もあり，1930年1月からケンブリッジで講義を開始する。そして，1939年2月11日には，ムーアの後任として哲学科の教授となる。ここで，この人事を強力に推進したのが，ケンブリッジで強い発言力を持っていたケインズであった。ヴィトゲンシュタインがケンブリッジで影響を受けた人物に，ケインズの盟友であったイタリア人のスラッファがいた。彼は，『リカードウ全集』全10巻を纏め上げた人物として，経済学史の世界では知らない人はいないほどの人物であり，ヴィトゲンシュタインとの会話を楽しむ哲学者でもあった。

　ラムジーは，ケインズの『確率論』(1921年)の強力な批判者であり，ラッセルやムーアの次にくる天才哲学者であったが，1930年に26歳という若さで亡くなった。彼は18歳の時に，『確率論』(1921年)で提出されたケインズの見解に反対して，確率は命題間の客観的関係に関わるのではなく，確信の度合いに関わるものである，と主張した。ケインズは，ラムジーの意見を受け入れ，「私は彼が正しいと考える」と発言したのである。知性の人であるケインズに再考を迫った人物が，この天才ラムジーであった。彼の早逝は，ケンブリッジから最高の知的栄光の一つを奪い去ることになった。先にも述べたように，ヴィトゲンシュタインのあの難解な『論理哲学論考』(1922年)を，19歳の時にドイツ語から英語に翻訳したのも彼であった。彼の夭折が惜しまれる。

　以上のように，ケインズが使徒会での交流で得たものは，哲学，美学，論理学，文学などであり，彼を有名にした経済学ではない。ちなみに，ケインズが使徒会で読み上げたエッセイは20本以上あり，それを年代順に挙げてみると，「ディキンソン」「時間」(1903年)，「行為に関する倫理学」「美」「エドモンド・バークの政治原理」「真実」「現代文明」「寛容」(1904年)，「美徳と幸福」「倫理学雑考」「美の理論」「パラダイス」(1905年)，「メロドラマを書くべきか」「エゴイズム」「義務」「事後分析」(1906年)，「容貌」「ヘンリー王子とルパート王子」(1908年)，「余剰を消費すべきか，あるいは家具が愛に及ぼす影響」「科学と芸術」「形而上学の社会における現在の状態」(1909年)，「有機的統一の原理」(1910年)となる。

(2) ケインズのエッセイ「科学と芸術」(1909年)

ここからは，ケインズが1909年に使徒会で朗読した「科学と芸術」を見てみたい。このエッセイは，科学者と芸術家の資質の違いや時間の使い方などの詳細な検討から，読者を納得させる結論を導き出しているところが秀逸である。ケインズは「科学と芸術」の冒頭で，近年，科学者と芸術家の仲が良くないだけでなく，お互いに反目しあっているようにみえるのは何故か，と問題提起をする。

さて，科学者と芸術家がお互いに反目しあっている理由は，「科学者は，芸術家の活動が実際にはなんら重要なものではなく，彼の知性の働きは遊蕩(ゆうとう)であると考えている」からだし，「芸術家は，科学者の活動がかれらに可能な実用性によって，辛うじてブリッジ（賭け事）と区別できるにしかすぎないと信じている」からなのである。また，「科学者は，自分達が有益である（ともかく芸術家よりは有益である）ことは忘れないが，自分の存在を存在自体のために正当化し，自分の研究の利益になるようにその研究に価値を見いだしたいと願って」いる。しかし，「芸術家は，議論に美学的な価値を見いだそうとするこうした試みを嘲笑する」。ケインズは，「結局どちらもお互いを軽蔑することになるし，嫌いになってしまうのである」と，お互いの立場の違いから検討を始める。さて，どちらの主張に正当性があるのか。

ケインズは，「もしも芸術家の主張が正しくて，科学者の活動には次の場合以外それ自体何の価値もないならば，科学者はビジネスマンやその他考えられる有益な職業の中でも，比較的低い地位に甘んじなければならない」と述べると同時に，「その反対に，もしも科学者の活動に価値があるとするならば，芸術家はやがてこの事態を理解するようになる。そして，科学者が自分の実用性について思い上がることをやめれば，彼は芸術家を受け入れ，称賛することに同意するに違いない」と言う。彼は，「このようにして，両者の間に，平和と友好が再び戻ってくることになる」と導入部をまとめたのである。

次にケインズは，自分自身の見解を正直に披露する。すなわち，芸術家の方が科学者よりも優位に立っていると明言するのである。「仲裁者である私は，科学者が世界で中間的な地位を占めるべきだと信じている。科学者は，ビジネ

スマンよりも遥かにうまく自分の時間を使っているのは確かである。論証の美しさや発見の興奮は，決して想像の産物ではない。ビジネスマンの人生は，幾分かは退屈な骨折りであり，また幾分かは賭け事のようでもある。賭けの要素は科学の中にも入ってはいるが，その入り方はかなり異なっている。しかし，優れた芸術家が科学者よりも地位が上にあるのは，科学者がビジネスマンよりも上にあるのと同じくらい確かなことではないか。金儲けや能力のことを除くならば，ビジネスマンよりは科学者に，科学者よりは芸術家になりたくない人はいるだろうか。もちろん，博愛主義者と政治家という2つの職業が他にもあり，総ての組み合せや混合したものも存在する。しかし，われわれは今，それらについて議論する必要はない。それゆえ，これが平和に向けての第一段階なのだが，科学者は芸術家を自分の主人として認めなければならない」。

このようにケインズは，お互いの仕事の中身を慎重に吟味しながら，一般的に言って芸術家の方が科学者よりも優位に立っていると主張する。そして，本質的な理由については，以下のように述べるのである。「科学者が芸術家よりも地位が低いと言う場合，第一には科学者の資質が芸術家のものよりも低いということ，第二には科学者が自分の時間の多くをそれ自体には本来少しの価値も備わっていないことに費やすからである。科学者の陶酔がどれだけ価値のあるものであろうと，いつも頻繁に起こると見る人は誰もいない。科学者の人生の大部分は下調べのために忙しい。私は，多くの芸術家も同じではないかと思っているが，この両者を比較すると，科学者の方が絵の具の調合に費やす時間の占める部分は遥かに多い」。以上のことから，ケインズは資質の違いと時間の使い方の点で，科学者は芸術家を自分の主人として認めなければならない，と主張する。

芸術家の優位に関しては，さらに，次のように付け加えている。「創作時の雄大で最良の形態を除外すると，多くの芸術家も自分の時間のほとんどを絵の具の調合に費やすと私は考える。しかし，調合のことを気に掛けない時には，概して科学者よりも芸術家の方に残されている時間は多い。この点で，芸術家は明らかに優位に立つ。つまり，彼は自分の目的への接近のために，多くの時間を取られたりはしないのである。他の誰かが，科学者や芸術家のために絵の

具を調合してくれると仮定しても，二つの活動には質の問題が残る。ここでもまた，私は芸術家の方に分があると信じたい。しかし，そのような価値判断というものは，考えうる中でも最も疑わしいものである。私は，科学者の活動がどのようなものなのかを，述べた方が良いであろう」。

　ここまで，芸術家の優位を並べ立てたケインズであるが，科学者の利点に関しても検討することを忘れない。以下の叙述は，科学者の活動を正確に把握しているケインズにして始めて表現できた優れた説明である。「科学者はビジネスマンよりは芸術家に近いのであって，活動の中には正しくはどの職業に属するのかを明らかにするのが容易でないものもある。例えば，形而上学者は科学者よりは芸術家の性質を多く備えており，確かにそのどちらにも属している。また，科学をまったく含まない芸術というのもほとんど無い。科学者に与えられているのは，類似点と相違点を持っているが，いかなる種類の体系や秩序によっても整理されていない，ひとかたまりの事実である。彼がまずしなければならないのは，様々に異なる細部の性質を明確に認識することである。この正確かつ細心な認識に従事してから，彼は頭の中にその一つひとつをまとめておき，多分またかなりの時間にわたって，それらを頭のなかに留めておくことが必要となる。最後に彼は，突然の洞察力でその一見無関係なデータや議論の曖昧な点を見抜くと，細かい一つひとつの事実がそれぞれ真のつながりを持った体系や配列に素早く並ぶのである。芸術家が直感を取り扱うのと全く同じように，科学者は事実を取り扱う」。

　ケインズは，このように科学者を十分評価し，またしっかりと擁護はしたものの，若き日には，自分は科学者になるよりも芸術家になりたいとして，次のように締めくくった。「科学者の活動は，その結果がいかに有益であっても，他人にとって本質的な価値を持たないという不当な理由で，ますます価値の低いものに思われる危険にさらされている。しかし，結果の価値というものは，過程の価値とは明らかに異なる。ニュートンやライプニッツ，ダーウィン（科学者）の活動の価値は，彼らの仕事の価値や重要性とは全く離れて存在する。彼らが仕事をする際にどのようであったかをはっきりと認識すること，あるいは彼らがミルトンやワーズワス，ヴェラスケス（芸術家）よりも優れていたか

どうかを確かに知ることは，容易なことではない。私としては，どちらかといえば，科学者の一人となるよりは，芸術家の一人となることを選びたい」。

ケインズが経済学の分野で頂点に立つ人物であることは周知のこととして，審美的な能力を持つ芸術家であることも，彼が活躍した当時のイギリスにおいては公認のことであった。晩年のケインズが，イギリスにおける芸術・文化のトップ（CEMA委員会委員長）に位置していたことは当然のことであり，それを疑う人は誰もいなかったのである。

3. ケインズとブルームズベリー・グループ

第1章や第2章でも述べたことだが，ブルームズベリー・グループについて再度，確認しておこう。彼らは，1905年3月頃から，ロンドンのブルームズベリー地区に住んでいた青年たちの集まりである。ブルームズベリー・グループに属した人たちは，共通の生活態度を維持し，固い友情で結ばれた友人たちであり，芸術への愛と友情や真理の追究こそが，人生で最善のものであると確信していた。

このグループに集まった若者たちは，当時支配していたヴィクトリア時代の既成観念に強く反発する。彼らは，禁欲や貞淑といった価値観の中に偽善性を見出していたのである。その代わりとして，まったく自由に人間の交わりの楽しさと美的体験の創造と享受を追求し，後に文学・絵画・文芸批評・美術批評・政治学・経済学の分野で大成した人が多い。

以下では，ケインズと関係の深い7人の人物（ヴァネッサ・ベル，ヴァージニア・ウルフ，クライブ・ベル，ロジャー・フライ，レナード・ウルフ，リットン・ストレイチー，ダンカン・グランド）について，彼らの個性と交流に焦点を当てながら，ごく手短に紹介していきたい。

(1) ヴァネッサ・ベル（1879–1961年）

　ヴァネッサは，ダンカン・グランドと並んで，イギリスのポスト印象派を代表する画家の一人である。セザンヌなどフランス・ポスト印象派の画風に影響を受け，色や構成を工夫し抽象的な絵を描くことで，イギリス絵画に新風を巻き起こした。1910年2月，ロジャー・フライをゴードン・スクエア46番地の自宅に招いたことから，展覧会などブルームズベリー・グループの活動が始まる。

　ヴァネッサは，ケインズの金銭的援助を受けて，1916年の夏，ロンドンの南，サセックス州にあるチャールストンの農家を手に入れ，ダンカン・グラントやデイヴィッド・ガーネット，それに小さな息子たちを連れて転居した。1918年の夏以降は，ヴェルサイユ条約で疲れ切ったパリ帰りのケインズも加わり，充実した生活を過ごすことになる。ケインズは，そこで『平和の経済的帰結』を執筆した。

　1920年2月のダンカンの個展に続いて，ヴァネッサも1922年6月に個展を開く。二人の絵はフランスのポスト印象派に影響を受け，イギリス絵画の伝統を打ち破る意味で大きな役割を果たした。題材も日常生活に依拠したものが多く，生活に芸術を取り入れた点でユニークなものとなった。また，二人はよく肖像画を描いた。ヴァネッサやダンカンだけでなく，ブルームズベリー・グループの人たちに共通するのは，人間への強い関心であった。リットン・ストレイチーの人物伝，ケインズの限界消費性向・資本の限界効率・流動性選好といった人間の心理をベースにした経済学，ヴァージニアの人間の意識の流れを中心とした小説など，全ては人間そのものへの深い関心から生まれたものである。

　ヴァネッサは，1937年に最愛の息子・ジュリアンをスペイン戦争で亡くしている。ピカソが『ゲルニカ』を制作している最中のことであった。彼女は，パリにあるピカソのアトリエで，この名画を見ている。ピカソは，ダンカンやヴァネッサだけでなく，ケインズの妻となったリディアとも友人関係にあった。ピカソは，リディアのバレエ仲間であったオルガ・コクローヴァと結婚していたからである。

(2) ヴァージニア・ウルフ (1882-1941年)

ヴァネッサの次は, 彼女の妹であるヴァージニアである。彼女はメモワール・クラブで,「ハイド・パーク・ゲイト22番地」(1921年),「旧ブルームズベリー」(1922年),「私はスノッブでしょうか」(1936年) を朗読した。

ヴァージニアは, 1911年からはサセックスのファールに住み, その後ブランズウィック・スクエア38番地に移転する。彼女とケンブリッジ大学で学ぶ弟のエイドリアンは, その地でケインズやダンカンと共同生活を始める。1911年12月になると, 彼女はレナード・ウルフにも共同生活を勧め, 二人の関係は結婚にまで発展する。しかし, 彼らの結婚生活は順調には進まず, 結婚の翌年, 彼女は睡眠薬を多量に飲み自殺を図った。その後, 1917年には病気の治療も兼ねて, 二人で「ホガース・プレス」という名の出版社を設立し, 幾多の本を出版する。その中には, ヴァージニアの本以外に, エリオットやケインズ, エイドリアンのものなどがある。第二次世界大戦が始まると, サセックスのロドメルにあるマンクス・ハウスへ移住するが, 1941年の3月28日, ウーズ川に身を投げ59歳の生涯を終える。

(3) クライブ・ベル (1881-1964年)

ヴァージニアの次は, ヴァネッサとの結婚に成功したクライブ・ベルである。ベル家は, イングランドの南部にあるウィルトシャーの田舎地主であった。クライブは, 新興地主の子としてケンブリッジ大学へと進学する。トリニティ・カレッジでは, トウビー・スティーブンと親しくなり, 文学や美術に接することになった。彼はトリニティに来て, シェリーとキーツの詩に出会い深く感動する。サクソン・シドニー＝ターナー, リットン・ストレイチー, レナード・ウルフといった友にも恵まれ,「深夜会」では夜遅くまで議論を続けた。クライブは, 卒業後パリで絵の勉強を続け, 1907年2月には, ヴァネッサ・スティーヴンと結婚した。

1914年の8月に第一次世界大戦が勃発すると, 彼は『いますぐに平和を』(1915年) を書き上げたが, ロンドン市長によって発禁処分にされる。クライブはまた, ロイド・ジョージに要請されて, 良心的兵役忌避のための条件を考

える委員会にも参加する。さらに、徴兵制が施行されると、良心的兵役忌避を申し出て、モレル夫妻が所有しているガーシントンの農場で働いた。

(4) ロジャー・フライ（1866-1934年）

クライブの次は、ロジャー・フライである。彼は、遅れてブルームズベリー・グループに参加した人である。1910年の2月、ベル夫妻の住んでいるゴードン・スクエア46番地に招かれ美術関連の話をしたことからこのグループに加わることとなった。第一回のポスト印象派展の成功に続いて、1912年10月から12月まで、同じギャラリーで第二回ポスト印象派展が開催された。事務局長は、ヴァージニアの夫であるレナード・ウルフが務め、ブルームズベリー・グループのヴァネッサとダンカンの作品も加えられた。

フライは、これらの展覧会に続いて、1913年の春、フィッツロイ・スクエア33番地にワークショップを開設した。これが、ポスト印象派の絵画様式と装飾芸術を応用した「オメガ・ワークショップ」である。フィッツロイ・スクエア33番地は、過去にロセッティやミレイなど夏目漱石にも愛された「ラファエル前派」の芸術家が集まった場所であった。ミレイが描いた「オフィーリア」は、夏目漱石の『草枕』に取り入れられ、重要な役割を果たす。「オメガ・ワークショップ」の仕事は、部屋の装飾、カーテンの模様、椅子やテーブル、ベッドやタンス、ティー・ポットや皿、衣装のデザインなど多岐に亘っており、芸術を生活の中に生かそうとした試みであった。

(5) レナード・ウルフ（1880-1969年）

レナード・ウルフは、トウビーの友人として、最初からゴードン・スクエア46番地に集まった人の一人である。リットン・ストレイチーの無二の親友であり、ケインズを「使徒会」に推薦したことでも知られる。宗教的にも、厳格なユダヤ教徒として一生を送った。もちろん、ヴァージニアの夫として、実に献身的に彼女の自己実現を助けた。

第一次世界大戦が始まると、レナードは、「フェビアン協会」からの依頼により、戦争原因の解明と戦争防止の方策について研究を始めた。彼は、以前か

ら,『インターナショナル評論』,『ニュー・ステーツマン』等に執筆しており,戦争を防止するには権威ある国際機関が必要だと考えていた。その当時外務省に勤務にしていたシドニー・ウォーターロウは,レナードの案を元に国際連盟案を作成する。ディキンソンやロジャー・フライも,このような国際連盟構想に携わっていた。もちろん,ケインズは大蔵省首席代表として,実際にヴェルサイユ講和会議に臨んでいたのである。

(6) リットン・ストレイチー (1880-1932 年)

次に取り上げるのは,レナードやトウビーの友人であったリットン・ストレイチーである。彼は,ヴァージニアへの求婚や,ダンカンとの同性愛,良心的兵役忌避活動,ドーラ・キャリントンとの同棲などで,ブルームズベリー・グループでも重要な役割を果たした人物である。ケンブリッジ「使徒会」で得た友人のトウビーやレナード,それにケインズこそが,リットンの生涯の友であった。

第一次世界大戦時には,「徴兵反対国民会議」,「徴兵阻止の仲間」に参加し,徴兵制に反対する。1916 年 1 月に徴兵制が施行されると,良心的徴兵忌避を申し出るが,認められなかった。彼は本当に体が弱かったので,医師の診断書を提出して,なんとか兵役を免除される。彼は兵役を免除されている間,辛抱強く執筆を続け,1918 年の 5 月には,『ヴィクトリア朝偉人伝』を出版する。これは彼の自信作であり,「マニング枢機卿」,「ナイティンゲール」,「アーノルド博士」,「ゴードン将軍」というヴィクトリア朝時代の英雄を,皮肉を込めて描いたものである。彼らは,社会への奉仕を装いながら,実は時の権力と結びつき,自分自身の願望を実現させた人物であると指摘し,多くの議論を呼んだ。

(7) ダンカン・グラント (1885-1978 年)

最後は,ケインズに最も愛された画家ダンカン・グラントである。ケインズは,遺言の中で,ダンカンに対して 1000 ポンドの贈与と年金の支給を明言した。また,ダンカンが描いた「ケインズの肖像画」については,特別の配慮を

希望する。1908年の秋に行ったオークニー諸島での滞在で，ケインズは『確率論』の最終稿を練り直し，ダンカンはケインズの肖像画を描いた。

　ダンカンは，スコットランドの貴族の家に生まれる。彼の父は，ストレイチー家とも関係があり，インド駐在の陸軍将校であった。1920年2月，オールド・ボンド・ストリートにあるギャラリーで個展を開催し，ケインズはパーティの席で乾杯の音頭を取った。ダンカンは，ケインズに言わせれば，ウィリアム・ロバーツと並んでイギリスで最も優れた画家であった。そのため，ケインズは，彼に対して資金面での援助を惜しむことはなかった。

　晩年は，アメリカの詩人であるポール・ロッシュに面倒を見てもらい，1978年に93歳という高齢で死去した。

4. ケインズとメモワール・クラブ

　第一次世界大戦が終わった1920年3月から，ブルームズベリー・グループは，メモワール・クラブとして再出発する。ブルームズベリーの人たちの仕事も，ダンカンやヴァネッサの個展開催を初め，この頃から開花するのである。ケインズもこの時期から，キングズ・カレッジの会計官，生命保険会社の重役，自由党新聞の取締役会長，『貨幣改革論』など経済関係書物の執筆，リスク資産である株式や外国為替や商品への投機など，経済に関係した仕事が多くなる。

　さらに，ディアギレフ・バレエ団のバレリーナであったリディア・ロポコヴァとの結婚（1925年）も実現する。この結婚は，世間では「美と知性の結合」であると好意的に取り上げられた。実際のところ，二人は幸せに過ごすことになったのだが，ブルームズベリーの仲間には不評であった。彼らの知性や階級意識とリディアの出自や振る舞いが噛み合わなかったためである。しかし，そのような異分子の登場にもかかわらず，ケインズと彼らの友情関係は長く続くことになった。その証拠に，リディアは，ヴァネッサが1943年に描いた「メ

モワール・クラブ」という作品の中に登場している。

　以下では，リディアを初めとして，ヴァネッサの「メモワール・クラブ」に描かれた人物でこれまでに紹介しなかった人を取り上げてみる。

(1) リディア・ロポコヴァ (1892-1981 年)

　リディアは，ディアギレフ・バレエ団に所属していたバレリーナである。第一次世界大戦中からロンドンでの公演に参加しており，「上機嫌な女たち」の中で，マシーンと演技の際にカンカン踊りを披露し，ロンドンの聴衆を虜にした。彼女が踊った演目には，「ジゼル」「火の鳥」「バラの精」「ペトルーシカ」「白鳥の湖」「眠りの森の美女」「奇妙な店」「上機嫌な女たち」「イーゴリ公」「クレオパトラ」「プルチネルラ」「カーニバル」「兵士の物語」などがあり，その多くは好評であった。

　ケインズが，彼女との結婚にどのくらい真剣に取り組んだかは，筆者の『ケインズとケンブリッジ芸術劇場』(2008年)に詳しいのでここでは書かない。ケインズは彼女のために，1930年2月のカマーゴ・バレエ協会（現在のロイヤル・バレエ団）の発足や同年12月のロンドン芸術劇場クラブ公演に続いて，1936年2月には自らの手でケンブリッジに「アーツ・シアター（芸術劇場）」を作るに至る。ケインズは，愛するリディアやケンブリッジ市民のために，人々に期待されていた劇場建設に心血を注いだのである。

　その時の経験をもとに，彼は1941年以降，音楽芸術奨励協議会（CEMA）を通じて芸術を鑑賞するための劇場の建設や再建を行うと共に，1945年の6月にはBBCラジオ放送を通じ，「イギリス芸術評議会―方針と期待―」と題してイギリスにおける芸術の理念を公表し，芸術を普及させるためにイギリス芸術評議会などの組織化を図る。ケインズは，著名な経済学者であると同時に，その当時の芸術や文化に関して，イギリスでは頂点に立つ人物であった。彼は戦後，イギリスのバレエやオペラの殿堂として，「コベント・ガーデン劇場」の復興も成し遂げる。これら文化・芸術面での彼の業績は，リディアと共に積み上げてきたものである。

　リディアは，1937年以降，病身のケインズに寄り添い，ケインズの行動す

べてを強くサポートした。そのような彼女の献身的な援助のお陰で，ケインズの文化・芸術面での活動が花開くのである。リディアは，ケインズの死後も長くティルトンで生活を続け，1981年に88歳で死去している。

(2) デイヴィッド・ガーネット (1892-1981年)

ガーネット（バニー；彼はいつもウサギ皮の帽子を被っていた）は，ケインズに「若き日の信条」を書かせた人物として重要である。D. H. ロレンスは，ハイネマンの社主であるエドワード・ガーネットと親しくしており，彼の処女作である『白孔雀』(1911年)はハイネマン社から出版される。ロレンスは，当然のことながら，その息子であるデイヴィッド・ガーネットには好意を抱いており，自分の弟子の一人と考えていた。

そのガーネットが，ケインズを含めた数人の友人をD. H. ロレンスに紹介したところ，ロレンスはこれらの友人に対して激しい嫌悪感（同性愛や冷笑主義への反感）を示す。彼は，期待外れの苦い思いをして，ロレンスと交友を絶つに至るが，その顛末を1937年にメモワール・クラブで読み上げる。ケインズは，当時，冠状脈血栓症を発症し生死を彷徨っていたが，病気が回復した時にガーネットのエッセイを読み，自分とロレンスとの関係やキングズ・カレッジでの若き日々を振り返ることにした。それが，ケインズの死後出版された有名な「若き日の信条」である。

また，ガーネットは，ブルームズベリー・グループのためを思い，ケインズが大蔵省にいることに強く反対し，しばしば辞任を促した人物である。しかし，彼は第一次世界大戦の終盤になって，ケインズがドガ・スタジオに出向き，セザンヌの「リンゴ（静物画）」などの絵画を購入し，仲間のいるチャールストンに持ち帰った時の興奮について書いた。ケインズが大蔵省の首席代表を実際に辞職した後は，ヴァネッサの別荘で出世作である『平和の経済的帰結』を書き上げる際のサポートをしている。

彼は，第一次世界大戦中，良心的兵役忌避者として，チャールストンでダンカン・グラントと共に生活をしていた。ガーネットとダンカンは同性愛の関係にあったが，ヴァネッサはダンカンを愛しており，1918年のクリスマスにア

ンジェリカが生まれる。ガーネットはこの日，生まれたばかりのダンカンの娘アンジェリカと結婚する誓いを立て，24年後の1942年に二人はめでたく結婚する。ブルームズベリーの人間関係は，この例からも分かる様に，とても複雑なものであった。ガーネットには，自伝的作品として『森の花々』（1955年）や『偉大な友人たち』（1979年）があり，著名な作品としてはダンカン・グラントに捧げられた『狐になった奥様』（1922年）がある。

（3） クウェンティン・ベル（1910-1996年）

　クウェンティンは，クライブとヴァネッサの次男である。彼は，子どもに恵まれなかったケインズに大層可愛がられ，ケインズがリディアと結婚する前には，一緒にロンドン見物に付き合ったりしている。彼は，ブルームズベリー・グループに関する著書やヴァージニア・ウルフの伝記を残しただけでなく，美術史家としてリーズ大学，オックスフォード大学，ハル大学，サセックス大学の教授を歴任している。

　クウェンティンは，ケインズが1938年に朗読した「若き日の信条」を実際に聞いた人としても重要である。しかし，彼のケインズのエッセイに対する評価は，非常に厳しいものがある。ケインズが自己矛盾に陥っていると指摘し，彼の中に二人の人間がいたと批判したのである。彼は，若きケインズが当時の慣習的道徳を拒否したにもかかわらず，後年のケインズは若者が慣習的道徳を拒否することを嘆いた，と批判する。クウェンティンは，晩年のケインズがティルトンの大地主であり，国から男爵の位を授けられ，かなり保守的になったことを見逃していない。結局，若き日にはムーアの宗教を受け入れ道徳を捨てたが，後になってムーアの道徳を受容したのが，晩年のケインズであったと結論付けた。

　彼は，若き日のロレンスとケインズとの確執や，ムーアの宗教と道徳が若者に与えた影響を振り返り，「政治的には若い時の信条に比べて後年の信条は悲しむべきものである。しかし若いメイナードが姿を消し去っていないために，われわれはのちのメイナードを許すことができ，彼を愛し続けることができる」『回想のブルームズベリー』（1995年），とケインズと自分たちの関係を上

手にまとめている。

(4) メアリー・マッカーシー (1882-1953 年)

メアリー（モリーと呼ばれていた）は，第一次世界大戦で消滅したブルームズベリー・グループを，戦後メモワール・クラブとして再出発させた人物である。メモワール・クラブは1920年の3月に初会合がもたれ，その時の幹事兼世話役はこのメアリー・マッカーシーであった。1931年には，第100回の記念会合が開かれる。その当時，ロジャー・フライとヴァージニア・ウルフは存命であったが，リットン・ストレイチーは病気で伏しており，1932年1月に胃癌で死去した。

メアリーは画家であり，デズモンド・マッカーシーの妻であり，3人の子を持つ主婦であったが，自ら小説も書く才女であった。夫のデズモンドが文芸誌の編集長を務めた時には，その地位に安住するのではなく，トルストイに匹敵するような小説を書くことを強く願った。彼女は，若くして耳が不自由となり，田舎に引きこもりがちになる。そのためか，彼女の『ハンディキャップス』には，耳が不自由であったベートーヴェンなどを取り上げて書いている。彼女の作品としては，メモワール・クラブのことを記した『19世紀の少女時代』（1924年）があるが，ペン・クラブの会長や雑誌の編集長として活躍したデズモンドを陰から支えたことや，メモワール・クラブの世話役の仕事が大きな業績であったといっても良いであろう。

5. おわりに

以上が，ケインズが関係したケンブリッジ「使徒会」などの人たちである。経済学者として革新的な理論を打ち立て，戦争の無い平和な世界を作るために，様々な制度改革を実行に移したケインズであるが，彼の業績はただそれだけにとどまらない。それが，ケインズの文化・芸術活動である。

晩年のケインズは，1937年に煩った冠状動脈血栓症を引きずり，健康状態が良くないにもかかわらず，仲間の芸術家たちとの親交，彼ら芸術家への支援活動，音楽芸術奨励協議会（CEMA）を通じた芸術を鑑賞するための劇場の建設や再建，芸術を普及させるイギリス芸術評議会（ACGB）などの組織化など，実に精力的に活動した。イギリスの対米借款交渉にも尽力しつつ，IMFやIBRDといった国際的な制度設立など忙しい仕事の合間に，力の限りを尽くして文化・芸術を擁護するために動き回った。

健康に不安がある中で彼を強く動かしたものは，彼自身が持っていた優れた芸術家としての資質の他に，妻であるリディア・ロポコヴァへの信頼やこれまでに紹介した個性豊かな芸術家たちとの友情であり，ケインズたちがもたらした素晴らしい芸術や文明を強く守るためであった。人生を謳うことが出来たこれらの人々に，心からの祝福を送りたい。

第4章 ケインズの「若き日の信条」

1. はじめに

　筆者は，今から10年ほど前に，『ケインズとケンブリッジ芸術劇場―リディアとブルームズベリー・グループ―』(同文舘出版，2008年) という書物を上梓した。それは，経済学者として名高いケインズが，文化・芸術面においても，実に多くの実績を残したことをまとめたものである[1]。その中で，筆者はケインズが述べた「人生の目的」に触れ，それは人間的な愛と美的対象の創造や享受，そして真理の追究にあると表現した。

　また，ケインズを有名にした政治や経済の問題は，それ自体が究極の価値を持つものではなく，「善い精神の状態」(good states of mind) を実現するための手段であった。そのことについては，第6章の「ケインズの『わが孫たちの経済的可能性』」でも再び取り上げることにしたい。「何よりもまず，経済問題の重要性を過大に評価したり，経済問題で仮定されている様々な必要のために，もっと大きく，より持続的な重要性を持った他の諸問題を犠牲にしてはならない」，というケインズの文章が印象的である[2]。

　ケインズの言う「善い精神の状態」は，ケンブリッジ大学時代にムーアの『倫理学原理』によって感化されたものである[3]。ケインズは，これを「ムーアの宗教」と呼んでおり，「それは胸をわくわくさせ，人を陽気にするものであり，ルネッサンスの幕あき，新しい地上における新しい天国の出現であった。われわれは，これを新しい摂理の前触れと受け取り，怖いもの知らずであった[4]」，と述べていた。

さて，ケインズ研究の第一人者で，「若き日の信条」にも詳しい平井俊顕は，「彼ら（ブルームズベリー・グループの人たち）は無神論者であり，ムーアの『宗教』を共有する反功利主義者であり，そして男女差別に反対した。その知的根源に『ジェントルマンシップ』精神があったことは注目されてよいであろう。彼らはそれをソサエティ的な真・善・美の徹底した探求精神で知的に武装することを通じて，自らが育ってきた文化環境である『ヴィクトリア的価値観』に反旗を翻した」[5]，と言う。

ところが，ケインズの伝記作家として世界的に名高いスキデルスキーは，「彼（ケインズ）は牧師の家系であったが，とくに母方の家系がそうであった。彼は心の迷いによって煩わされることのない最初の不信心者世代に属していた。しかし，神学は彼の骨の髄にまで染み込んでおり，神学と経済学との間の距離は今日よりずっと近かった。彼は不正に対して義憤を感じたり抗議したりする非国教会主義的資質を十分に備えており，彼の経済学的エッセイは世俗化された説教といえるものであった」[6]，と述べている。

ケインズは，はたして平井の言うように無神論者であり，自らが育ってきた文化環境である「ヴィクトリア的価値観」に反旗を翻したのか。それとも，スキデルスキーの言うように神学に詳しく，非国教会主義的資質を十分に備えており，不正に対して義憤を感じたのか。本章は，『ケインズとケンブリッジ芸術劇場』の中では十分に検討しなかったケインズの「若き日の信条」をより詳細に分析することで，真にケインズが意図したことが何であったかを解明しようとするものである[7]。また，そのような検討作業を通じて，平井やスキデルスキーの論点が明らかになるものと思われる。

2.「若き日の信条」が執筆された経緯

「若き日の信条」を検討する前の準備作業として，ケインズが何故このような回想を執筆することになったかを検証しておく必要がある。この論文は，ケ

インズたちのプライベートな集まりである「メモワール・クラブ」で，1938年9月に発表されたものである。

周知のように1937年6月，ケインズにとって人生最大の危機が襲った。その年の2月，『一般理論』の出版とその後の論争や，「ケンブリッジ芸術劇場」の建設や運営などによる疲れが蓄積したため，悪性のインフルエンザに感染した。その後も胸の痛みや息苦しさが長く続き，6月にはとうとう持病である心臓病（冠状動脈血栓症）が再発する。ケインズの病状はかなり悪く，一時は危篤状態に陥ってしまった。しかし，病状が落ち着いた6月19日，ウェールズにある病院（ラシン城）に移り，そこでプレッシュ博士による必死の治療により，何とか回復することが出来た。

デイヴィッド・ガーネットは，1937年にケインズが冠状動脈血栓症で病気治療を継続していた時，「メモワール・クラブ」で自分が朗読した論文をケインズのもとに送付する。そうしたところ，ケインズはガーネットの論文に多大な関心を示し，彼自身「ケンブリッジ大学の学生時代の自分の信条と親友たちの信条とを再吟味しようとするに至り」[8]，「若き日の信条」と題する論稿を執筆することにしたのである。

それではガーネットは，「メモワール・クラブ」でどのような回想を朗読したのであろうか。筆者は，誠に残念ながら，彼の当該論文を入手していないが，1949年にルーパート・ハートデイヴィス社から『回想録二編』[9]と題して出版された書物の序文に，ガーネット自身が次のように書いているものが参考になる。すなわち，「私の回想の内容は，数人の友人をD. H. ロレンスに紹介したところ，ロレンスはこれらの友人に対して激しい反感を示したので，私は期待外れの苦い思いをして，そのためにロレンスと交わりを絶つに至った顛末であった。中でもケインズは，ロレンスのいちばん嫌った友人の一人であった。彼らに対するロレンスの感情は，要するに，宗教上我慢ならない，といったものであった。ロレンスは予言者であって，信条の違いから彼の使徒とはならなかったすべての人を嫌悪したのである」[10]，と。

続けてガーネットは，ロレンスから自分に宛てた1915年4月19日の手紙を紹介している。そちらの方が，より明確にロレンスとブルームズベリーの人た

ちとの関係が理解できると思われるので，次に示しておきたい。[11]

 親愛なるデイヴィッド君
 もう二度とビレルを連れて来ないでもらいたい。彼にはなんだかゴキブリのようないやらしさがある。ぞっとするほど不潔だ。君の仲間のダンカン・グランドやケインズやビレルのことを考えると，ぼくは気が狂いそうになる。そうすると僕はゴキブリの夢を見るのだ。ケンブリッジでもぼくは同じような夢を見た。以前，ストレイチー家の人たちにもかすかにそんな感じがしたことがある。しかし，もろにそういう感じを受けたのはケインズとダンカン・グランドだ。そして昨日またそれをビレルにも認めた……君はこんな友だち，こんなゴキブリどもと別れなくてはいけない。ビレルとダンカン・グランドとは永久に処置なしだ。ケインズについてはどうとも言えないが……あの朝，ケンブリッジでケインズと会ったとき，それはぼくの人生における危機だった。精神的な苦痛と敵意と憤怒とでぼくは気が狂いそうだった。

 このように，ロレンスは，ブルームズベリーの人たちとそりが合わなかった。これより少し前（1915年1月末）にも，ロレンスはバートランド・ラッセルと交流を持ったのであるが，お互いの意見の違いから1年ほどで喧嘩別れしている。あの『プリンキピア・マテマティカ』を著し，合理的な哲学者として世に知られていたラッセルに，まだ無名に近かったロレンスが罵倒した命令調の書簡を送るなど，普通では考えられないことである。その当時，ロレンスが書いていた『恋する女達』には，ラッセルのことを「博学だが，うま味のない50歳の準男爵で，しょっちゅう警句を連発しては，しゃがれた声で馬のように笑う」，と描写している。[12]

 ロレンスは，実はブルームズベリーの人たちと同じように，世俗というものを極端に嫌い，恐れを知らぬ高慢な態度を取り続けていたのではないか。ケインズの「若き日の信条」は，このようなエキセントリックなロレンスの発言によって，学生時代の自分の信条と親友たちの交流を顧みたものである。[13] 私たちは今しばらく，ロレンスについての予備知識を持つ意味で，彼の生涯を辿ってみることにしたい。

3. D. H. ロレンスの経歴

　ケインズは，「若き日の信条」の最終段落で，「ロレンスの無知な，嫉妬深い，気短な，敵意に満ちた目で見守られているわれわれの姿を思い浮かべるならば，彼の激しい嫌悪を掻き立てる，何という特性の組み合わせを示したことであろう」，と述べている。ケンブリッジを激しく嫌悪したロレンスとは，いったいいかなる経歴の持ち主であったか。以下では，彼の人生を手短に辿ってみる。

　彼は，1885年9月11日，イギリス中部のノッティンガム州にある炭鉱町・イーストウッドに生まれた。父アーサーはダンスがうまく，なかなかの美声を持った炭鉱夫であった。母リディアは小学校の教師を経験したことのある，とても知的な優しい女性であった。ロレンスは，この母親を心から尊敬しており，母親は母親で，彼に深い愛情を注ぎ続けた。そのために，後々まで，ロレンスは母親を恋人のように愛していた。

　1901年の夏に，高校の後輩であるジェシー・チェンバースと出会う。彼女がロレンスの詩を文芸誌の編集者に送ったことから，文壇へのデビューがなされたことは特筆されよう。ノッティンガム高校卒業後，医療器具メーカーにしばらく務めたのち，イーストウッドにある小学校の代用教員として4年間働くことになる。

　1906年には，ノッティンガム大学の教員養成学部に入学する。ここで師事したアーネスト・ウイークリー教授との出会いは，様々な意味で，ロレンスの人生を大きく変えることになる。その後，ロンドン南部のクロイドンで小学校教員を続けるかたわら，詩や小説を書き続ける。1910年に最愛の母親を亡くしたことは，ロレンスの精神状態を一時期不安定なものとした。

　しかし，1911年に発行した処女作『白孔雀』（ハイネマン出版社刊行）が文壇の注目を集めることとなった。この本を称賛した人の一人が，ハイネマン社主を父とするデイヴィッド・ガーネットであった。彼は，「私はいまだかつて，

あれほど天分に恵まれている作家には会ったためしがない。私は彼の短編や詩，それに数編の小説，とりわけ彼の最初の長編小説『白孔雀』には大いに感嘆したし，今もそれは変わらない」，と述べたのである。1912年には『侵入者』，1913年には『息子と恋人』が出版され，文壇での地位を急速に固めていく。

　1912年3月，これからの進路を相談するため，恩師であるアーネスト・ウイークリー教授を訪ねる。これが彼の人生を大きく変える新たな出会いをもたらすとは，誰が想像したであろうか。ロレンスは，ウイークリー教授の妻であるフリーダ[20]と短期間のうちに相思相愛の仲となり，5月3日にフリーダの故郷であるドイツへ駆け落ちをした。まさに，愛の逃避行である。フリーダは3人の子どもをイギリスに残したままであった。

　その後，二人はアルプス越えを行った後イタリアなど各地を転々とし，1915年にはイギリスのサセックス州グリーサムに移り住む。オットラインの仲介でラッセルやケインズといったケンブリッジの面々と出会ったのも，まさにこの頃であった[21]。ロレンスは，ケンブリッジ独特の雰囲気が我慢できなかったようである[22]。ガーネットへの辛辣な手紙が書かれたのは，1915年4月19日のことであった[23]。

　1915年には性描写のために発禁となった『虹』が出版され，1916年にはイギリスで交友関係を持った人たちをシニカルに描写した『恋する女達』を執筆する。その後も数々の作品を発表し続けたロレンスは，死の2年前にあたる1928年に代表作である『チャタレー夫人の恋人』を発行する。日本では，1950年に伊藤整により翻訳されたが，大胆な性描写が問題となり，わいせつ物頒布罪で裁判となっている。この本の予約者リストには，ロレンスが最も嫌ったケインズの名前があったのである。1930年3月11日，南フランスのヴァンスで，妻フリーダに看取られて死去する。享年44歳であった。

4. ロレンスの嫌悪とケインズの反省

　ケインズは,「若き日の信条」の冒頭で, ロレンスに会った時の情景を述べた後, 社会科学者らしく, 次のように彼の心理描写を試みている。すなわち,「ロレンスは情緒的な動揺のもとになった二つの原因に影響されていたものと私は思う。その一つはオットライン[24]をめぐるものであった。いつものように, オットラインはいくつものグループと付き合っていた。バニー (デイヴィッド・ガーネットのこと) を別にして, ケンブリッジとブルームズベリーとがちょうど彼女の心を捉えかけていた。ロレンスやガートラー[25]やキャリントン[26]は彼女を取り巻くまた別の人たちだった。ロレンスは他の連中を嫉妬していた。そして当時絶頂にあった, ケンブリッジの合理主義とシニシズムとに嫌悪を感じたのは言うまでもない」[27]と明言し, 続いて「思うに, バーティ (バートランド・ラッセルのこと) が彼に与えたものは, 彼が初めて垣間見たケンブリッジであったに違いない。彼は圧倒され, 魅了され, 嫌悪を感じたのである。……これがもう一つの情緒的な動揺であった。彼が見たものは明らかに洗練された教養であり, それにもまして明らかに, 彼にとっては不愉快で手の届かないもの, ……つまり不快だがまた非常に魅惑的なものだったのだ」[28], と付け加えたのである。

　ロレンスにはオックス・ブリッジのような学歴はなく, 常に炭鉱夫の息子といった影が付きまとう。労働者階級の出身であったロレンスには, オックス・ブリッジの世界は眩しかったであろうし, 上流・貴族階級の人間に対するぬぐい難い憧れもあったに違いない。彼の作品には, 下層階級の男性と上流階級の女性との結びつきをテーマにしたものが多いことからも, 彼の複雑な心情が理解できよう。ケインズは, ケンブリッジのもつ洗練された教養が, 彼にとっては不愉快で手の届かないものであった, つまり不快だがまた非常に魅惑的なものであったという表現で, ロレンスの心情を簡潔にまとめたのである。

　情緒的な動揺のもとになったもう一つの要因は, バニー (デイヴィッド・ガ

ーネットのこと)をめぐる問題であった。ロレンスは,ハイネマンの社主であるエドワード・ガーネットと親しくしていた。彼の処女作である『白孔雀』は,ハイネマン社から出版されていることから,当然のことながら,その息子であるバニーには好意を抱いており,自分の弟子の一人と考えていた。そのバニーが,今まさにケンブリッジに取られようとしている。先に示した1915年4月19日付けのバニー宛ての手紙は,自分と手を切るかケンブリッジと手を切るかを迫る最後通告だったのである。

　ここでもケインズは,「彼は明らかにバニーが非常に好きであった。そこでバニーがケンブリッジに魅了されそうなのを知ると,オットラインが最近ケンブリッジに傾いていたのを嫉妬したのと同様に,彼はいっそう強く嫉妬したのである。そうして,嫉妬はさておき,ロレンスと第一次世界大戦前のケンブリッジとのムードにもまして相容れがたいものを,心に描くことは到底不可能なのである」[29]，と指摘するのである。オットラインだけでなく,バニーまでもがケンブリッジに傾くことに,ロレンスは耐え難い思いを抱いていたと指摘した後で,ケインズは自分の回想を書くに至った理由を,次のように明言する。

　「ところで,以上の事を述べたうえで,ロレンスが感じたものの中に,なにか真実のものや正しいものがあったのであろうか。大体において,あったと言えよう。彼の反応は完璧でも公平でもなかったが,あながち根拠のないものではなかった (But when all that has been said, was there something true and right in what Lawrence felt? There generally was. His reactions were incomplete and unfair, but they were not usually baseless.)」[30]。次いで,ケインズは珍しくも,「それを額面どおりに受け取ったり,評価したりすることは馬鹿げていたかもしれないが,その背後に潜む人生への対応の仕方には,何か大切なものが欠けていたのではないか (although it was silly to take it, or to estimate it, at its face value, did the way of responding to life which lay behind it lack something important?)」[31]，と反省するのである。ロレンスが語った「畏敬の念というものがまったくないのです。ほんの一片の畏敬の念もありません。それが私には我慢がならないのです」[32]というのは,ケンブリッジやブルームズベリーの人々のことを言っていると同時に,ケインズにも向けられていたことは当然のことで

あった。

　それ故に,「私は，バニーが発表した回想のお陰で，戦前のおよそ10年におけるわれわれの精神史について反省を迫られた」として,「一人の人間の純潔な精神に及ぼした主要な影響を努めて思い起こすとともに，その結果がどうなったか，また，今もなおそうした青春時代の信条を持ち続けているかどうか，を考えてみたい」と述べ，次のような若き日の信条を，滔々と語り始めたのであった。

5.「ムーアの宗教」と有機的統一の原理

　ケインズは,「私は1902年のミカエルマス・タームにケンブリッジ大学に入った。ムーアの『倫理学原理』は，第一学年の終りに出版された。……この書物がわれわれに対して与えた影響と，出版に前後して行われた議論とは，他の何ものにもまして圧倒的な重要性を持っていた。そして，おそらく今もなおそうであろう。……それは胸をわくわくさせ，人を陽気にするものであり，ルネッサンスの幕あき，新しい地上における新しい天国の出現であった。われわれは，これを新しい摂理の前触れと受け取り，怖いもの知らずであった」，と言う。

　現在では,「おそるべき退屈」とも評されているムーアの書物が，当時のケンブリッジの若者たちを魅了したのはいったい何故であったか。ケインズに詳しい福岡正夫は，ムーアの『倫理学原理』の特徴を大きく4つにまとめているので，わたし達も「若き日の信条」を理解するための予備知識として検討してみたい。

　第一は，善とは善そのものであり，それを定義することは不可能だ，ということである。「ムーアの議論によれば，善が定義不可能であるのは，それを定義しようとするあらゆる試み，たとえば『快い』とか『美しい』とかいったたぐいの他の言葉に置き換える試みがすべて行き詰ってしまうからである」。ム

ーアは，他の自然な属性によって善を識別する努力を強くしりぞけ，これを自然主義的誤謬と呼んで非難している。

　第二は，それ自体に価値があるのは，精神や意識の状態だけである，という主張である。「意識の中でもこの上なく価値の高いものが『人間の交わりの喜びと美しいものの享受』であった。ここで注目すべきは，この考え方が行為の形態よりも意識の状態のほうにはっきりと優先権を置いている点である。行為はそれ自体が固有の善を持つことはありえず，たかだか意識の善き状態つくり出す手段にすぎないとみなされているのである」。

　第三は，正しい行為とは，究極的に善すなわち価値ある意識状態を生み出す行為である，という主張である。「正しい行為とは，善である行為ではなく，善に導く行為なのである」。この考え方は，行為の評価基準がそれ自体にではなく，その帰結にあるという意味で，帰結主義と呼ばれている[37]。

　第四は，有機的統一の原理である。「この考え方は，最善の状態は複合された全体でなければならないとしており，そのような全体の価値はそれぞれの部分の価値をたんに合計したものとは一致しない。つまり，もろもろの属性が善の状態という概念に吸収されるにあたって，それらの属性が元来各個に孤立して持っている価値が全体としてはその合計をはるかに上回る価値を形成しうるといっているのである」。

　さて，以上のようなムーアの『原理』に対して，ケインズが主張したのが「われわれがムーアから得たものは，彼がわれわれに提供したもののすべてであったわけでは決してない。彼は片足を新しい天国の敷居にかけていたが，もう一方の足はシジウィックと，ベンサム主義の功利計算と，正しい行動の一般法則との中に突っ込んでいた。『原理』の中にはわれわれが全く注意を払わなかった一章があった。われわれはいわばムーアの宗教を受け容れて，彼の道徳を捨てたのである。実は，われわれの考えでは，彼の宗教の最大の利点の一つは，それが道徳を不要にしたことにあった[38]」，ということであった。この表現はこれまで数々の解釈を生んだと思われるが[39]，ここではケインズの言う「ムーアの宗教」と有機的統一の原理について検討してみたい。

　次に示す一文は，「若き日の信条」の中で最も有名なものであり，ケインズ

が一生に渡って大切に保持し続けた「ムーアの宗教」の内容である。[40]

> 大切なのはただ精神の状態だけであった。それは主にわれわれ自身の精神の状態であった。こうした精神の状態は、行動、成果、結果とはまったく関係がなかった。それは時間を超越した、情熱的な観照 (contemplation) と親交 (communion) の状態にあり、事の「あと」「さき」とは関係がなかった。それらの価値は、有機的統一の原理に従い、全体としての事物の状態によって決定されるので、部分に分解して分析することは出来なかった。たとえば、愛しているという精神の状態の価値は、ただ単に本人の感情の性質に依存するのでなく、感情の対象の真価やその対象の感情の反応や性質によるものである。けれども、そうした価値は、私の記憶に誤りが無ければ、一年後になって何が起こったか、また当人がそれをどう感じたかにはまったく係わりがなかった。もっとも私自身は、常に一貫して有機的統一の原理の主張者であり、今でもそれだけが理に適ったものだと考えている。情熱的な観照と親交とにふさわしい主題は、最愛の人、美、および真理である。人生の主目的は、愛であり、美的体験の創造と享受であり、知識の追求であった。その中でも、愛が断然一位を占めていた。

ケインズにとって、人生の主目的は、愛であり、美的体験の創造と享受であり、知識の追求にあったのであって、富、権力、名声、成功とは関係のないものであった。ケインズを含めてアポスルズの人たちは、世俗的なこれらのものを徹底して軽蔑した。そのことは、次の一文からも理解されるであろう。[41]

> われわれの宗教は、もっぱら自己の救済にかかわるイギリス清教徒の伝統を忠実に守っていた。神は閉鎖的なグループの内部に存在した。「善き状態にあること」と「善き行為をなすこと」との間には、さして密接な関係はなく、われわれは実際問題として、後者が前者を妨げる危険さえあると感じていた。しかし、本来の宗教というものは、「社会奉仕」を唱える近代の擬似宗教とはまったく異なり、常にこうした性格を持つものであった。そして、われわれの宗教がまったく非世俗的であったこと、すなわち富、権力、名声、成功とは何の関わりを持たず、それらを徹底的に軽蔑したことが、多分にそれに対する十分な埋め合わせであった。

ケインズは，以上のように「ムーアの宗教」と有機的統一の原理を説明した。そして，「われわれは皆，善い精神の状態がどのようなものか，それが愛，美，真理の対象との交わりの内にあることを，はっきりと知っていた」[42]，とまとめた。また，「われわれは，これらすべてのものが，性質上まったく合理的であり，科学的であると考えていた。他の部門の科学と同じように，それは感覚所与として与えられた素材に，論理と合理的分析を適用すること以外の何物でもなかった。われわれにとって，善を理解することは，緑という色を理解するのと正確に同じことであった」[43]，と断定する。そして，自分が一生の間，大切に持ち続けたこのような信念（faith）のことを，ケインズは宗教（religion）と呼んだのである。

6. ムーアの「理想」（『倫理学原理』第6章）について

ケインズは，ここで若き日の自分たちとムーアとの関わりや，ケインズ自身が気に入っている『倫理学原理』の当該箇所に読者を誘う。

さて，『原理』の序文の冒頭には，「誤りとは主に，人が答えたいと思っている問いがどんな問いであるかをまず的確に（precisely）知ることなしに，問いに答えようと試みることである。……いったん，二つの問いの間の正確な意味が分かりさえすれば，それらの問いに対するある特定の答えに，賛成にせよ反対にせよ，そのための議論として，どんな種類の根拠を挙げるのが適切かということも，正確に（exactly）明らかになると私は思う」[44]，とある。

ケインズは，ムーアが指摘しているように，問われているのがどんな問いであるかを的確に発見するために自分たちは時間をかけただけでなく，もし的確な問い掛けがなされさえすれば，答えは誰にでも必ず分かるということを信じて疑わなかった，と断言している[45]。さらに続けて，ケインズが最も気に入っているに違いない，そしてすでにわれわれにもおなじみの，『倫理学原理』第6章「理想」にある有名な一節を，以下のように示すのである[46]。

確かに，問いの意味がいったん明らかに理解されたなら，それに対する答えは，おおよその輪郭が明白になるために，答えがありふれたものに見えることがあっても止むを得ない。われわれが知っているか，想像できるものの中で，とりわけ価値が高いのは，ある意識の状態（certain states of consciousness）であり，大雑把に表現するなら，人間の交際の喜び（the pleasure of human intercourse）と，美しいものを鑑賞する楽しみ（the enjoyment of beautiful objects）にあるといえよう。この問題をわが心に問うたことのある人なら，おそらく誰しも，個人的な愛情（personal affection）と，芸術や自然における美しいものの観賞（the appreciation of what is beautiful in Art or Nature）とが，それ自体善いものであることを疑わないであろう。またわれわれが，純粋にそれ自体のために（purely for their own sakes），手に入れるに値するものはどんなものかを厳密に考察するならば，この二つの項目に含まれるものにほぼ匹敵するような，大きな価値を持つものが，ほかに何かあるなどと考える人がいようとは，とても思われない。

　これが，何回も繰り返すことになるが，ケインズが終生持ち続けた「ムーアの宗教」である。彼自身，この点に関しては，「それは相変わらず，私の知るほかのどの宗教よりも真理に近い」とか，「その宗教には無意味な，外面的な問題が少ないし，恥ずべきものはなにもない」とか，「その宗教には，フロイト兼マルクスよりもはるかに純粋な，甘美なところがあった。それは今でも，内面的には私の宗教である」，と明言していることからも理解できよう[47]。
　また，快楽主義（hedonism）が自分たちの取るところではなかったことも，ムーアの表現を引いて，次のように語っている。すなわち，「ある状態のもつ快さ（pleasantness）は，単にその本来の価値に比例しないばかりではない，かえってその卑しさを積極的に増すこともありうる。……精神の状態の悪い人に苦痛を加えることは，その苦痛が激しすぎない限り（if the pain be not too intense），邪悪な精神の状態が罰せられずにいるよりも，概して善い状態を生むであろう。そうした事物の状態が果たして積極的な善にあたるものかどうかは，また別な問題である」[48]，と。アポスルズの人たちにとって，快楽主義の象徴である富，権力，名声，成功は，自分たちが求めてはいけないものであっ

た。

　ケインズは,「われわれはこのようにして成長していった……つまり, プラトンの善それ自体への没頭により, 聖トマスを凌ぐスコラ哲学により, 虚栄の市の快楽と成功をカルヴィン主義的に断念し, ヴェルテルのあらゆる悲しみに打ちひしがれながら育てられたのである[49]」と述べているが, 決して笑いを絶やしたことはなかったという。そして, 先ほどのような激しい議論の合間に, 時としてムーアがピアノの前に座り, ピアノを弾きながらドイツ・リートを歌うのを聞くことが, 善い精神の状態 (good states of mind) であったことも指摘するのを忘れない。アポスルズの人たちは, ムーアのドイツ・リートを聴くことが善い精神の状態である, ということを信じて疑わなかったのである[50]。

　『倫理学原理』第6章「理想」の中には, ケインズを魅了してやまない, もう一つの一節があった。それは,「人がもっぱら愛すべきものは精神的特性 (mental qualities) であることを認めた上で, 最愛の人 (beloved person) は同時にまた美貌 (good-looking) の持ち主でなければならぬ, ということが果たして重要かどうかについて論じた一節[51]」, のことである。ムーアの結論は, 美貌は精神的特性にささやかな勝利を収める (good looks win a modest victory over mental qualities) ということであったが, ケインズは「私はこの美しい, 愛すべき一節を, 実に誠実な, 情熱的な, 心配りの細やかな一節を, 引用せずにはいられない[52]」と述べ, 喜々として, 夢見るように朗読を進めたのである。

　私たちは, ケインズが感じた若き日の夢見心地を共有するためにも, 少し長くなることを恐れずに, 以下に示してみることにする[53]。

　　次の点はたぶん認められるであろうと私は考える。愛情が最も価値のあるものである場合にはいつでも, 精神的諸特性を正しく評価することが愛情の大きな部分を構成していなければならないし, またこういう部分が存在するために, 全体としての愛情が, そういう部分の存在しない場合よりもはるかに価値のあるものとなるのである。しかし, こうした評価が, それだけで, 全体の愛情と同じ価値を持つことができるか否かは, 非常に疑わしいと思われる。全体としての愛情の中では, この評価は, 当の精神的諸特性にふさわしい肉体上の表現 (corporeal expression) の評価 [鑑賞] と結びついているからである。すべて価値ある愛情

の現実的な事例では，容貌（looks）であれ，言葉（words）であれ，はたまた行動（actions）であれ，性格の肉体的表現（bodily expression）が，愛情を感じる対象の一部をまさに形成しているのであり，またそれらの表現が含まれているという事実が，全体の状態の価値を高めるように見えることは間違いない。いかなる肉体上の表現（any corporeal expression）をも伴わない，精神的な特性のみ（mental qualities alone）を認識することが一体どのようなものかを想像することは，確かに非常にむずかしい。しかし，精神的特性を抽象することに成功するならば，その限りでは問題の愛情全体の持つ価値が，前より小さく見えることは確かである。それゆえ私はこう結論する。すばらしい精神的特性を称賛することの重要性は，主として，それらの称賛を一部として含む全体としての愛情の，それを含まない愛情全体に対する限りない優越性の中にあり，いかに高次のものにせよ，そうした特性の賞賛自体が独自に有する固有の価値の中に存するわけでは決してない，と。精神的特性の称賛が，それ自体，たんなる肉体上の美の鑑賞（the appreciation of mere corporeal beauty）が疑いもなく有するのと同じ価値を持つかどうかすら，疑わしいように思われる。すなわち，大きな固有の価値を有するものの評価が，単に美しいものの有するほど価値があるかどうかは，疑わしいのである。

　しかしさらに進んで，もしわれわれが称賛すべき精神的特性を，それだけ取り上げて，その本質を考察するならば，それらの特性の正当な評価には，さらに別な形で，純粋に物質的な美（purely material beauty）を顧慮することが含まれているように思われる。称賛すべき精神的特性は，もしわれわれの先の結論が正しいなら，まさに多分に，美しい対象の情緒的な観照に存するのである。したがって，精神的特性の評価は，本質的に，そうした観照を観照することに存するであろう。なるほど，人間に対する最も価値ある評価は，彼らによる他人の評価の，そのまた評価のうちにあるもののように思われる。しかし，この場合でさえ，次の二つのいずれの点でも，物質的な美（material beauty）への顧慮が含まれているように思われる。すなわち，最終的には，評価されるものは単に美しいもの，たぶん観照であるだろうという事実，そしてまた，ある人間に対する最も価値ある評価は，その人の肉体上の表現（corporeal expression）の評価［鑑賞］をも含むように思われるという事実，以上の二点である。それゆえ，ある人間の他人に対する態度の評価，あるいは，一例を挙げれば，愛への愛は，われわれの知る優れて最も価値ある善であり，単に美に対する美以上にはるかに価値があるということを，たぶんわれわれは認めるだろう。とはいえ，それを認めることができるのは，程度の差はあれ直接に，前者は後者を含むと解される場合に限られるの

である。

　この一節を読み終えたケインズは,「理想に関するムーアの章の非世俗性に比べれば, 新約聖書は政治家向きのハンド・ブックといえる。プラトン以降の文献で, この章に匹敵するものを私は知らない。しかも, それは空想の産物がまったくないから, プラトンよりもすぐれている。それはムーアの飾り気のない精神の美しさ, 彼のヴィジョンの純粋で情熱的な強烈さ, しかも空想的でない, 飾り立てられてないヴィジョンの強烈さを伝えている[54)]」, とムーアを絶賛したのである。

7. 人間性に関する偽りの合理性

　ケインズは, ベンサム主義を強く非難して, 次のように言う。すなわち,「ベンサム主義の伝統こそ, 近代文明の内部に巣くった虫であり, 現在の道徳の荒廃をもたらした元凶であると考える。……世間一般の理想の本質を破壊しつつあったのは, 経済的基準の過大評価に基づくベンサム主義の功利計算であった[55)]」, と。また, マルクス主義は, ベンサム主義の極端な帰結(reductio ad absurdum)の決定版である, とも主張している。アポスルズの人たちにとって, 功利計算の象徴である富や成功は, 自分たちとは無関係であり,「われわれ自身はこのウイルスからまったく免疫になっており, 城塞の中にあるローマ教皇のごとく, われわれの究極的信条という城塞の中で安全であった[56)]」。
　さて, 筆者が「4. ムーアの宗教と有機的統一の原理」で示した「われわれは, いわばムーアの宗教を受け容れて, 彼の道徳を捨てた[57)]」ということについて, ここで取り上げておきたい。ムーアの宗教を受け容れたことについては, これまでの検討からも明らかなことだと思われるが, 彼の道徳を捨てたとはどういうことなのか。実は, ケインズも含めアポスルズの人たちは, 人間の本性が合理的であるという考えに立っていたのである。

ケインズは,「道徳的進歩の連続と,そのおかげで人類は,信頼に足り,合理的で,礼儀正しい人々からすでに成り立っていることを信じており,しかもそういう人は,真理と客観的基準に左右されるために,因習と伝統的な基準と融通のきかぬ行動のルールといった外面的拘束から完全に解放され,これから先は,自分たちの作った気のきいた仕組みや,純粋な動機や,信頼に足る直感などに委ねられうる人々だと,信じているのである」[58]，と明言する。さらに,偽りの合理性を信じたが故に,ムーアが述べたような道徳の一般的ルールに従うという個人的責任を完全に拒否し,「われわれは個々のケースを,すべてその功罪に応じて判断する権利を主張し,また立派に判断できる知恵と経験と自制心を具えていると主張した。……われわれは慣習的な道徳や,因習や,伝統的な知恵をまったく否定した。換言すれば,われわれは,厳密な意味における不道徳主義者であった」[59]，と述べたのである。ケインズのこの表現は,この部分を読む多くの心ある人の神経を逆なでしたものであるが,福岡正夫と同様に,筆者にはこの部分がケインズ特有の強引さと,かなりの誇張を含んでいるものと考えるのである。[60]

しかし,「この見解（人間の本性が合理的であるという認識）は,どうにもならないほどのひどい誤りであった」[61]，と55歳になったケインズは振り返る。そして,第一次世界大戦や大恐慌という人類が引き起こした未曾有の事態を鑑み,またヒトラーなどが出てきて第二次世界大戦を準備していることを考えると,「われわれは文明というものが,ごく少数の人たちの人格と意思とによって築かれた,そして巧みに信じこませ,狡猾に維持してきた規制や慣行によってのみ維持される,薄っぺらで,当てにならぬ外皮であるということに気付いていなかった」[62]，と考えざるを得なかった。「われわれの一般的な精神の状態の原因でもあり,またその結果として,われわれは,われわれ自身の人間性をも含めて,人間の本性というものを完全に誤解していた」[63]というケインズの表現は,強く印象に残るものである。

人間の本性は,私たちが信じている様な合理性の中にあるのではない。例えば,聖書の中にある原罪の教義でも示されている様に,「ほとんどの人には邪悪さを生み出す異常で不合理な源泉がある」[64]かもしれないし,「人間の本性を

合理的なものと見なしたことは，今にして思えば，人間性を豊かにするどころか，むしろ不毛なものにしたかもしれない」，とケインズは振り返る[65]。彼は，「私は人間性に関するこの偽りの合理的な見解が，判断ばかりか感情においても，軽薄さや皮相さを招いてしまった」[66]，と深く反省することになるのである。

8. おわりに

　ケインズは，アポスルズに集まった人々の性格を，次のように述べている。すなわち，「ムーアはピューリタンで形式主義者，ストレイチーはヴォルテール主義者，ウルフはユダヤ教の律法学者，私自身は非国教徒，シェパードは国教徒で聖職者，クライブは陽気で愛想のよい男，シドニー・ターナーは静寂主義者，ホートリーは教条主義者」[67]，と。ケインズが自分のことを非国教徒だと言ったのは，母親の信仰と深く関係しているように思われる。彼の母フローレンス・エイダ・ブラウンは，非国教徒（プロテスタント）であったブラウン牧師の長女として，神学への関心は非常に高いものがあったからである。その息子が，キリスト教と無縁であるはずがない[68]。

　この「若き日の信条」にも，ケインズが非国教徒（プロテスタント）に近いことを思わせる叙述が，随所に見られる。例えば，「われわれの宗教は，もっぱら自己の魂の救済にかかわるイギリス・ピューリタンの伝統を忠実に守っていた」[69]とか，「われわれはこのようにして成長していった……つまり，プラトンの善それ自体への没頭により，聖トマスを凌ぐスコラ哲学により，虚栄の市の快楽と成功をカルヴィン主義的に断念し，ヴェルテルのあらゆる悲しみに打ちひしがれながら育てられた」[70]である。

　また，「理想に関するムーアの章の非世俗性に比べれば，新約聖書は政治家向きのハンド・ブックといえる」[71]とか，「われわれの哲学においては，経済的動機や経済的基準が，少なくとも小鳥たちのために托鉢をした，アッシジの聖フランシスコにとってほどの意味もなかった」[72]とか，「われわれは原罪の教義，

つまり，ほとんどの人には邪悪さを生み出す異常で不合理な源泉がある」，などである。「お祈りの効能への，遺伝的な信仰の名残といえよう」[74]などといった表現は，ケインズが子どもの頃，寝る前にいつもお祈りをしていたことを思わせる。

　ここで，私たちの最初の問いに戻ってみたい。すなわち，ケインズは，はたして平井の言うように無神論者であり，「ヴィクトリア的価値観」に反旗を翻したのか。それとも，スキデルスキーの言うように神学に詳しく，非国教会主義的資質を十分に備えており，不正に対して義憤を感じたのか，という問いである。筆者の答えは，ここで改めて言うまでもなく，スキデルスキーを支持するものである。ケインズを筆頭にアポスルズの人たちは，一般的な道徳を批判はしたが，道徳それ自体を軽視したことはなく，厳しい倫理基準を自分たちに課していたことを忘れてはならない[75]。また，快楽主義の象徴である富，権力，名声，成功が自分たちとは無関係であり，もっぱら愛と美，そして知識を人生の目的とした。このようなことが，これまでの検討から明らかになった事柄である。

　最後に，ケインズがロレンスに関して正しく叙述していると思われる一節を示すことで，本章を閉じることとしたい。すなわち，「われわれの長所……われわれの魅力，われわれの知性，われわれの非世俗性，われわれの愛情……をまったく無視するとすれば，私にはわれわれの姿が，川底の渦や水流には触れないように，小川の表面を，空気のように軽やかに楽々と，優雅にかすめてすべって行くアメンボ（water-spiders）に見えるといってよい。そうして，ロレンスの無知な，嫉妬深い，気短な，敵意に満ちた目で見守られているわれわれの姿を思い浮かべるならば，彼の激しい嫌悪をかき立てる，何という特性の組み合わせを示したことであろう。すなわち，溶岩の外殻の上ではね回り，一般大衆の情熱のリアリティーも価値も無視するこの薄っぺらな合理主義（thin rationalism），それに自由思想とあらゆる分野にわたる不遜な振舞（libertinism and comprehensive irreverence）が結びついて，バニーのような俗物にはあまりに気がきき，オットラインのような異才，触れるとかぶれる札付きペテン師を，そのしゃれた知性で引きこんだのである。上に述べた事柄は，貧弱で，愚

かな，お人好しのわれわれにとっては，はなはだ公平を欠くものであった。しかし，こういったわけで，1915年にロレンスが，われわれは『処置なしだ』（done for）と言ったとき，そこには僅かに一片の真実があったかもしれない，と私は考えるのである」[76]，と。

[注]
1) 中矢俊博，『ケインズとケンブリッジ芸術劇場―リディアとブルームズベリー・グループ―』（同文舘出版，2008年）.
2) 中矢俊博，「ケインズの『わが孫たちの経済的可能性』」『南山経済研究』，第24巻第1号（2009年6月），pp.63-77.
3) Cf. G. E. Moore, *Principia Ethica* (Cambridge University Press, 1903). 邦訳，深沢昭三訳『倫理学原理』（三和書房，1973年），参照．
4) Cf. J. M. Keynes, *My Early Beliefs*, Vol. 10 of *The Collected Writings of John Maynard Keynes*, ed. by The Royal Economic Society (Macmillan, 1972), p.435. 邦訳，大野忠男訳，「若き日の信条」『人物評伝（『ケインズ全集』第10巻）』（東洋経済新報社，1980年），p.568，参照．
　ケインズは，「われわれはこの信条（Beliefs）によって行動が左右される年頃であった．それは中年の人たちは忘れがちな若者の特性なのであるが，当時形成された物の感じ方の習性は，今なお顕著な形で生き残っている．この感じ方の習性，われわれ大多数に影響を与えたこうした習性こそ，このクラブを一個の集団たらしめ，その他の人々からわれわれを隔絶させているものに他ならない．そういう習性が，ともかくわれわれの性格の他の面で極端な相違を圧倒していた」（*ibid.*, p.435. 邦訳，p.369.），という．
5) 平井俊顕，『ケインズとケンブリッジ的世界―市場社会観と経済学―』（ミネルヴァ書房，2007年），p.133，を参照されたい．
6) Robert Skidelsky, *Keynes* (Oxford University Press, 1997), p.229. 邦訳，浅野栄一訳，『ケインズ』（岩波書店，2001年），p.9. スキデルスキーの原本は，1996年にOxford University Pressから出版されたPast Mastersというシリーズの一冊であるが，筆者が参照しているのは，ラファエルの『アダム・スミス』とウインチの『マルサス』をまとめて*Three Great Economists*と題された合冊本である．
　なおスキデルスキーは，2009年9月にも*Keynes : The Return of the Master* (PublicAffairs, 2009) という書物を出版している．そこの裏表紙には，2008年秋に発生したリーマンショック以降の世界的景気収縮を意識して，「今回は，大恐慌以来最大の世界的不況であるが，大恐慌の時ほどひどくなることは全くない．1929年―1932年は，収縮が12・四半期続いた．もし，同じことが繰り返されるとするなら，今回の経済収縮も2011年の中頃まで続くということになろう．しかし，現在の景気収縮は，二つの理由から，以前より深くはないし，長くも続かないであろう．その一つは，国際的に協調しようとする意志がとても強いからであり，もう一つは，われわれにはケインズがいるからである」，とある．この書物は，いち早く山岡洋一氏によって，『なにがケインズを復活させたのか？』（日本経済新聞出版社，2010年）と題して邦訳された．
7) 中矢俊博，『ケインズとケンブリッジ芸術劇場―リディアとブルームズベリー・グル

ープ―』の第3章「ケインズの哲学とヴァージニア・ウルフの杞憂」を参照のこと。
8) J. M. Keynes, *My Early Beliefs*, p.432. 邦訳, p.564.
9) Cf. J. M. Keynes, Keynes, Introduction by David Garnett, *Two Memoirs, Dr Melchior: A Defeated Enemy and My Early Beliefs*, Rupert Hart-Davis, 1949. これらは、先の『全集』版に収められている。
　ガーネットは、この出版について次のように証言している。すなわち、「これらの回想録は出版のつもりで書かれたものではなかった。そして、いまそれが公刊される理由は、それらのもつ大きな興味からとか、文学的価値のゆえではない、……もっともそれらの文章はケインズ卿の執筆したもののうち、最もすぐれた著作に属すると私は思うのであるが。それが彼の遺言執行者によって公刊されるのは、これらの論文を、そして未公刊の著作のうちこれだけ出版してほしいという、遺言状に示された彼の明白な希望を実現するためなのである」(*ibid.*, p.388. 邦訳, p.513.)、と。
10) *Ibid.*, p.430. 邦訳, p.562.
11) *Ibid.*, p.431. 邦訳, p.564. ガーネットは、ロレンスから自分に宛てた手紙と同時に、オットライン・モレル夫人宛ての手紙も紹介している。ケインズの回想とも関係すると思われるので、次に示しておきたい。「デイヴィッド・ガーネットとフランシス・ビレルが週末を過ごしに私どもの所にきて泊まりました。ビレルが、ちょっと道に迷って歩き回り、疲れた様子でやって来たとき、私はビレルが好きでした。ところがどうでしょう。彼が喋るのを聞くと私は気が狂いそうです。この若者たちの喋るのを聞いていると、本当にどす黒い憤怒で身体中が一杯になるのです。彼らは止めどもなく喋ります。ただ止めどもなくです。しかも絶対に、ろくなことは言いません。めいめいが自分の小さな堅い殻に閉じこもっていて、その中から物を言うだけなのです。ただの一瞬たりとも感情の流露は断じてないし、畏敬の念というものがまったくないのです。ほんの一片の畏敬の念もありません。それが私には我慢がならないのです。こんな手合いはもう真っ平です。むしろ一人でいる方がずっとましです。彼らのおかげで、さそりのように噛みつくゴキブリの夢を見ました。でも私はそいつを殺してやりました。とても大きなゴキブリでした。半殺しにしましたが、逃げて行きましたが、また見つかったので、殺しました。私の我慢できないのは、このぞっとする、うようよ群がった小さな自我なのです。」
12) 柴田多賀治、「D. H. ロレンスとB. ラッセル」『名古屋市立大学教養部紀要』、第2号 (名古屋市立大学教養部、1956年)、pp.13-22、を参照されたい。ラッセルの自伝にも、そのあたりのことが触れられている。Cf. Bertrand Russell, *The Autobiography 1914-1944*, George Allen and Unwin Ltd., 1985. 邦訳、日高一輝訳、『ラッセル自叙伝　II』 (理想社、1971年)、参照。
13) J. M. Keynes, *My Early Beliefs*, pp.433-50. 邦訳, pp.565-87.
14) *Ibid.*, p.450. 邦訳, p.586.
15) ロレンスの生涯については、『日本大百科全書』第24巻 (小学館、1988年)、p.675にある「D. H. ロレンス」の項目を参照のこと。また、伊藤整訳、『チャタレー夫人の恋人』(新潮社、1979年)の「解説」や、河野一郎氏編訳、『ロレンス短編集』(岩波書店、1986年)の「解説」も、同時に参照されたい。
16) 1913年に発表された『息子と恋人』は、母親の強い愛情に縛られ、母親以外の女性を愛し得ぬ若者の悲劇を、何千というイギリスの若者に共通の悲劇として捉えたものであった。ロレンスは、おさな馴染みのジェシーを愛しきれなかったことを、自分は常に

母親を恋人のように愛し続けたからだ、と述べたという。
17) 医療機器メーカーは肺炎のために3カ月で退職した。また、代用教員時代のロレンスは、とても厳しい先生であったようである。
18) ロレンスが1911年に発行した処女作『白孔雀』は、ハイネマン出版社から出されたものである。社主のエドワード・ガーネットは、まだ無名であったロレンスの詩作を高く評価し、その息子であったデイヴィッド・ガーネットも同時に、ロレンスの才能を見抜いていた。
19) J. M. Keynes, *My Early Beliefs*, p.430. 邦訳, p.563.
20) フリーダは、ドイツのフリードリッヒ・フォン・リヒトホーフェン男爵の娘であった。とても知的な女性で、ロレンスの文明思想の多くは彼女との議論から生まれたようである。また、ロレンスの傑作『チャタレー夫人の恋人』の主人公は、彼女がモデルだとも言われている。デイヴィッド・ガーネットと彼女との親交は、ロレンスの死後も長く続いた。
21) 柴田, *op.cit.*, p.13.
22) 当時のケンブリッジが持っていた合理主義、冷笑主義、洗練された教養などを指すと同時に、男性に対する愛情のほうが、女性に対する愛情よりも偉大であるという「高級なソドミー」、すなわち同性愛の傾向を指しているものと思われる。1915年頃、ケンブリッジのフェローやアポスルズの人たちの多くは、プラトン主義者であり、かつ同性愛者であったと言われる。Cf. Richard Deacon, *The Cambridge Apostles*, Robert Royce Ltd., 1985. 邦訳, 橋口稔訳,『ケンブリッジのエリートたち』(晶文社, 1988年), 参照。特に、第4章「高級なソドミー」から第6章「ケインズの影響」までは、D. H. ロレンスとの関係で読むと、新たな発見があり面白い。
23) クウェンティン・ベルによると、ロレンスはデイヴィッド・ガーネットのことを、自分の弟子の一人と考えていたようである。Cf. Quentin Bell, *Elder and Betters*, John Murray, 1995. 邦訳, 北條文諸訳,『回想のブルームズベリー』(みすず書房, 1997年), 参照。特に、付録2「メイナード・ケインズと『私の若き日の信条』」、を参照されたい。
24) オットライン (Ottoline Morell : 1873-1938) とは、当時のイギリス文化人たちを支援し、社交界の花形であった貴婦人のことである。ラッセルは、夫のフィリップ・モレルとは古くからの友人であった。その妻オットラインとも幼い頃から親しくしており、彼とロレンスを結びつけたのも彼女であった。ラッセルは、「わたくしとロレンスとの交友は、熱烈であったが期間が短く、かれこれ1年間ほど続いたに過ぎなかった。わたしたちを結びつけたのは、オットラインであった。彼女は、わたしたちの両方を崇拝していた」、と述べている。Cf. B. Russell, *The Autobiography 1914-1944*. 邦訳, p.17, 参照。
25) ガートラー (Mark Gartler : 1891-1939) は、オットラインに才能を見いだされた画家。キャリントンとはスレイド美術学校で出会い恋仲になったが、その後離別する。
26) キャリントン (Dora Carrigton : 1893-1932) も、オットラインに才能を見いだされた画家の一人。1915年、彼女の紹介でリットン・ストレイチーと会い、愛し合うようになる。1917年にはミルハウスで同居を始め、その後複雑な人間関係を演じた後、1932年1月にリットンが死去すると、その後を追って3月に銃で自殺した。
27) J. M. Keynes, *My Early Beliefs*, p.434. 邦訳, p.566.
28) *Ibid.*, 同上。
29) *Ibid.*, 邦訳, p.567.

30) *Ibid.*, 同上。
31) *Ibid.*, 同上。
32) *Ibid.*, p.431. 邦訳, p.563.
33) *Ibid.*, p.435. 邦訳, p.567.
34) *Ibid.*, p.435. 邦訳, p.567-68.
35) 水田洋,『十人の経済学者』(日本評論社, 1984 年), pp.217-18. 水田は, ケインズがケンブリッジに入ったことよりも, アポスルズに参加したことを重視して,「決定的な影響というものは, 与える側と受け取る側との呼吸があった時に成立する」, という名言を披露している。
36) 福岡正夫,『ケインズ』(東洋経済新報社, 1997 年), pp.31-32. 福岡は,「ムーアの書物の最大の意義は, アポッスルたちの個人的関係の状況や美的経験などを他の目的と比べていっそう重要なものと考える思考法の変化を彼らが快適と感じられるような, 特定の哲学を用意したことであった」, と明言している。
37) 福岡は, キングズ・カレッジの「モダン・アーカイブズ・センター」に所蔵されていたケインズ・ペーパーズを詳しく調査している。その一つが, 1904 年 1 月にアポスルズで報告された「行為に関する倫理学」であった。それを分析した結果として,「ケインズは行為の判断を結果としての善に求める帰結主義についてはムーアに従ったのであるが, その結果を将来の時間の全系列にわたる善の蓋然的総和として捉えようとするムーアの考え方には従わなかった」, と述べる。そして,「ケインズが帰結主義を捨てたか捨てなかったかをめぐっては, わが国でも塩野谷祐一と西部邁のあいだに論争があるが, ケインズが捨てた帰結主義は限定された後者の意味のものであって, かならずしも帰結主義一般ではなかったことに注意すべきであろう」(福岡, *op.cit.*, p.38.), と述べている。

また, ケンブリッジで分析哲学の第一人者であったブレイスウェイトは,「ケインズは, ベンサム主義の快楽計算が, [経済的基準の過大評価に基づいている] ことの理由として, その計算が行為の帰結を考慮したという事実ではなくて, それがただ一種類の帰結(快楽主義)だけを考慮したという事実を指摘していることは, 注目に値する。この過大評価を斥けるケインズの姿勢は, 不況のどん底であった 1930 年に出版された『わが孫たちの経済的可能性』という, 楽観論に貫かれた彼の説教の核となっている」, と述べていることも参考にして良いであろう。Cf. R. B. Braithwaite, "Keynes as a philosopher," Milo Keynes (ed.), *Essays on John Maynard Keynes* (Cambridge University Press,1975), p.244. 邦訳, 佐伯彰一・早坂忠訳,「哲学者としてのケインズ」『ケインズ 人・学問・活動』(東洋経済新報社, 1978 年), p.317 を参照のこと。
38) J. M. Keynes, *My Early Beliefs*, p.436. 邦訳, p.569.「『倫理学原理』の中にはわれわれが全く注意を払わなかった一章があった」というのは,「倫理学の行為に関する関係」と題された第 5 章の中の一部である。これに対するケインズの反論が, 先に紹介した 1904 年 1 月にアポスルズで報告された「行為に関する倫理学」であった。
39) ここでも福岡の主張には, 聞く人を強く引きつけるものがある。彼は, ケインズ・ペーパーズのいくつか(例えば,「行為に関する倫理学」1904 年,「倫理学雑考」1905 年,「現代文明」1905 年,「利己主義」1906 年など)を詳細に検討された結果, ケインズの『『原理』の中にはわれわれが全く注意を払わなかった一章があった。われわれはいわばムーアの宗教を受け容れて彼の道徳を捨てた」, というのは多少とも誇張された表現であり, 初期の論稿に照らして真実ではないという。

そして,「実際にケインズが拒否したのは,『個人はつねに一般の有用な規則に従うべきであり,それを破ることはいかなる場合も正当化されない』とするムーアの要求のみであった。つまり,彼が捨てたのは,道徳規則への無条件の服従なのであって,個々のケースについては『それぞれの功罪に応じて判断を下す権利』を持つべきであるとしたのである」,と正確に述べられている。福岡, *op. cit.*, p.40, を参照されたい。

「若き日の信条」の分析に当たっては,このようなケインズ・ペーパーズの研究が不可欠である。「若き日の信条」にあるような過激な表現をそのまま信じてしまうと,ケインズ自身がケンブリッジ時代の若い頃に,強く実践倫理や社会哲学を持っていたことを見逃してしまう。

40) J. M. Keynes, *My Early Beliefs*, p.436-37. 邦訳, p.569-70.
41) *Ibid.*, p.437. 邦訳, p.570.
42) *Ibid.*, p.438. 邦訳, p.572.
43) *Ibid.*, 同上。
44) *Ibid.*, p.440. 邦訳, p.574.
45) *Ibid.*, 同上。
46) *Ibid.*, pp.440-41. 邦訳, p.575.
47) *Ibid.*, p.442. 邦訳, p.577.
48) ケインズは,「若い盛りの頃には,快楽などまったく考えていなかった。……快い精神の状態は全体として,緊張と情熱に欠けるとして,深く疑うべきものであった」,と言っている。さらに,「ソクラテスはプロタルコスを説得して,純粋な快楽主義は不条理だということを信じさせた。ムーア自身は,快楽が,ほかの点では善い事物の状態の価値を高めるものだということ以上は認めようとしなかった」(*ibid.*, p.441. 邦訳, pp.575-76.), とも述べている。
49) ケインズは,死後の資産が莫大であったかもしれないが,日常の生活は,他の人に比べて,とても質素であったという。彼は,生涯を通じて,厳格なカルヴィン主義を貫いたのである。
50) Cf. *ibid.*, p.442. 邦訳, p.577, 参照。筆者は,ムーアが演奏したドイツ・リートとは,シューベルトの「冬の旅」ではないかと想像している。
51) *Ibid.*, p.443. 邦訳, p.577.
52) *Ibid.*, 同上。
53) *Ibid.*, pp.443-44. 邦訳, pp.577-79.
54) ケインズは,「ムーアは,かつて,命題と机とが区別できない悪夢に苦しんだ。しかし,目覚めている時でさえ,かれには愛や美や真理と,家具とを区別することが出来なかった。それらのものは,家具と同じ明確な外形の定義を持ち,同じく安定した,確固たる,客観的な性質と意識的な現実性とを具えていたのである」(*ibid.*, p.444. 邦訳, p.570.), と表現している。聞くところによると,ムーアの非世俗性は,私たちの想像をはるかに上回るものがある。彼は,第一次世界大戦がいつ始まって,いつ終わったかを知らなかったという。
55) *Ibid.*, pp.445-46. 邦訳, p.581.
56) *Ibid.*, pp.446. 邦訳, 同上。
57) *Ibid.*, p.436. 邦訳, p.569.
58) *Ibid.*, p.447. 邦訳, p.583. 続いてケインズは,「人間の本性が合理的なものだという見解は,1903年には,その背景に非常に長い歴史を持っていた。この考えは,あたかも一

般的善を目指したカントないしベンサムの普遍的倫理学に見られるように, 利己心, いわゆる合理的な利己心の倫理学の根底をなしていた。そして, 利己心が合理的なものであったからこそ, 利己主義の体系と利他主義の体系とが, 実際には同じ結論を生むものとされたのである」, と述べた。

59) *Ibid.*, p.447. 邦訳, p.583.
60) 福岡も言っているように, ケインズは過激な表現を用いてはいるが, 若い時から道徳に関してはしっかりとした考えを持ち, 彼が否定したのは道徳規制への無条件の服従のみであった, と筆者も考える。この「若き日の信条」の後半部分からも理解されるように, 55歳になったケインズは, 以前にもまして, 伝統の知恵や習慣の拘束力に大きな意義を見出すようになったのである (福岡, *op. cit.*, p.41.)。
61) J. M. Keynes, p.447. 邦訳, p.582.
62) *Ibid.*, 邦訳, p.583.
63) *Ibid.*, p.448. 邦訳, p.584.
64) *Ibid.*, p.447. 邦訳, p.583.
65) *Ibid.*, 同上。
66) *Ibid.*, 同上。
67) *Ibid.*, p.435. 邦訳, p.568.
68) スキデルスキー (R. Skidelsky) の *Keynes : The Return of the Master* にも「ケインズとキリスト教」という項目がある。そこでは, ケインズがカンタベリー大主教に宛てた手紙で, 18世紀に経済学について論じた著者の大部分が聖職者であったと指摘している。また, ヴァージニアに宛てた手紙には, 私たちの世代は親の宗教から大きな恩恵を受けていると考えるようになったとも述べている (Cf. *ibid.*, pp.150-53. 邦訳, pp.226-31.)。
69) J. M. Keynes, *My Early Beliefs*, p.437. 邦訳, p.570.
70) *Ibid.*, p.442. 邦訳, p.576. ケインズの「わが孫たちの経済的可能性」にも, 「われわれは宗教と伝統的な徳にかんするもっとも確実な原則のうちいくつかのものに向かって, 自由に立ちもどることができる, と私は思う。すなわち, 貪欲は悪徳であるとか, 高利の強要は不品行であり, 貨幣愛は忌み嫌うべきものであるとか, 明日のことなど少しも気にかけないような人こそ徳と健全な英知の道をもっとも確実に歩む人である, といった原則にである。われわれはもう一度手段より目的を高く評価し, 効用よりも善を選ぶことになる。われわれはこの時間, この一日の高潔でじょうずな過ごし方を教示してくれることができる人, 物事のなかに直接のよろこびを見出すことができる人, 汗して働くことも紡ぐこともしない野の百合のような人を尊敬するようになる」, とある。Cf. J. M. Keynes, *Economic Possibilities for Our Grandchildren* in *Essays in Persuasion*, Vol. 9 of *The Collected Writings of John Maynard Keynes*, ed. by The Royal Economic Society (Macmillan, 1972), p.331. 邦訳, 宮崎義一訳, 「わが孫たちの経済的可能性」『説得論集 (『ケインズ全集』第9巻)』(東洋経済新報社, 1981年), p.399, 参照。
71) J. M. Keynes, *My Early Beliefs*, p.444. 邦訳, p.579.
72) *Ibid.*, p.445. 邦訳, p.580.
73) *Ibid.*, p.447. 邦訳, p.583.
74) *Ibid.*, p.448. 邦訳, p.584.
75) スキデルスキーは,「ケインズの経済学が聖なる見方ではなく, 性的嗜好から生まれているとみるのは, まったくの間違いである。ブルームズベリーが軽率で不道徳なグル

ープだったという表面的な見方によるものであり，このグループがヴィクトリア朝の年長者にショックを与えようとして，過激な表現を好んだのは事実だが，厳しい倫理基準を受け容れ，守ろうとしていた事実を無視している」，と述べている（Skidelsky, *op.cit.,* pp.150-51. 邦訳, pp.226-27.）。

76) J. M. Keynes, *My Early Beliefs*, p.450. 邦訳, p.586.

第5章 ケインズの「敗れた敵, メルヒオル博士」

1. はじめに

　ケインズには，自分の死後公表してほしいと遺言に書いた論文が二つあった[1]。その一つが，よく知られている「若き日の信条」であり，筆者が第4章で検討したものである[2]。この論文は，多くの研究者によって分析されてはいるが，「ムーアの宗教を受け容れて彼の道徳を捨てた」，というケインズの過激な表現に躓く研究者が多かったように見受けられる[3]。筆者が示そうとしたのは，ケインズがケンブリッジ大学時代から，実践倫理や社会哲学を強く持っていたことであった。

　もう一つは，第一次世界大戦の終了時に，ドイツへの食糧供給問題に奔走したことを綴った「敗れた敵，メルヒオル博士」という論文である。これは，ケインズの有名な『平和の経済的帰結』[4]の前後を扱った論文であるが，筆者は寡聞にして，この論文を分析の対象としている研究者の存在を知らない。ケインズが遺言で公表を示唆したからには，これも研究対象にすべき重要な論文であるに違いないにもかかわらず，である。

　ブルームズベリー・グループの仲間の一人であったデイヴィッド・ガーネットは，後者について「その主題は，大きな歴史的意義を持つものである。それは1919年，休戦協定調印後の数ヵ月間，ドイツへの食糧封鎖を続行したことに責めを負う人たちの性格と生涯について，極めて明晰な分析を与えている。そうした政策は当時，最も優れた判定者には，政治上分別を欠くものと思われた」と述べた上で，この論文を「メイナード最高の傑作の一つ」だと喝破して

いるのである[5]。筆者は，ガーネットが，ケインズの遺稿「敗れた敵，メルヒオル博士」を，最高傑作の一つだと考えることに必ずしも賛同しないが，この論文には，筆者を引きつける文章が多いことも事実である。

例えば，「誰か一人の人物で，この戦争に対してワーグナー以上に大きな責任のあった人はいない，と考えられる。自分自身についての皇帝（ヴィルヘルム二世：筆者）の考えは，そのように形作られていた。そして，三流のワーグナー風オペラの，ヒンデンブルグ（第一次世界大戦の英雄で後のドイツ大統領：筆者）はバス，ルーデンドルフ（ヒンデンブルグの片腕で参謀本部次長：筆者）は太ったテナーにすぎぬものではなかったか。彼らは自分の夢の中で，また自分の浴室の中で，自分自身をほかのどんなものと考えただろうか。そして，彼らをスパの別荘（ベルギー辺境の温泉場でルーデンドルフの別宅：筆者）に住まわせた所以は，辺りの土地柄から見て，そこが三流オペラの場景にいかにもふさわしい場所だということ以外に，いったん何であったろうか[6]」という表現には，唸らざるを得ない。

さらには，「外側のテラスに出ると，私は，ルーデンドルフがピカピカした胸の略綬を外し，死に行く彼の挽歌への序奏として，木々の上で，そのざわめきに調子を合わせてだみ声で叫んでいるのを聞くことができた。ミス・ベイツはブリュンヒルデを打ち負かし，ウェストン氏の足はヴォータンの襟首をしっかりと踏まえていたのである[7]」，という凝った言い回しもある。ケインズは，ワーグナーの楽劇『ニーベルングの指環』を持ちだして，彼一流のワーグナー評も交えながら，ジェーン・オースティンの名作『エマ』の登場人物と比べているのである。

先のガーネットは，後半の部分について，「このジョークは，まさに天才的だ。イギリスとドイツの間の架橋しがたい深い溝，両国の相互理解を不可能ならしめるものを鮮やかに集約し，象徴化してみせている[8]」と言い放ったが，ケインズならではのこれらの表現を理解するには，ワーグナーの楽劇への深い理解と同時に，オースティンの文学作品に通低するイギリス的な考え方にも精通していなければなるまい。このような理由から，多くの学識を自家薬籠中のものとしている経済学史家たちも，ケインズのこの論文へのチャレンジをためら

っている様に思われるのである。

本章は, 第一次世界大戦の末期, ドイツ国民の飢餓を救うために, 食糧封鎖を一刻も早く解除することに邁進し, ドイツへの食糧供給という喫緊の経済問題を取り扱かった若きケインズの人道主義者（実践倫理の実行者）ぶりに思いを寄せつつ, 「メイナード最高の傑作の一つ」というガーネットの評価のわりにはケインズ研究者や経済学史家に取り上げられることのなかった, ケインズの遺稿「敗れた敵, メルヒオル博士」を仔細に検討しようとするものである。

2.「敗れた敵, メルヒオル博士」の論理展開（その1）

ケインズがどのような議論を展開しているのかを, 筆者なりに原典に従って辿ることからはじめてみたい。ガーネットは, 「伝記作家としてのメイナード・ケインズ」の中で,「『敗れた敵, メルヒオル博士』は, メイナードの最高傑作の一つだ。深い親密な感情, 人間性と正義に対する熱情と同時に, 交渉の入りくんだ織り糸を残らずときほぐしてみせる手腕と機智, ささやかな, しかもきわめて意味深い細部を扱うほとんど不気味といいたい手腕が結びついている。あまりにリアルで, 深く感動的なので, この際歴史書なんぞよりは, なにか偉大な文学作品の一章, たとえばトルストイの小説さえも思い比べたくなってくるのだ。見事な芸術作品と言っていい」[10], と高く評価している。

以下では, ガーネットが見事な芸術作品であると見なした「敗れた敵, メルヒオル博士」の内容を, 筆者自身が独自に作成した4つの大見出しと, 16の小見出しを付して検討していくことにする。

[1] 第一次世界大戦の戦後処理

1) パリ講和会議はいつ始まるのか

「講和会議に関係したロンドンの官吏たちは, それがいつはじまろうとして

いるのか誰も知らなかった」[11]。ケインズの論稿は，このような書き出しではじまる。それでも，あまりに遅いとホテルの部屋が最劣等級になる可能性があったし，早すぎると何もすることが無い恐れがあるので，ケインズの取った戦術は，秘書を派遣してホテルの部屋を押さえることと同時に，有能な首席スタッフを送り情報を集めることだった。

1919年の1月初め，ケインズ達がパリに乗り込んだ時にも，講和会議がはじまっているのかどうかさえ分からない状態であった[12]。しかし，「見せかけの仕事が大臣用書状箱に入れて回されており，そしてあの地獄のような場所の，熱病的な，執拗な，うんざりとするゴシップが，矮小さ，シニシズム，うぬぼれ，うんざりする騒ぎ，などの独特のにおいを早くもいっぱいに発散させており，それから逃れるすべは全くなかったのである（much factitious work circulated in red boxes, and the feverish, persistent and boring gossip of that hellish place had already developed in full measures the peculiar flavor of smallness, cynicism, self-importance and bored excitement that it was never to lose）」[13]から，講和会議の雰囲気は漂っていたのである。

そして，ケインズが有能な首席スタッフ（ダッドレー・ウォード）は，彼にとびきりの情報をもたらすことに成功した。それは，1918年11月11日の休戦条約で最も力のあった連合国陸軍のフォッシュ元帥が，秘密裏にエルツバーガーなどのドイツ要人と会い，実質的に重要な財政上の交渉を始めているのではないかという情報であった。

そのようなことから，イギリス大蔵省首席代表のケインズとアメリカ財務省代表のデイヴィスは，「元帥がそこでエルツバーガーや他のドイツ人と会い，当面の議題について討論しまたは指令を与えることになっていたトレーヴへの一日二日後の旅行の際に，われわれがもし元帥の列車に乗り込んだなら，非常に愉快で有益なことであろう」[14]と考え，周到に準備した後実行に移したのである。

2) 連合国陸軍元帥フォッシュの人物像

ケインズを一夜にして有名にした『平和の経済的帰結』は，賠償額などの講

和内容や，ヨーロッパの再興を描いたヴィジョンなどの点で優れていただけでなく，そこに集まった巨人たち（アメリカ代表のウィルソン大統領，フランス代表のクレマンソー首相，イギリス代表のロイド・ジョージ首相）の人物描写も秀逸であったことは，良く知られている。また，ロイド・ジョージ首相に関しては，さまざまな点を考慮して削除されたが，後に「ロイド・ジョージ氏──断章」として，『人物評伝』に入れられた。この「敗れた敵，メルヒオル博士」という論稿の中でも，彼の人物描写は群を抜いており，読む人を引き付けて離さない。

　休戦条約の中心人物であった連合国陸軍元帥のフォッシュについては，「元帥は敬虔なカトリック教徒で，彼とずんぐりした彼の妻とは，その生活様式の点でまったくブルジョア的な夫婦である」と述べた後，次のように描写している。すなわち，「フォッシュはフランス人の百姓といったタイプで，どちらかといえば背が低く，はっきりしたがに股である。かれの口髭は手入れが悪く，その口髭を彼はひねる。アンヴァリッドの自分のすすけた執務室では，彼はパイプを吸う。また彼をうんざりさせる文官どもの話を聞いているときは，たぶん舌を義歯に押しあてながら，ぶら下がった下唇を突き出し，これを風にぱたぱたさせるという，独特の癖を持っている（he has a trick, very characteristic, when he is listening to civilians who bore him, of pushing out a pendulous lower lip, probably by a movement of the tongue against false teeth, and letting it flap in the wind.)」，と。ケインズの観察は，細部にわたり，とても鋭く，大変興味深い。

　さらに，「彼は早く起き，早く昼食を取り，早く退出する。彼は自意識が強いというのでもなく，また虚栄心もない。彼には権威者の雰囲気がある。これらの特性が彼にりっぱな風采とかなりの威厳を添えている。彼が誰であるかを知らなければ，彼とは気付かないだろう。だが，あれが偉大な元帥だと教えられると，まるきり期待外れを味わうと言うこともない。彼が格別野心家であるかどうかは，疑わしい」，と続けたのである。

　ケインズは次第に事の核心に迫ってく。すなわち，「彼の狭隘な理性は，厳密な意味における軍事専門家のものだ。彼は，軍人の仕事と文官の仕事とで

は，それぞれの問題の間に，絶対的な，明白な区別があると信じている。前者のみが重要であって，それらの問題については，文官による干渉はいっさい許容できない。文官と，彼がまったく無知でしかもそう公言している文官の仕事とを，彼はいんぎんな軽蔑の念で見ている。ちょうど，ある問題が司祭やイエズス会士の仕事で，俗人による干渉を彼らが正当に憤慨するように，別の問題は軍人の仕事であって，軍人も同様に干渉を免れなければならない」[19]，と。

最後にケインズは，「フォッシュの精神と性格とがしごく単純な，まず中世的な単純さと言えるようなものであることは，確かだと思う。彼は正直で，大胆で，粘り強い。しかし，人間に対する問題の十中八，九は彼のヴィジョンから抹殺されており，彼の精神はそれらに注意を払うことが出来ない。それゆえ彼は，特定の情況の下では，強くて単純な性格に狭隘で鈍感な知性を加えもつ他の人々と同様に，人類の幸福にとって危険なこともありうるのである（He is capable, therefore, in the appropriate circumstances of being as dangerous to the welfare of mankind as others have been who have added a narrow and impervious intellect to a strong and simple character.）。だが，そのために彼の重要さを過大評価してはならない。本物ではあるが人物が小さい，つまり百姓なのである」[20]，とフォッシュ元帥の描写を総括したのである。

3） トレーヴへの旅とメルヒオル博士との邂逅

1918年11月11日，フランスのコンピエーニュの森[21]で，フランス代表のフォッシュとドイツ代表のエルツバーガーが休戦条約を結んだこともあり，フランスの財政代表が「他の連合国とは協議しないで，ブラウニング提督のなにも分からぬ目と鼻の先で，実質的に重要な問題についてドイツ側と直接財政上の交渉を行なっている」[22]，という噂が飛び交っていた。そこで，アメリカ財務省代表であるノーマン・デイヴィスとイギリス大蔵省代表のケインズは，結託してフォッシュたちのいる列車に乗り込むことにしたのである。デイヴィスとケインズに同席したのは，アメリカの食料業界関係者シェルドンとイギリス食料相のサー・ジョン・ビールであった。

トレーヴの町で，少しばかり戦勝国気分を味わった後，とうとう連合国側と

ドイツ側の担当者が揃う事となった。ケインズは，ここでもドイツ側の担当者に対する二つの観察をしている。その一つが，ドイツ側の休戦条約の調印者であるエルツバーガーたちであり，もう一人がメルヒオル博士であった。エルツバーガー達については，「でぶで，いやらしい，毛皮の上着を着たエルツバーガーが，元帥の一等客車の方へプラットホームを歩いていった。彼といっしょに将軍と艦長とがいたが，艦長は頸のまわりに鉄の十字架をかけ，顔かたちが『不思議の国のアリス』に出てくる豚に驚くほど良く似ていた (Erzberger, fat and disgusting in a fur coat, walked down the platform to the Marshal's saloon. With him were a General and a Sea-Captain with an iron cross round his neck and an extraordinary resemblance of face and figure to the pig in *Alice in Wonderland*.)。彼らは，集団として見ると，フン族という通俗の想念をすばらしく満たしていた。このフン族の容貌風采は，実際おそろしく彼らに不利なものであった。あるいはその辺に，この戦争の真の原因があったのかもしれない」[23]，と述べている。

　このようなケインズの描写は，人種差別的に見えるけれども，フン族という表現は，連合国がドイツ人の野蛮性を強調するときに，しばしば用いていたものである。その理由としては，1900年の義和団事件に際して，ドイツ皇帝ヴィルヘルム二世が，中国人などの敵に対しフン族のように徹底的に戦えと部下に命じたことが挙げられる[24]。この演説が，第一次世界大戦の際に，ドイツ人の野蛮性を強調するときに利用されたのであって，ケインズだけが使ったのではないことは確認しておきたい。

　もう一人は，ケインズの敬愛するメルヒオル博士であった。すなわち，「彼は申し分なく清潔で，身なりはしごく立派できちんとしており，並のカラーよりも清潔で白く見える高くて硬いカラーをつけ，その丸い頭は，大体において，目のこんだカーペットのパイルにそっくりな，短く刈り込んだ灰色の髪で蔽われ，頭髪が終わりになるあたりの線が，非常にくっきりと際立った，いくぶん立派なカーヴになって顔や額の境を区切っていた。また，きらきらする目を真直ぐにわれわれの方に向け，その中には異常な悲しみがたたえられていたが，それにもかかわらず，追い詰められた誠実な動物に似ていた (his eyes gleaming straight at us, with extraordinary sorrow in them, yet like an honest animal at bay）。これこそ，その数ヶ月間，私がこの世で最も奇妙な親交を結ぶ，そして非常に風変わりな経験のいくこまを持つことになったかの人―メルヒオル博士に他ならなかったのである」，と。

　筆者は，『平和の経済的帰結』の中にある，ウィルソン大統領やクレマンソー首相などに対するケインズの辛辣な描写を知っているので，ここに表現されたメルヒオル博士が，あまりに好意的なのに驚いてしまう。このケインズの描写からも，ケインズとメルヒオル博士は会った瞬間から，お互いに好印象をもったことが良く分かる。

[2] ドイツとの休戦に関する条約

4) 1918年11月11日の休戦協定

　11月11日に締結された休戦協定は，全体で34条からなる簡素なものである。第1条には，休戦条約調印6時間後に地上および空中の敵対行為の停止が明記され，最終の第34条には，休戦の期間は36日間とし，延長もありうるとされていた。武器の提供や侵略した国からの撤退は当然のこととして，ライン河左岸からの撤収や右岸にも中立地域が設定された。ケインズも指摘しているように，「現状の連合国による封鎖は変更なくそのままとする。全てのドイツ籍船舶は海上で発見された場合，拿捕の対象となる。連合国は休戦中のドイツの食糧事情について適切に考慮する（The Allies and United States contemplate the provisioning of Germany during the Armistice as shall be found necessary.）」，という第26条が重要であった。

　しかしながら，ここでは休戦の期間は36日間で延長もある（The duration of the Armistice is to be 36days, with Option to extend.），という第34条が大きな役割を果たすこととなった。フランス側は，「更新のたびに，元の協定では忘れられていたが，今やわれわれに有益になった新しい条件を規定に付け加え，休戦の停止とドイツ侵入の再開という脅迫の下で，その受諾を迫る権利がある」，と主張した。このために，12月16日に行われた第一回の補足的休戦協

第5章　ケインズの「敗れた敵，メルヒオル博士」　123

定では，ドイツが自国の金，外国証券，その他の流動資産の一切を，外国に処分することを禁じたのである。これはイギリスやアメリカの知らないうちに，フランスとベルギーの独断で取り決められた。そのために，ドイツ国民の飢餓は決定的となった。なぜなら，ドイツは支払い手段を押さえられたために，食糧をいっさい買うことができなくなったからである。

5) ドイツへの食糧供給問題

　実践倫理の実行者であったケインズは，ドイツ国民の飢餓を救い，ひいてはヨーロッパ全体の荒廃を救うために，問題打開の糸口を探り各方面に働きかけるという行動をおこすこととなった。「われわれがパリに着いたときには，こうした情況を改めることが，最も重要かつ緊急な問題であると私には思われた。そうして，最高経済会議におけるイギリス財政代表としての私の地位は，そのために奔走する機会を私に与えたのである。平和条約の交渉は明らかに，数ヶ月続くかもしれなかった。そしてその間，ドイツを養う方法を見出すことが政策の主要目的とならなければならない」[28]，ということであった。
　当然のことながら，ドイツの国家組織が崩壊してしまい，ボルシェヴィズムという名の共産主義と保守反動の勢力がお互いに対立し，ドイツがまったくの無秩序状態となったならば，ケインズが望んだようなヨーロッパの平和が実現しないことは誰の目にも明らかなことであった。
　さて，最高経済会議は，第一回の補足的休戦協定が切れる前日の1月12日に始まった。ここで，アメリカのウィルソン大統領とフランスのクロッツ大蔵大臣の戦いの火蓋が切って落とされたのである。ウィルソン大統領はケインズと同様，ドイツへの食糧供給に積極的であり，一方クロッツ大蔵大臣は支払い手段の問題から，反対の主導者であった。
　二人の攻防は，翌日の軍事会議でも続けられた。この食糧供給問題は，ドイツ国民の飢餓だけでなく，ドイツが共産主義化することでヨーロッパ全体が荒廃していくことが重要であった。ウィルソン大統領は，「ボルシェヴィズムという大きな問題と，いまや社会を脅かしている解体の諸力とにわれわれが直面している以上，フランス大蔵省はその異議を撤回するであろう」[29]，と楽観的に

述べた。しかし，クロッツ大蔵大臣も食糧供給に反対なわけではなく，ドイツがいかにして食糧の代金を支払うことができるのか，という問題を提起する。ドイツがフランスに対して与えた損害はとても大きく，その賠償こそが優先されるべきで，ドイツが持っている金などの資産を食糧の代金に使うべきではない，というのが彼の主張であった。

ケインズによると，ここでの議論には正義の問題も絡んでいた。すなわち，「彼（クロッツ）は正義の問題として，ドイツは何故に，彼らの与えた損害のために招いた負債の支払いに優先して，食糧に対して支払わなければならないのか，と問うたのである。その日は，クロッツ側の勝利でもって終わりを告げた。というのは，彼は，ドイツは食糧に対して支払うべきだ，ということに原則として同意しなければならなかった反面，ドイツがいかにして支払うべきかという問題は，これを留保することに成功したからである」[30]，と。

6) ドイツ籍商船の問題

さて，11月11日に締結された休戦協定には，「現在ドイツの支配下にある全ての連合国の商船は，指定する港において返還されなければならない。これにはドイツ籍商船との交換を伴わない」という第30条が存在している。しかし，ドイツ籍商船の引渡しについては，何の言及も無かったのである。連合国側は，1月13日に行われる二度目の休戦更新に際して，これらの商船の即時引渡しを提案することとなったが，ドイツ側の反対は明らかであった。

しかし，この二度目の休戦更新の条件に，ドイツ籍商船の引渡しが決定される。フォッシュ元帥が，ドイツ側がこの提案を拒否するならば即座に休戦を停止する，と脅し（the bluff）をかけたからである。本当のところ，その脅しは空脅しに過ぎず，休戦条約にない事項をドイツ側が拒否したということで，連合国がドイツ侵入を実施することはありえない。しかし，ここにケインズが立ち回る余地が存在したのであり，「われわれの外交上の計画の中心構想は，船舶の引渡しと食糧の供給とを結びつけること」[31]であった。

ケインズは，「ここにもまた脅しの要素が含まれていた。なぜなら，ドイツが船舶を引渡すと否とを問わず，ドイツに食糧を供給することはおそらく，わ

れわれに有益であったから。しかしわれわれは,全世界を前にして,その案のうわべをなんとか取り繕うことができた。なぜかといえば,ドイツがその船舶をわれわれの自由に委ねない限り,ドイツに食糧を供給するために十分な船舶を見出すことは非常に困難だろうと,まったく誠実に,指摘することができたからである。……もしドイツが食糧を与えてほしいと望むのであれば,ドイツとその隣国との双方に食糧を運ぶために,ドイツがその港につながれている船舶をわれわれに貸与することだけが,理に適っていたのである (if she wanted to be fed herself, it was only reasonable that she should lend us the ships laid up in her harbours to carry the food both to her and to her neighbours)」,と述べたのである。

7) ドイツ側の心理状態

ケインズは,敗戦国であるドイツ側の心理状態についても的確な描写をしているので,ここで確認しておきたい。

その一つは,ドイツ籍船舶は,今回の講和交渉において,取引上最も優れた反対給付であり,完全に明確な代償(食糧供給)と引き換えでない限り,前もって引き渡されてはならないこと,その二は,アメリカ大統領であるウィルソンの恵み深い意図と,アメリカ国民の人道的な心情から,食糧供給の第一回分は,アメリカからの借り入れによって支払われる,ということであった。

ケインズによれば,ドイツ側のこのような考え方は,どちらも間違っていた。その理由は,ドイツ籍船舶の取引価値がかなり低かったことと,アメリカでの反独感情の高まりにより,ドイツに対する借款の政治的可能性はほとんど無い,ということであった。しかし,ドイツ側はこれらのことを考慮に入れず,先の二つの考え方に強く捉われていたことから事態の真相 (the real situation) を見抜けなかったために,事態はなかなか進展しなかったのである。[33]

ここでいう事態の真相とは,イギリスとアメリカは,ドイツへの食糧供給の促進を切望していたこと,フランス側と交渉する必要があったので,無条件な約束は出来なかったこと,イギリスとアメリカは,食糧購入のために,資産の使用を認める用意があったこと,平和条約の締結に際して,賠償のために押収

される船舶や金に固執することは，何物も生み出さないこと，などであった．

8) 敗者の威厳

交渉は，小さな客車の狭い部屋で行われた．ドイツ側は国立銀行のカウフマン博士はじめ6名，連合国側は大蔵省首席代表のケインズをはじめとした9名であった．その中でも際立っていたのが，ドイツ側のメルヒオル博士である．ここでのケインズの描写も格段に好意的なものである．すなわち，「メルヒオル博士は，人の心をうつような，説得的な，ほぼ完璧な英語を使って，彼らの代弁者であった」．

さらにケインズは，二人の人物が印象に残ったと，国立銀行の代表であるカウフマン博士と外務省の代表の一人を描写した後，「メルヒオルは，常に慎重に，しかしよどみなく，彼が誠実だという，尋常ならぬ印象を人に与えるような口調で喋った．(Melchior spoke always deliberately but without pause, in a way which gave one an extraordinary impression that he was truthful.) 彼の一番むずかしい仕事は，この時も後の場合と同じように，下らない，品位にかけた，場違いな懇請だの，最も愚かなアメリカ人すら欺くことができないような，馬鹿げた個人目当てのごまかしをもって，しきりと口を出したがる仲間の者たちを制止することであった．このユダヤ人は，外見では分からなかったけれども，後になって私はそうだと知ったのだが，彼だけは敗者の威厳を保っていた (This Jew, for such, though not by appearance, I afterwards learnt him to be, and he only, upheld the dignity of defeat)」[34]．

この交渉でも，ケインズの意図した船舶対食糧という計画は，まったく進捗しなかったが，脂肪と練乳を提供する代わりに，金と外国通貨で約500万ポンドを支払うという協定を，暫定的にではあるが締結することが出来た．ほんの少しではあるが，ドイツ側に対して食糧供給の組織が作り上げられつつあったのである．

3. 「敗れた敵，メルヒオル博士」の論理展開 (その2)

[3] ケインズとメルヒオル博士

9) ケインズのインフルエンザ

　トレーヴの1月は，まだ真冬であった。ケインズは，ドイツとフランスとの決着のつかない論戦に際して，孤軍奮闘し続けた。しかし，停車場での交渉は，なかなか決着を見ないまま時間だけが過ぎ，著しく体調を崩すことになる。パリに戻った時，ビーチャム博士の見立てでは，有毒な病原菌 (poisonous germ) に感染したということであり，高熱にうなされる日々が続いた。ケインズは，ホテルの部屋で寝ていた時，「私は，ほとんど譫妄(せんもう)状態で，マジェスティックホテルの続きの部屋で寝ていた。そして，アール・ヌーボー風の壁紙の浮彫型のイメージが，暗闇の中で私の感覚を悩ましたので，明かりをつけて現実をたしかめ，そうすることで，想像されたその輪郭の，さらに一層ぞっとする圧迫からしばし開放されることが救いであった (I lay in my suite in the Majestic, nearly delirious, and the image of the raised pattern of the *nouveau art* wall-paper so preyed on my sensibilities in the dark that a relief to switch on the light and, by perceiving the reality, to be relieved for a moment from the yet more hideous pressure of its imagined outlines.)」，と書いている。[35]

　周知のように，スペイン風邪が大流行したのがこの時期である。ドイツの無制限潜水艦作戦に激怒したアメリカは，1917年4月6日にドイツに対して宣戦布告する。しかし，その時アメリカで流行していたインフルエンザが，約200万人のアメリカ兵士と共にヨーロッパにもたらされ，全世界で約4000万人の死者を出すパンデミックとなった。罹患者にいたっては約6億人とも言われており，当時の世界人口であった20億人の約三分の一が，このインフルエンザに罹ったことになる。[36] このパンデミックが，アメリカ発であるのに，スペイン風邪と呼ばれているのは，情報の発信地が中立国のスペインだったからに

他ならない。

ところで，第一次世界大戦での兵士の死者数が約860万人と推計されているので，スペイン風邪での死者が約4000万人という数に驚くと同時に，ドイツに休戦条約を決意させたものが，ウィルソン大統領の14ヵ条（講和の条件と戦後の新国際秩序の構想）であると同時に，ドイツ兵の罹患者の多さからだとの情報もあながち嘘とは言い切れない。ケインズ自身も，当時ドイツの要人と交渉していたことから，この時期に大流行していたインフルエンザに罹患した可能性がある[37]。それほど彼の高熱は，長期間続いたのである。ケインズは，熱が下がってからも体調が思わしくないので，フランス南部にあるリヴィエラ（コート・ダジュール）へ行き，2週間ほど静養することとなった。ここでの約1ヶ月に及ぶ静養が，その後のケインズの行動にどのような影響を与えたかについては定かではないが，これ以後かなり精力的に活動していることから見ても，ケインズにとっては良い休養となったと推察できる。

10）第二回のトレーヴ会議

ドイツへの食糧供給は，飢餓を救うためには急を要する問題であった。しかし，そのために必要な資金の問題は，フランス大蔵大臣であるクロッツの禁止令が存在したため片付いておらず，食糧を運搬する船舶の引渡しについても，休戦条約の二回目の更新に際して締結された追加箇条にドイツ側が同意していた[38]にもかかわらず実行されず，ケインズが病気で休養していた1ヶ月の間，事態は何ら進展しなかった。そこで，三回目の更新会議が迫ってきたこともあり，ケインズ達は再びトレーヴへと急ぐこととなった。

ケインズによると，三回目のトレーヴ会議でも大きな進展はなかった。2月15日に，ドイツ政府を代表したフォン・ブラウンは，先に示したケインズの心理的ならびに財政的な理由を聞いていながら，商船隊の引渡しと食料品の供給，および融資に関する合意を不可分のものとみなし，アメリカやイギリスからの信用供与が実施されないならば，食糧のための資金をまかなうことができないために，船舶の引渡しを拒否すると明言した。

さらに，「貴国の人道主義的心情にではなく，世界の政治的良心に訴えて，

われわれはこう確信している。もし，われわれがこれらの交渉を先の陳情によって予示された結末で終結させるならば，ボルシェヴィズム[39]の活動によるドイツの崩壊と，ヨーロッパ全土に対するボルシェヴィズムの氾濫とは阻止することが出来ない。こうした事態の進展を阻むことこそ，すべての文明国民のためなのである (not so much to your humanitarian sentiments as to be political conscience of the world. We are firmly convinced that the collapse of Germany by the actions of Bolshevism and the flooding of Bolshevism over the whole of Europe cannot be prevented if we terminate these negotiations with the result foreshadowed by your former statement. It is to the interest of all civilized peoples that this development should be arrested.)」[40]，と付け加えたのである。

ケインズは，フォン・ブラウンの演説を全体的に高く評価したものの，詭弁であると見なした。なぜなら，休戦条約は，ドイツの食糧供給を考慮しているが，それを供与しかつ支払うとは言っていないし，前回の更新条約の際に，ドイツは船舶を引き渡さなければならないのにそれを拒否していたからである。「食糧供給の細目が，船舶の引渡しに先立って明確に保証されなければならぬという要求は，まったく休戦条項の範囲を超えるものであった[41]」，というケインズの意見はもっともであるし，信用供与に関するドイツ側の提案は，アメリカとイギリスでの立法化が必要であり，まったく見込みの無い夢物語に過ぎなかったからである。

ところで，このトレーヴ会議でのエピソードとして面白いのは，ケインズが「アラビアのロレンス」について指摘している箇所である。すなわち，「伝えられたところでは，エミール・ファイサルがピション氏の部屋で，ルーベンスのマリア・デ・メディチの魅惑的な裸体を前に臆することなく，コーランの一章を朗唱し，他方ロレンス大佐が，エミールの通訳という資格で，地中海からペルシャ湾にいたる，ダマスカスとモーサルとバクダッドとに対するアラブの盟主権の創設のために巧妙な政策を提案したのは，この時のことであった[42]」。周知のように，ロレンス大佐はアラブの独立を願って，ファイサルと共にトルコに反旗を翻し，ヒジャーズ鉄道の爆破やアカバ攻略，そしてダマスカス入城と言った快挙を成し遂げた人物である。しかし，ロレンスやファイサルの願い

は，イギリスとフランスによる「サイクス・ピコ協定」の密約によりかなわず，その後もアラブの独立はなされなかった[43]。

11) スパにあるルーデンドルフの別荘

イギリスのヘイキング将軍は，休戦委員会の所在地であるスパに別荘を割り当てられていた。その地は，ヒンデンブルグの片腕で参謀本部次長であった，ドイツの闘将ルーデンドルフの別荘となっていたところである。近くには，皇帝であるヴィルヘルム二世や大将であるヒンデンブルグの別荘も点在しており，ドイツの支配者たちがベルリンとのやり取りを，電話を通じて行っていた場所である[44]。

ケインズは，ヘイキング将軍が招待してくれたためスパに滞在したが，その間に彼自身色々と考えるところがあった。この論文で，最も素晴らしいと筆者に思わせた名科白は，このような雰囲気の中で生まれることとなった。すなわち，「誰か一人の人物で，この戦争に対してワーグナー以上に大きな責任のあった人はいない，と考えられる。自分自身についての皇帝の考えは，そのように形作られていた (One can believe sometimes that no greater responsibility for the war lies on any man than Wagner. Evidently the Kaiser's conception of himself was so moulded.)。そして，三流のワーグナー風オペラの，ヒンデンブルグはバス，ルーデンドルフは太ったテナーにすぎぬものではなかったか。彼らは自分の夢の中で，また自分の浴室の中で，自分自身をほかのどんなものと考えただろうか。そして，彼らをスパの別荘に住まわせた所以は，辺りの土地柄から見て，そこが三流オペラの場景にいかにもふさわしい場所だということ以外に，いったん何であったろうか」[45]，である。

ケインズは，ワーグナー[46]の楽劇を聴き，そこに巨大なオーケストラから聞こえる大袈裟な響き，ゲルマン民族が最も優秀な民族であるかのような筋立て，一般大衆を鼓舞してやまない英雄待望論，神話の世界を美化し国家主義を称揚しようとする強い意図を感じたに違いない。彼は，ヴィルヘルム二世が述べた「されば剣の決定に委ねん」[47]という好戦性と相まって，ワーグナーの音楽がヴィルヘルム二世に影響を与え，第一次世界大戦を生み出したと考えたのであ

る。このことは，なにもケインズだけが抱いたのではなく，多くの人に共通の考えであったように思われる。例えば，音楽家の岡田暁生は，ワーグナーが第一次世界大戦というカタストロフを引き起こし，悪しき戦前世界の象徴であったとみている。その原因として，ワーグナー的な巨大オーケストラの膨張主義，ゲルマン的な愛国主義，高揚するヒロイズムなどを挙げている。ワーグナーが，国家主義的な性格の音楽を書いたことは事実であるし，彼にはしばしば野蛮な征服欲があったともみられている。[48]

実際のところワーグナーは，オペラを音楽，文学，バレエ，美術などを総合した芸術作品にしようとしており，古代ゲルマン神話と英雄伝説を背景とする巨大な四部作である楽劇『ニーベルングの指環』は，四半世紀の歳月を費やして生まれている。ケインズは，ここでもワーグナーの『ニーベルングの指環』を意識して，次のような名科白を追加した。すなわち，「外側のテラスに出ると，私は，ルーデンドルフがピカピカした胸の略綬を外し，死に行く彼の挽歌への序奏として，木々の上で，そのざわめきに調子を合わせてだみ声で叫んでいるのを聞くことができた。ミス・ベイツはブリュンヒルデを打ち負かし，ウェストン氏の足はヴォータンの襟首をしっかりと踏まえていたのである（Miss Bates had vanquished Brunnhilde, and Mr Weston's foot was firmly planted on the neck of Wotan.）」。[49]

デイヴィッド・ガーネットが，「このジョークは，まさに天才的だ。イギリスとドイツの間の架橋しがたい深い溝，両国の相互理解を不可能ならしめるものを鮮やかに集約し，象徴化してみせている。このジョークをもとにして，作曲家，作詞家は，たいへん面白いオペレッタを物することもできるだろう」と述べたことは先にも示したとおりであるが，どのようなオペレッタになったのであろうか。知られている様に，ケインズの科白の中にあるヴォータンは，古代ゲルマン神話の神で『ニーベルングの指環』の中では主役であり，彼の娘がブリュンヒルデである。

12）ケインズとメルヒオル博士との密会

ケインズは，休戦委員会の舞台であったスパ全体の感想を，「その地に悲し

げな声を聞く思いがしたのは単なる感傷ではなかった。大気はまだ崩壊の情感で充満していた。その場の陰気さは，黒々とした松林の芝居がかったチュートン人の陰気さであった（It was not merely sentimental to fell that the ground was haunted. The air was still charged with the emotions of vast collapse. The spot was melancholy with the theatrical Teutomic melancholy of black pinewoods）。別荘のテラスの上を歩くと，地平線は森の黒い線で縁どりされていて，太陽がそのうしろに沈み，家の奥手の木々は，恋わずらいのプロシャ人が嘆くように風でよいだ。ルーデンドルフの神経が衰え始めたとき，彼は自然から何の慰めも与えられず，広間からはなれた奥の部屋の電話のブザーが木々の音と混じり合って，ドイツ人の絶望の因習的な象徴を彼に連想させたのである」[50]，と述べている。

　その休戦委員会の建物で，解決するのが難しい船舶と食糧の問題が論じられたのである。ドイツ側の主張と連合国側の主張は決して噛み合わず，いたずらに時間だけが過ぎていった。「会議を休止する時が近づくにつれて，私は絶望に陥った」[51]，というケインズの感想はまったくその通りであろう。既に，1月13日にトレーヴでの交渉が始まってから2ヶ月が過ぎようとしていた。食糧不足によるドイツ人の飢餓だけでなく，ボルシェヴィズムによるドイツ体制の崩壊が迫っていたのである。「パリは気が狂ったようだ。あの輩をあまり追い詰めてはならない」[52]。ケインズは，ドイツ人民への食糧供給が途絶えた後，肉体の不調を通り越して精神にまで弊害が及ぶと，絶望や発狂が人々を襲い，それに乗じて独裁者が希望や幻想や復讐を誓うことで，革命が起こることを恐れていたのである。

　「私はテーブル越しにメルヒオルを眺めた。彼は私と同じ感じを抱いているようであった。じっと見つめるような目，重たげな瞼，なすすべもなく，前にもそういう顔を見たことがあるが，苦悩に満ちたあっぱれな動物といった顔つきをしていた（Staring, heavy-lidded, helpless, looking, as I had seen him before, like an honourable animal in pain,)」[53]。そこで，ケインズは上司であるホープ海軍少将に，メルヒオル博士との密会を求めた。「うまくいきそうなチャンスは今だけだと思います」[54]，と。そして，彼らはある部屋で，極秘の会談をすること

になった。

　ケインズの提案は，食糧供給の開始が焦眉の急であること，イギリスとアメリカは食糧供給を決定していると信じていること，しかしドイツ側は船舶の引渡しを決心しなければならないこと，そしてワイマール政府からわずかな裁量の余地をもらえるなら食糧の移動を認めること，その際にフランス側の妨害を免れる方法を作り上げることなどであった。繰り返しになるが，ワイマール政府が生き残るということが，ヨーロッパにとっても利益であるので，食糧の供給は実施されなければならないというのが，ケインズの提案であった。その際にケインズが発した，「私は興奮してがたがた震え，私のしようとしていることに気も動転していた」とか，「私は誠実で嘘はついていないことを信用してもらいたい」とか，「ある意味で，私は彼にほれこんでいた」，という言葉が実に感動的である。[55]

　メルヒオル博士は，「ドイツの名誉，組織，徳義は地に落ちようとしている。どこにも光明は見出せない。ドイツは崩壊し，文明は光がかすかになって行くものと思われる。われわれとしては，できることをしなければならない。だが，凶悪な勢力がわれわれの上を通り過ぎつつある」[56]，と悲観的に述べた。しかし，成功の望みはほとんど無いかもしれないが，全力を尽くしてみたいとケインズに返事をした。二人はお互いに固い握手を交わしたのである。

[4] ロイド・ジョージとクロッツとの対決

13) 3月8日の最高経済会議会合

　メルヒオル博士は，ワイマール政府の説得に失敗した[57]。ケインズ達がこれまで費やしてきた時間は，そのすべてが無駄となった。かくなる上は，最高経済会議の場で，4巨頭がいる中で議論されなければならない，とケインズは考えた。そこで，ケインズ達は，これまでの情報をロイド・ジョージやバルフォアに説明し了解を得た後，最高経済会議は始まることとなったのである。

　議長は，ロバート・セシルで，ロイド・ジョージとバルフォアが前列に座り，後列にホープとケインズが座った。フランス側は，クレマンソーとフォッ

シュ，それにクロッツとクレマンテルなどが陣取った。もちろん，アメリカの代表もいたし，日本代表も参加していた。セシルは，議論の口火として，船舶の引渡しが一つの問題であり，食糧の供給がもう一つの問題であると述べた。そして，ドイツ側は前者を確約していた。しかし休戦協定によれば，われわれは後者について確約を与えていた。さらにまた，人道上の義務ということもあり，また食糧が送られなければ，ドイツがボルシェヴィズムへと押し流されていく重大な危険があった。それゆえ彼は，ドイツに次のような通告を行うことを提案したのである。すなわち，「ドイツには船舶を引き渡すべき義務があること，われわれはドイツが船舶の引き渡しを開始するや否や，無条件に食糧を供与することを確約すること，ドイツは食糧に対する支払いのために，金を含む流動資産の使用を許可されること，そしてドイツが，商品を輸出し，中立国で食糧を購入することを認められる範囲において，封鎖を解除する」，と。

しかし，議論は進まなかった。フランス側は，賠償金の中心である金を食糧の支払いに使ってはならないことを繰り返す。また，食糧に関する無条件の保証と引き換えで無い限りドイツ側は断じて船舶を引き渡さないであろう，という報告も出された。いたずらに時間ばかりが過ぎていった。議長のセシルは，人道上の義務とボルシェヴィズムへの懸念という点では，皆の心は一つにまとまっているものの，それらを強調することは良い趣味ではないと考えていた。そうこうしているうちに，ある人物が，議論の行方に眉をひそめ，怒りに震えながら，全身を揺さぶり始めたのである。

14) ロイド・ジョージの弁舌

とうとう，ロイド・ジョージは，口を開いた。「自分は全力を尽くして，ドイツに食糧を供給する処置が，直ちに取られなければならぬ，と主張しようと欲するものである。それには連合国の名誉がかかっている。休戦の諸条項の下で，連合国は，ドイツに食糧を送るつもりであると，まさしく示唆したのである。ドイツ側は，十分にきびしい，わが方の休戦の諸条件を受諾したし，またこれらの条件の多数のものに従っている。しかるに，これまでの所ただの1トンの食糧もドイツに送られていない。漁船団はわずかなニシンの出漁をさえ阻

止されている[61]」。さらに，「連合国は今は勝者であるが，飢餓の思い出はいつの日か逆に連合国の側に回ってくるかもしれない。ドイツ人は飢餓状態におかれているというのに，他方，何10万トンもの食糧がロッテルダムに横たわっている。こうした出来事は，われわれがその制限に腐心しているどんな軍備にもまして，はるかに強力な，連合国に向けられる武器となるものだ。連合国は後代の人々に対して，憎悪の種を蒔きつつある。彼らはドイツ人に対してではなく，みずからに対して，悲痛の感情をあおっているのだ[62]」と，付け加えた。そして，「イギリス軍は，ドイツに対して食糧の供給を拒否したと憤慨している。ブラマー将軍は，子どもたちが半ば餓死状態で通りをさ迷うままにさせておくならば，自分の軍隊に対して責任は持てない，と言った。イギリスの兵士たちはそういうことには耐えられないであろう。……自分がこの午後，この席にいるのは，ドイツ人に打ち勝つために連合国に力を貸した人たち，つまり兵士たちから彼の許に届いた訴えを補強するためであり，彼らは，住民を飢餓の状態に置くために領土の占領を続けるのはいやだと言っている[63]」と，兵士の思いを代弁したのである。

　クレマンソーなどのフランス側からの反論はその後も続いたが，人道的な見地からの反論は段々少なくなっていった。そこへ，お膳立て通り，ブラマー将軍からの電報が届いたのである。ロイド・ジョージは，その電報を，扇情的な調子で次のように読み上げた。すなわち，「私（ブラマー）の見解では，食糧が遅滞無く連合国によってこの地域に送られなくてはならない。……婦人，子ども，病者の間の死亡率はきわめて重大であり，飢餓による疾病が広がっている。住民の態度は絶望的となりつつあり，人々は餓死よりも銃弾による死の方がましだと感じている。……それゆえ私は，第1回の食料品到着の明確な日付が決定されるよう要請する[64]」，と。

15）クロッツとトロツキー

　クレマンソーとロイド・ジョージの意外で興味深いやり取り[65]が終わった後，残るはフランスの大蔵大臣を任されているクロッツだけとなった。クロッツについても，ケインズの人物描写は人種差別的で，少し言い過ぎの感があるが，

ここに示しておきたい。すなわち，「背の低い，まるまると肥った，口髭の濃いユダヤ人で，身だしなみが良く，きちんとした服装をしていたが，目はきょろきょろして落ち着きがなく，本能的に哀願するように両肩を少しおとしていた」，と。クロッツは，ドイツ人への食糧供給については，フランスの国益を考えて，絶対に金で支払うべきではないと主張していたのである。

　ロイド・ジョージは，常日頃からクロッツを軽蔑していたこともあり，彼など完膚なきまでに打ち負かせると，一瞬にして悟った。「あなたが今，「金（goold:goldのユダヤ人的発音）」について話している間にも，女子どもが餓死しかかっている」，と一喝したのである。それでも，クロッツがぶつぶつと喋り続けたのを見て，ロイド・ジョージは，さらに身を乗り出し，皆に向かって，大財布をぎゅっと掴んでいるおぞましいユダヤ人の姿を，身振り手振りで示した。目はギラギラと輝き，口から飛び出す言葉があまりに激しいので，クロッツに唾を吐きかけるのではないか，と思われるほどであった。その後も，ロイド・ジョージは，「金」と「クロッツ」という言葉を侮蔑的に繰り返したために，さすがのクロッツも黙らないわけには行かなかったのである。

　そして，ロイド・ジョージは，とどめの一発を放った。このままでは，「クロッツ氏は，ボルシェヴィズムをヨーロッパに広めた人々の間で，レーニンやトロツキーの列に伍することになるだろう」，と公言したのである。多くの人々は，ロイド・ジョージの指摘に賛同し，クロッツに対して侮蔑と憎悪の目を向けた。クロッツがユダヤ人であることから，反ユダヤ主義の念が湧き上がった。聴衆は，クロッツとトロツキーとを合成した「クロッキー」という言葉を，何度も繰り返したのである。ドイツへの食糧供給は実施されるし，その支払いに金を使用することも許可された。

16) メルヒオル博士との密会

　ドイツに対する最後通告の主役に抜擢されたイギリスのウィームズ提督は，しかし，少し不安であった。そこで，彼の部下である海軍大尉ジャック・グランドに，ケインズを呼んでくるように命じた。ケインズと提督は，しばらく話を続け，明日の任務の重要性をお互いに確認した。無用なトラブルは避けなけ

ればならない．提督は，ケインズとメルヒオル博士について少し言及し，事前に会って情報を共有しておくことを提案した．ケインズは，にっこり笑って，彼の提案を了承した．

　次の日の昼，ケインズと大尉は，メルヒオル博士と密会した．ケインズは，午後の日程について少し話があると述べ，冒頭にフォン・ブラウンが船舶について次のような言明を行うように要求される，と続けた．その言明とは，彼が自発的かつ無条件に船舶を提供することであった．ケインズの説明を聞いて，メルヒオル博士は暗く沈んだ顔となった．はたして，フォン・ブラウンはそのように明確に返答が出来るのだろうか．また，ワイマール政府の意向に振り回されて，交渉は決裂するのではないか．メルヒオル博士はそう考えたのである．

　しかし，ケインズは「これはあなただけ，まったく内密に申し上げるのですが，それからあとのことを御承知おき頂くのが望ましいと思います」[69]，と続けた．フォン・ブラウンがそのように言明すれば，連合国代表はその上で，金と引き換えに，ドイツに食糧を供給することを確約する段取りになる，と明言したのである．フォン・ブラウンにそのように言明させることが，メルヒオル博士の役割であった．彼はほんの一瞬思案した後，「承知しました．そのことで面倒な問題はいっさい起こさせません」[70]，ときっぱりと答えたのである．

　午後の会合は，すべてがプログラムどおりに運んだ．ウィームズ提督は，出来る限り厳めしい声を張り上げて，船舶に関して言明を行うことをフォン・ブラウンに求めた．彼は了承する旨，躊躇することなく，次のように冷静に答えた．すなわち，「われわれはかねて，約束のすべてを厳格に守る覚悟でありました．そうして，私はまったく，要求される方法で，それらを重ねて述べる用意があります（we have always been prepared to keep all of our engagement strictly, and I am entirely ready to repeat them in the manner requested.）」[71]，と．技術的な細目をつめた後，ケインズが奔走した食糧供給問題は解決し，食糧を大量に積み込んだ列車は，ドイツに向けて出発したのである．

4. おわりに

これまで，第1次世界大戦時の休戦条約で，「現状の連合国による封鎖は変更なくそのままとする。全てのドイツ籍船舶は海上で発見された場合，拿捕の対象となる。連合国は休戦中のドイツの食糧事情について適切に考慮する」という第26条の解釈について，ドイツと連合国のやり取りを中心に分析してきた。特に，フランスとイギリスの議論は，お互いの立ち位置の違いから，息を呑む攻防が知り広げられたこともあり，少し詳細に論述した。ケインズの行動には，ドイツ代表であったメルヒオル博士に対する親近感というよりも，ヨーロッパ全体を見据えたヴィジョン素晴らしさから来るものが明白に現れており，多くの人を感動させる[72]。

この論稿「敗れた敵，メルヒオル博士」の最終部分には，メルヒオル博士に関して，「私はまた，前よりも一層よく，彼がどんなに厳格主義者であるか，つまり厳しい高潔な道徳家，律法の銘板の崇拝者，律法博士なのだ，ということが分かった。約束の違反，法律の違反，名誉ある言動の頽廃，一方の側による確約の裏切りと，他方では，果たすつもりのなかった実行不可能な条件の，誠意なき受諾，強要する資格のない事柄を課した連合国とほとんど変わらない，履行しえない事柄を受諾するという罪を犯したドイツ，あれほど彼を傷つけたのは，神の言葉にたいするこれらの違背であった」[73]，という表現が見られて興味深い。ケインズの叙述からも見て取れるように，メルヒオル博士は敵国ドイツの代表者でありながら，高潔な品格をもった律法博士だったのである。ケインズが彼に惹かれたのは良くわかる。

メルヒオル博士は，その後金融問題の代表を辞任し，さらには新しいドイツ国家の大蔵大臣への委嘱を二度も断り，ハンブルグで通常の銀行家としてひっそりと暮らしていた。ケインズはその彼と，1919年の10月に再会することになった。再会した二人は，取り留めのない雑談をしたのち，銀行家の友人を交えて3人で食事をした。その後，ケインズの部屋に集まった折に，出版をひか

えた『平和の経済的帰結』のウィルソン大統領の原稿を彼らに読み聞かせた。そうしたところ，ケインズが読み進めていくにつれて，メルヒオル博士は厳粛になっていき，終盤ではほとんど感涙に咽んでしまったのである。丁度，大統領の道義的立場の崩壊と彼の精神の昏迷とを示した決定的瞬間が描写された部分である[74]。ケインズは，ウィルソン大統領が余りに不甲斐ないがために，この条約では深遠なる大義名分は反古にされ，堂々たる悪意だけが残ってしまった，と語った。メルヒオル博士が身につけていた「律法の銘板」は崩壊することになったのである。

ちなみに，ウィルソン大統領は，14カ条の精神を実現できなかったばかりか，アメリカ上院の反対（加盟国が侵略を受けた際に，アメリカを含む国際連盟理事国が問題解決の義務を負うとういう条項に反対）により，自分が設立に注力した国際連盟にも加盟できなかった。しかし，7月に帰国したウィルソンは，英雄が凱旋したかのような歓迎を受ける。そして，1919年のノーベル平和賞は，国際連盟創設への貢献によりウィルソンに与えられることとなったのである[75]。

[注]

1) Cf. J. M. Keynes, Introduction by David Garnett, *Two Memoirs, Dr Melchior: A Defeated Enemy and My Early Beliefs*, Rupert Hart-Davis, 1949. これらは，John Maynard Keynes, *Two Memoirs* in *Essays in Biography*, Vol. 10 of *The Collected Writings of John Maynard Keynes*, ed. by The Royal Economic Society (Macmillan, 1972). 邦訳，大野忠男訳，「回想録二編」『人物評伝（『ケインズ全集』第10巻）』（東洋経済新報社，1980年）に収められているので参照のこと。

この「敗れた敵，メルヒオル博士」と「若き日の信条」という二つの論稿は，共にケインズの生前に出版された作品ではない。これらは，メモワール・クラブという仲間だけの会合で読み上げられ，公にするには幾多の推敲が必要であると思われたものである。しかし，ケインズは遺言の中でこれらの論稿の出版を強く希望し，ガーネットはその遺言に従い，ケインズの死後3年の1949年に，ルパート・ハートデイヴィス社から『回想録二編』と題して出版した。

2) 中矢俊博，「ケインズの『若き日の信条』」『南山経済研究』，第25巻第1号（2010年6月），pp.47-70, を参照のこと。

3) ケインズ研究に造詣の深い福岡正夫は，キングズ・カレッジのモダン・アーカイブ・センターに所蔵されているケインズ・ペーパーズの幾つか（例えば，「行為に関する倫理学」1904年，「倫理学雑考」1905年，「現代文明」1905年，「利己主義」1906年など）を詳細に検討した結果，ケインズの「われわれはいわばムーアの宗教を受け容れて彼の道徳を捨てた」という表現は多分に誇張されたものであり，初期の論稿に照らして真実

ではないと言う。そして,「実際にケインズが拒否したのは,『個人はつねに一般の有用な規則に従うべきであり,それを破ることはいかなる場合も正当化されない』とするムーアの要求のみであった。つまり,彼が捨てたのは,道徳規則への無条件な服従なのであって,個々のケースについては『それぞれの功罪に応じて判断を下す権利』を持つべきであるとしたのである」,と正確に述べている。福岡正夫,『ケインズ』(東洋経済新報社,1997年),p.40,を参照されたい。「若き日の信条」の分析に当たっては,福岡のように詳細なケインズ・ペーパーズの研究が欠かせないし,その中にある「われわれはいわばムーアの宗教を受け容れて彼の道徳を捨てた」というような過激な表現をそのまま信じてしまうと,ケインズ自身がケンブリッジ時代の若い頃においても強く実践倫理や社会哲学を持っていたことを見逃してしまう。

4) ケインズは,第一次世界大戦後の1919年12月,『平和の経済的帰結』と題する書物を出版した。パリ郊外にあるヴェルサイユ宮殿で,6月28日に締結された講和条約を激しく糾弾した本書は,大きな反響を呼びベストセラーとなる。また,この書物は世界10数カ国に翻訳され,英語版と翻訳版を合わせると14万部も売れたという。イギリスやフランスなどの戦勝国を批判した書物の出版によって,ケインズは世界的な名声を勝ち取ることに成功したが,当然のことながら,しばらくの間イギリス官公庁から追放されることになる。また,ヨーロッパ経済を再興するためにドイツが支払い可能な賠償額を提起したこの書物に対しては,世界中で賛否両論が渦巻いた。Cf. J. M. Keynes, *The Economic Consequences of the Peace*, Vol. 2 of *The Collected Writings of John Maynard Keynes*, ed. by The Royal Economic Society (Macmillan, 1971). 邦訳. 早坂忠訳,『平和の経済的帰結(『ケインズ全集』第2巻)』(東洋経済新報社,1977年),参照。

5) J. M. Keynes, *Two Memories, Dr. Melchior*, p.387. 邦訳, p.512.『ケインズ全集』の編集者も,「彼の描いた,『敗れた敵,メルヒオル』の人物描写は,一度読めば決して忘れることは出来ない」,と好意的に述べている (p.xvii. 邦訳, p.xxv)。

6) *Ibid.*, p.411. 邦訳, p.540. ガーネットの注記によると,「草稿ではこのパラグラフは鉛筆でうすく削除されていた」,という。

7) *Ibid.*, p.412. 邦訳, p.541.

8) ガーネットは,さらに「このジョークをもとにして,作曲家,作詞家は,たいへん面白いオペレッタを物することもできるだろう」,と続けている。Cf. David Garnett, "Maynard Keynes as a biographer", in Milo Keynes (ed.), *John Maynard Keynes* (Cambridge University Press, 1975), p.258. 邦訳, D. ガーネット,「伝記作家としてのメイナード・ケインズ」,ミロ・ケインズ編,佐伯彰一・早坂忠訳,『ケインズ 人・学問・活動』(東洋経済新報社,1978年),p.335,参照。

9) この「敗れた敵,メルヒオル博士」という論文を読んでいくと,先の福岡正夫が言うように,若き日のケインズが実践倫理の実行者であったことが良く分かる。彼はまさに人道主義者として,ドイツ人の飢餓を救うために,連合国による食糧封鎖を一刻も早く解除しようと努力していたからである。また,『平和の経済的帰結』の中にも,「休戦から講和までに経過した長い期間,連合国は外国からの食料供給を受ける便宜をドイツに与えることが必要となった。当時のドイツの政治状態とスパルタクス団の過激派の深刻な脅威のために,もし交渉すべき安定した政権がドイツに存続することを連合国が望むとすれば,このような措置をとることが連合国の利益のためにも必要となったのである。しかしながら,そのような食料の供給に対して,どのような方法がとられるべきかということが,極度に困難な問題を引き起こすことになった」,と明記されている。

J. M. Keynes, *The Economic Consequences of the Peace*, p.107. 邦訳, p.135.
10) Garnett, *op. cit.*, p.258. 邦訳. p.335.
11) J. M. Keynes, *Two Memories, Dr Melchior*, p.389. 邦訳, p.514.
12) ケインズは,「1919年1月はじめ,私が結局パリについたときには,事態は私の予想していたとおりであって,会議はいったい何をしているのか,それともまた,会議が始まっていたのかどうか,誰にもまだ分からなかった」,と述べている。ケインズはパリに入った日を,「1919年1月はじめ」としか述べていないが,『ケインズ全集』の編者によると,1919年1月10日と言うことである。Cf. J. M. Keynes, *Activities 1914-1919 The Treasury & Versailles*, Vol. 16 of *The Collected Writings of John Maynard Keynes*, ed. by The Royal Economic Society (Macmillan, 1971), p.387.
牧野雅彦『ヴェルサイユ条約 マックス・ウエーバーとドイツの講和』(中央公論新社,2009年)は,ウィルソン大統領とロイド・ジョージ首相がパリに到着したのは1月12日であり,1月13日から開会前の折衝が行われた,と述べている。そこでは,「国際連盟」「賠償問題」「新国家」「国境線変更」「植民地の協議」の5議題が協議され,1月18日にはフランス外務省の「時計の間」で,講和会議の開会が宣誓された。
13) J. M. Keynes, *Two Memories, Dr Melchior*, p.390. 邦訳, p.515.
14) *Ibid.* ケインズは,1月14日付けの母への手紙で,「とうとう,金曜日にリーディング卿とパリにやって来て,ただちに問題の真っ只中に入りました。私は15分以内に2・3日の予定でドイツに発ちますので,急いでこの手紙を書きます。しかし,昨日のことを例としてお伝えしましょう。午前10時,ドイツとの間の更新条約を決定するための休戦委員会,……私はイギリスの大蔵省代表として,フォッシュと共に,ドイツ側と会談するために,今トレーヴに行くところです。他にも問題はありますが,特にドイツへの食糧売却計画を取り決めるのが目的です。あちらではライヒスバンク総裁に会う予定です」,と書き送っている。Cf. R. F. Harrod, *The Life of John Maynard Keynes* (Macmillan, 1951), p.253. 邦訳,塩野谷九十九訳,『ケインズ伝』(東洋経済新報社, 1967年), p.266, 参照
15) クレマンソー首相については,「四巨頭会議中,他をはるかに抜きんじた最も卓越した人物であって,自分の同僚をあらかじめ秤量してしまっていた。彼だけが構想をもち,またその構想のあらゆる帰結をあらかじめ評価していた。……四巨頭会議では,彼は,極上の厚手の黒い広幅ラシャのフロックコートを着ており,両手にはグレーのスエードの手袋をはめて,決してそれを取ろうとしなかった。彼のブーツは,厚い黒皮製で,非常に上質だが,型が田舎風であり,奇妙なことに,時折,靴紐ではなくバックルで前が止められていた」,と細かく描写している。
　ウィルソン大統領についてのケインズの描写は,とても辛らつで,まったく容赦がない。彼は,「大統領は,英雄でもなければ,預言者でもなかった。彼は哲学者でもなかった。……彼の頭部や顔貌は美しくくっきりとして,写真そっくりであり,頸の筋肉や頭のこなしもきわ立っていた。しかし,オディッセウスと同様に,大統領は,座っているときの方がいっそう賢明そうにみえたし,またその手は,大きくてかなりがっしりしていたが,敏感さと精妙さに欠けていた」,と述べる。ケインズによると,長老教会派の牧師のようであり,世俗的教養がなく,環境に鈍感であり,周囲の情況に対する神経を欠く人物が大統領なのであった。「第一級の政治家でありながら,会議室での機敏さの点で大統領ほど無能だった者は,これまでほとんどいなかったに違いない」,とかなり厳しい評価を与えたのである。

これに対して，ロイド・ジョージ首相については，霊媒のような覚知能力を持つだけでなく，「普通の人にはない第六感ないし第七感を具えて仲間に注目し，性格や動機や意識下の衝動を判断し，各人の考えていることや各人が次にいおうとしていることまでも知覚し，テレパシー的本能で彼の議論や訴えを彼の直接の聞き手の虚栄心や弱点や自利心に最もよく合うように調合しているのを見る」，と好意的なのがよく分かる。Cf. J. M. Keynes, *The Economic Consequences of the Peace*, pp.18-25. 邦訳, pp.22-31.

　もっとも，『平和の経済的帰結』の中では，ロイド・ジョージ首相への辛らつな描写を控えたケインズであったが，『ケインズ全集』第10巻『人物評伝』の中にある第2章「ロイド・ジョージ氏―断章」には，「私は，彼を知らない読者にどのようにして，この当代の無類の人物，この海の精，この山羊足の吟遊詩人，この，古代ケルトの悪夢にとりつかれた魔法の森からわれわれの時代にやってきた半人の訪問者について，正しい印象を伝えることができるであろうか。彼と一緒にいると，北欧伝説に見る，みめうるわしい魔法使いに，魅惑と恍惚と恐怖とを添えているあの味わい，すなわち，究極目的の欠如，内奥の無責任，われわれサクソン人の善悪の観念から超越ないし遊離した，狡猾と無慈悲と権力欲をまじえた存在―こういったものを感得することができる」，と断じている。J. M. Keynes, *Lloyd George : A Fragment* in *Essays in Biography*, Vol. 10 of *The Collected Writings of John Maynard Keynes*, ed. by The Royal Economic Society (Macmillan, 1972), p.23. 邦訳, 大野忠男訳,「ロイド・ジョージ氏―断章」『人物評伝（『ケインズ全集』第10巻）』（東洋経済新報社，1980年），p.29.

16) J. M. Keynes, *Two Memories, Dr Melchior*, p.391. 邦訳, p.517.
17) *Ibid.* 邦訳。
18) *Ibid.*, pp.391-92. 邦訳, p.517.
19) *Ibid.*, pp.391-92. 邦訳, pp.517-18.
20) *Ibid.*, p.392. 邦訳, p.518.
21) パリ郊外にあるこの地は，現在では別荘地として利用されており，一部は博物館を併設する観光地となっている。ヒトラーは，第二次世界大戦におけるフランスとの休戦条約締結で，第一次世界大戦での休戦条約の屈辱を晴らすために，わざわざその当時の客車を引っ張り出したという。
22) *Ibid.*, p.391. 邦訳, p.516. イギリス海軍の提督であるブラウニングに関するケインズの人物描写も秀逸なので，示しておきたい。「この人物は，たいへん無愛想で，無知な，航海術の最高の伝統における老練な海将であって，手の代わりに本物の大きな鉤をつけていたが，その頭の中には，辱しめられ打ち敗られた敵を絶滅し，さらにこれに屈辱を与えることのほか，なんの考えもなかった」。
23) *Ibid.*, p.394. 邦訳, pp.520-21.
24) これは，ドイツ皇帝ヴィルヘルム二世が，1900年に起こったドイツ公使殺害の義和団事件に際して，自軍の兵士達を鼓舞するため行った演説である。連合国側は，軽蔑の意味を込め，第一次世界大戦中の反ドイツ宣伝として，ドイツ軍を野蛮なフン族に例えたのである。そのきっかけとなったのが，ヴィルヘルム二世のこの演説であり，ケインズも言及しているように，ドイツ人がフン族の子孫であるとの伝説がまかり通ることとなった。
25) *Ibid.*, p.395. 邦訳, p.522.
26) 第一次世界大戦の *document Archive* によると，ドイツとの休戦条約は，第1条から第34条までである。以下では，その概略を筆者なりにまとめてみた。

第1条　休戦協定調印の6時間後，地上と空中の敵対行為を停止する。
第2条　ドイツ軍は，侵略した国や地域（ベルギー，フランス，ルクセンブルク，アルザス・ロレーヌ）から直ちに撤退する。撤退は休戦協定調印後の15日までに完了する。
第3条　上記地域の住民の送還は直ちに開始され，15日以内に完了する。
第4条　ドイツ陸軍は戦闘機材（大砲8000，機関銃25000，戦闘機1700）を良好な状態で引き渡す。
第5条　ドイツ軍はライン河左岸から撤退し，ライン河右岸に中立地域を設定する。この撤退は，休戦協定調印後，16日日間の延長期間を含めて31日以内に完了する。
第6条　住民とその財産に損傷や危害を加えず，一切の破壊行為を禁じる。
第7条　道路，鉄道，水路，橋梁，電信，電話施設の損傷を禁じる。良好な状態にある機関車5000や貨車150000，自動車5000を36日以内に引き渡す。
第8条　ドイツ軍司令部は，休戦協定調印後48時間以内に，全ての地雷と時限爆弾の位置を示し，発見と除去を援助する。
第9条　全ての占領地域で，連合国の徴発権が行使される。占領軍の経費はドイツ軍によってまかなわれる。
第10条　連合国の戦争捕虜を即時に解放する。ドイツ人捕虜の帰還は，平和条約予備条約の締結の際に決定する。
第11条　疾病や負傷によりドイツ軍の撤退地域から動かせない者は，ドイツ軍要員によって手当てを受ける。
第12条　ドイツ軍部隊は，戦争前（1914年8月1日）のドイツ国内に撤退する。
第13条　ドイツ軍部隊の撤収は直ちに開始する。
第14条　ドイツ軍は，ルーマニア・ロシアから撤収する部隊のための徴発や差し押さえなどの強制的行為を直ちに停止する。
第15条　ブカレスト条約とブレスト＝リトフスク条約は，その補足的条約を含めて無効とする。
第16条　連合国は，ドイツの東におけるドイツ軍撤収地域への自由通行権を得る。
第17条　東アフリカで行動中のドイツ軍部隊は，連合国の指示する期限までに撤収する。
第18条　抑留された文民を全て釈放しなければならない。期限は最大で1ヶ月とする。
第19条　損害補償。ドイツやドイツ諸国に譲渡されたロシアとルーマニアの金の返還。この金は，平和条約締結までの間，連合国軍の保証の下に置かれる。
第20条　海上での敵対行動の即時停止。ドイツ籍艦船の位置と行動に関する情報の全面開示。
第21条　連合国の海軍軍人と民間船舶乗組員の捕虜の釈放。
第22条　現存する全潜水艦の降状。これは連合国の指定する港で行う。
第23条　ドイツ軍水上艦艇（巡洋戦艦6，戦艦10，軽巡洋艦8，駆逐艦50）は，武装を解除して，連合国の指定する中立港で抑留する。
第24条　連合国は，ドイツ領海外の全ての機雷原を掃海し，全ての障害物を破壊する権利を持つ。
第25条　連合国の海軍艦艇と民間船舶に対し，バルト海への自由通航権を与える。
第26条　現状の連合国による封鎖は変更なくそのままとする。全てのドイツ籍船舶は海上で発見された場合，拿捕の対象となる。連合国は休戦中のドイツの食糧事

情について適切に考慮する。

第27条　全ての航空戦力は連合国の指定するドイツの基地に集め，行動不能の状態とする。

第28条　ベルギーの海岸や港湾から撤収する際，ドイツは港湾資材・内陸水路資材・全ての商船・曳船・はしけ・水上飛行機・航空機用資材と補給品・全ての兵器・武装資材・他の全ての種類の施設と資材を現状のまま残しておかなければならない。

第29条　ドイツ軍は黒海の全ての港から撤収する。

第30条　現在ドイツの支配下にある連合国の全ての商船は，連合国の指定する港に返還する。

第31条　上記条項による撤収，降伏，返還に先立って，船舶や物資の破壊をおこなってはならない。

第32条　ドイツ政府は，全ての中立国，特にノルウェー，スウェーデン，オランダの政府に対し，通商行為に関する全ての制限を直ちに解除すると公式に宣言する。

第33条　休戦協定調印後，いかなる種類のドイツ商船も中立国に譲渡されてはならない。

第34条　休戦の期間は36日間とする。ただし延長もありうる。この期間中，上記条項のいずれかの執行について違反があったときには，休戦は締約国のいずれか1国による48時間前の予告によって停止することができる。本休戦協定の執行をもっとも円滑な状態で行うために，恒久的な国際休戦委員会を設立する。この委員会は，連合国陸海軍総司令部の命令に従って働く。

27) *Ibid.*, p.396. 邦訳, p.523.
28) *Ibid.*, p.397. 邦訳, p.524.
29) *Ibid.*, p.398. 邦訳, p.525.
30) *Ibid.*, 同上。
31) *Ibid.*, p.400. 邦訳, p.527.
32) *Ibid.*, p.400. 邦訳, pp.527-28.
33) Cf. *ibid.*, pp.400-402. 邦訳, pp.528-30. 信じられないことだが，ドイツへの食糧供給は，休戦条約締結後4ヵ月もの長きに渡って，まったく実施されなかった。しかしながら，ケインズも少し感じていたように，ドイツの食糧事情についての緊急性は過大評価であって，それほどのものではなかったのかもしれない。ケインズは，「私自身，どうしてもはっきりしたかったのは，このことがどの程度，ドイツ側にわかっていたのにわれわれにはわからなかった，隠された蓄え（concealed reserves）に基づくものであったのか，またはそれが，海外での小麦の購入交渉に着手した日時と，ドイツでの小麦の実際の引渡しとの間に経過しなければならぬ長い期間—われわれには周知のことだったが—について彼らが過小評価していたことに，どの程度まで基づくものであったのか，そしてまた，他の一切の計画がそれと結びついていた大計画の崩壊にあたって，ドイツ当局の心中にそのとき著しい形で次々に生じた，全般的無気力や，見通しの失敗や，あらゆる計画の完全な欠如（the general fecklessness, failure of foresight, and absence of any plan）などの事情に，どの程度まで基づくものであったのか，ということである。現在ですら，ドイツ人は決して彼らの計画性を取り戻してはいないのであって，この点は考慮に入れなければならない」，と回想しているのである。
34) *Ibid.*, p.403. 邦訳, pp.531-32.

35) ケインズが，フランスに好意を持っていなかったことは，この叙述からも理解できる。以前にも，フランス人伯爵家の小さなフラットでの出来事として，「四角四面なマンションのぶざまで狭苦しい不快さを，とても言葉に表せないが，今なお私はまざまざと覚えている。そうした不快さが，フランスの，またはフランスのその地方の，貪欲な不毛性の印象を私に刻み付けた。クライブやロジャーがどう言おうとも，それがフランスというものであることに違いない」(ibid., p.405. 邦訳, p.533.)，と述べていた。
36) 速水融『日本を襲ったスペイン・インフルエンザ 人類とウイルスの第一次世界大戦』(藤原書店，2006年)，を参照されたい。
37) 小室信一・岡田暁生・小関隆・藤原辰史編『第一次世界大戦』第1巻（岩波書店，2014年），の「はじめに」には，「イギリスは本国で75万人，自治領で16万人，インドで7万人の軍人の戦死者を出し，さらに29万人もの民間人が犠牲になっている。……フランスにおいても軍人140万人，民間人50万人におよぶ戦死者が出た。……ロシアでは軍人200万人，民間人100万人，……ドイツで軍人205万人，民間人60-80万人，オーストリアでは，軍人110万人，民間人23万人に達している。この他，オスマン帝国やブルガリアなどの参戦国もまた多大な犠牲者をだす」，と述べられている。また，別宮暖朗の『第1次世界大戦』(並木書店，2014年)の「はじめに」には，「戦争は，4年3ヶ月続き，延べ6500万人の将校が動員され，860万人の戦死者を出した。連合国には27カ国が加わり，中央同盟国には4カ国であった。そのうち実戦に参加したのは16カ国であった」，と記されている。
38) 休戦条約の追加箇条とは，「ドイツおよびヨーロッパ諸国に対して食糧の供給を保証するために，ドイツ政府は，休戦の継続中ドイツ商船隊を，ドイツ代表の援助を得て，連合諸国および合衆国の管理と国旗との下に置くために必要な一切の処置を講じるであろう。この協定は，これらの船舶の最終的処分についていかなる予断をも与えるものではない」，というものであった（J. M. Keynes, *Two Memories, Dr Melchior*, p.406. 邦訳, p.534.)。
39) ボルシェヴィズムは，リープクネヒトやローザ・ルクセンブルグが率いたスパルタクス団のことで，共産主義革命を進めようとしたものである。しかし，ボリシェヴィキというのは，もともと1903年に結成されたロシア社会民主労働党が分裂して，レーニンが率いた「多数派」のことを言い，「少数派」のことはメンシェヴィキと呼ばれた。このメンシェヴィキが1917年の2月革命時にペトログラード・ソヴィエトを結成し，大活躍することになる。一方，同年の10月革命は，レーニンやトロツキー，スターリンを擁するボリシェヴィキが中心となり，反議会主義・反自由主義を唱えたクーデターを実行した。彼らは，「平和に関する布告」と「土地に関する布告」を行い，共産主義革命を推進したのである。木村靖二他『世界大戦と現代文化の開幕』(『世界の歴史』，第26巻（中央公論社，1997年)，pp.97-126.
40) J. M. Keynes, *Two Memories, Dr Melchior*, p.407. 邦訳, p.536.
41) *Ibid.*, p.408. 邦訳, p.537.
42) *Ibid.*, p.409. 邦訳, p.538.
43) ロレンスは，第一次世界大戦後，アラブの独立がならなかったことにより失意のうち過ごし，1935年5月に突然のバイク事故により死亡する。46歳の若さであった。失意の原因は，イギリス政府のフランスとの密約にあった。イギリスは，1915年のフセイン＝マクマホン協定で，アラブ人に独立を約束し，1917年のモンターギュ声明では，インドの自治拡大を示唆し，さらにバルフォア書簡でパレスチナのユダヤ人国家建設

を支持したりと、戦闘面や資金面でイギリスへの協力を求めるために、独立を求める諸民族運動に好意的態度をみせた。ロレンスが、アラブ人に独立をほのめかし、反トルコ活動に立ち上がらせたのも、その一環であった。しかし、「サイクス・ピコ協定」の密約により、第一次世界大戦後、シリアとレバノンはフランスが、パレスティナとヨルダン・イラクはイギリスが委任統治とした。現在まで尾を引くパレスティナ問題の原点は、イギリスが大戦中にアラブ人とユダヤ人双方にパレスティナ国家を約束したことに始まる。Cf. Scott Anderson, *Lawrence in Arabia* (The Knopf Doubleday Publishing Group, 2013). 邦訳、山村宣子訳、『ロレンスがいたアラビア』（白水社、2016年）、を参照のこと。

44) Cf. J. M. Keynes, *Two Memories, Dr. Melchior*, pp.410-11. 邦訳、P.540.
45) *Ibid.*, p.411. 邦訳、p.541.
46) ワーグナー（1813-1883）の経歴を少し見てみよう。彼は、1813年にドイツのライプツィッヒに生まれる。少年の時、ウェーバーの『魔弾の射手』に魅せられ、ベートーヴェンの交響曲に感動し、音楽家を志すようになる。それと同時に、劇作にも関心を持ち、それが独創性溢れる音楽の原動力となった。18歳でライプツィッヒ大学に入り、哲学と音楽を勉強する。20歳頃から、ヴェルツブルグ市立歌劇場の合唱指揮者となり、次々と演劇を作り始めた。貧困と借金に苦しむ傍ら、それまでの歌手を中心としたドイツ歌劇を改革し、音楽と演劇との融合を図った楽劇を目指した。1839年パリに移り、1841年に『さまよえるオランダ人』を作曲した後、1842年にはドイツに戻りザクセン王立宮廷劇場指揮者に任命される。そこで、『タンホイザー』（1845年）と『ローエングリン』（1848年）を作曲する。『ローエングリン』が縁となり、バイエルン王ルードヴィッヒ二世の援助を受け、遂にバイロイトに祝祭劇場を完成させる。彼は、自分で台本を書き、自分で作曲し、自分で演出した。文学・音楽・演劇の世界で、自分の理想を具現化していったのである。三光良治『新編　ワーグナー』（平凡社、2013年）を参照のこと。
47) ところで、ワーグナーの『ローエングリン』第3場には、ハインリッヒ王が「ドイツ国のためにドイツの剣を振るうのだ！」(Für deutsches Land das deutsche Schwert !) という科白が入れられている。この科白が、カイザー・ヴィルヘルム二世を刺激したことは間違いない。『ローエングリン』のあらすじを追うことはしないが、この歌劇で最も有名な場面は、勇壮な第3幕への前奏曲に続いて、われわれの良く知っている、ゆったりとした結婚行進曲が流れるところであろう。白鳥の騎士とエルザ姫との初夜の場面である。ところが、局面は急展開し、二人の激しい言い争いとなる。白鳥の騎士の出自を知りたいエルザ姫と、それを聞かない約束で結婚し、それを告げたとたんに身を引かざるを得ない白鳥の騎士との言い争いの場面が長く続く。しかし、必要に迫るエルザ姫に根負けした白鳥の騎士は、遂に自分の出自を発表すると約束してしまう。結婚の時の約束を破ってしまったエルザ姫は、これにより永遠に自分の伴侶を失うことになるのである。白鳥の騎士であるローエングリンが去っていく際に、魔女のオルトルートに白鳥に変えられていた弟のゴットフリートの魔法が解かれ、ブラバント王国の王となるところでこのオペラは終わる。もちろん、去っていったローエングリンを嘆き悲しむエルザ姫は、その場に倒れて息絶える。このオペラは、夫の出自を知りたいという妻の確執が生んだ悲劇となっている。『魅惑のオペラ』第20巻『ワーグナー　ローエングリン』（小学館、2008年）、を参照されたい。
48) 岡田暁生『クラシック音楽はいつ終わったのか？－音楽史における第一次世界大戦の

前後（レクチャー　第一次世界大戦を考える）』（人文書院，2010年），p.122.
49) J. M. Keynes, *Two Memories, Dr. Melchior*, p.412. 邦訳，p.541.
50) *Ibid.*, p.411. 邦訳，p.540.
51) *Ibid.*, p.413. 邦訳，p.542.
52) *Ibid.*, p.413. 邦訳，p.543.
53) *Ibid.* 同上。
54) *Ibid.* 同上。
55) *Ibid.*, pp.414-15. 邦訳，pp.544-45.
56) *Ibid.*, p.415. 邦訳，p.545.
57) 「ホープはフォン・ブラウンに，午前中の論議はなんら解決の基礎を与えるものでない旨公式に宣言し，さらに大きな交渉上の裁量権を政府に求めるように要請した。そうした自由裁量が与えられぬならば，会議を続けても無益であったから，われわれはパリに帰って最高会議に報告することを提案した。フランス側は提督の断固たる口調に大きな満足を覚えた。これこそあのけがらわしいドイツ野郎（ボッシュ）をあしらうのにふさわしいやり方なのだ。フォン・ブラウンは政府に電報で報告することに同意し，後ほどその日のうちに，あるいは翌朝，結果をわれわれに知らせることになった」（*ibid.*, p.415. 邦訳，p.545.）。しかし，その日の11時ごろ，ケインズは，ワイマール政府が基本的な態度を改めないとのドイツ側の信書を受け取ったのである。
58) ここに参加した日本代表は，ケインズの指摘によると6名である。日本は，第一次世界大戦の戦勝国であったので，当然のことながら，ヴェルサイユで調印された講和会議に参加した。日本は，なんと約60名の大代表団を送ったのである。首席全権大使は西園寺公望で，彼はクレマンソーの友人であった。他の人物は，人種差別撤廃案を提出した牧野伸顕，駐英大使の珍田捨巳，駐仏大使の松井慶四郎，駐米大使の伊集院彦吉などがいた。また，後の日本を指導する近衛文麿，松岡洋右，吉田茂，重光葵，有田八郎，芦田均なども参加している。「6人の日本人（ジャップ）が座っていた。押し黙ったまま，身じろぎもせず，うわべは何もわからない様子で，それでも座っていた。別な惑星のドラマの観客ででもあるかのように」，とはケインズの言である。このことからケインズは，日英同盟の相手国であった日本に対して，必ずしも好意的ではなかったように見える。ところで，日本が提出した人種差別撤廃案はウィルソンの議長権限で否定されたが，15編440条からなる講和条約で，日本は山東半島の旧ドイツ権益を継承し，赤道以西の旧ドイツ領南洋諸島の委任統治権を得た。『図説　第一次世界大戦』（学習研究社，2008年）を参照されたい。
59) J. M. Keynes, *Two Memories, Dr. Melchior*, p.418. 邦訳，p.548.
60) ケインズのここでの描写は，まさに臨場感があり，ガーネットでなくても感動を覚えるものである。すなわち，「そうこうしている間に，ロイド・ジョージは奮起しようとしていた。彼と意見を等しくする人には，彼は実にすばらしい人物たりうるのである。この会議の次の半時間の間ほど，私は彼の驚くべき力量に感嘆したことは無かった。それまで彼は一言も喋らなかった。が，私には，後ろから見ていて，彼が段々激昂していき，こういう場合によくやるように，全身をゆさぶりながら，眉をひそめているのが分かった。今や彼は口を開いた。よどんだような議事の無気力は吹きとばされ，彼は憤然として弁舌を開始した」，と。Cf. *ibid.*, p.419. 邦訳，p.549.
61) *Ibid.*, p.419. 邦訳，pp.549-550.
62) *Ibid.*, p.419. 邦訳，p.550.

63) *Ibid*., pp.419-20. 邦訳, p.550.
64) *Ibid*., p.421. 邦訳, pp.551-52.
65) ここで言う意外で興味深いやり取りとは, ロイド・ジョージが行った場の雰囲気を作り出す, 天性の資質を証明した彼の弁舌にある。船舶を引き渡す義務を, クレマンソーがフォッシュ元帥に委任したいと言った折に, ロイド・ジョージはこう切り替えしたのである。「これは船とかかわりがあり, 海の問題で陸の問題ではない。……陸における元帥を称賛する点では誰にも, しかし, いかなる人物にも, おくれをとるものではない（フォッシュの方に両手をのばしながら）, はたして元帥は海のことにも同様に精通しておられるだろうか。私は, 元帥といっしょにイギリス海峡を渡ったことが無いので, 確かなことはいえないが（にやりとして）。だが, このような問題についての特権を海軍提督のために留保しておかなければ, 彼はイギリス国内で必ずや大変な困難に巻き込まれることになろう。わが国の海軍委員会長, ウィームズ提督こそ, そのメッセージを伝達すべき人物である」(*ibid*., pp.421-22. 邦訳, pp.552-53.)。こうして, フォッシュ元帥を少しばかり持ち上げた発言が功を奏して, ドイツに対する最後通告は, イギリスのウィームズ提督に決まったのである。
66) *Ibid*., p.422. 邦訳, p.553.
67) *Ibid*., 同上。
68) *Ibid*., pp.425-26. 邦訳, p.557.
69) *Ibid*., 同上。
70) *Ibid*., 同上。
71) *Ibid*., p.426. 邦訳, p.558.
72) ハロッドは, ケインズの伝記を最初に書いた人物である。ドイツへの食糧供給にケインズがどれほど力を入れたかに関する彼の描写も大変素晴らしいので, 少し長くはなるが紹介して置く。「休戦条約には, 「連合国は休戦中のドイツの食糧事情について適切に考慮する」, と述べられていた。これは, 連合国がある程度まで, 封鎖の緩和を意味するものの, 食糧の無償提供を意味するものではない, と考えられていた。ドイツは支払わねばならないが, いかにして支払うのか。ドイツはその時, 余剰財貨を持っていなかったので, 近い将来支払うとすれば, 金か外国証券による他なかった。しかし, フランス側はそれを許さない。なぜなら, これらの資産は, 賠償勘定に含まれるものと見なされていたからである。そのため, 食糧は送られず, ドイツの食糧事情は悪化するばかりであった。休戦条約は毎月更新されることになっており, ケインズから母への手紙（私はイギリスの大蔵省代表として, フォッシュと共に, ドイツ側と会談するために, 今トレーヴに行くところです。他にも問題はありますが, 特にドイツへの食糧売却計画を取り決めるのが目的です）は, フォッシュ元帥が二回目の更新でドイツ側と前線で会談するために, 汽車に乗ろうとしていた時に書かれた。……食糧の引渡しは, さらに二ヵ月間実施されなかった。それは, フランス側が依然として金による支払いを認めなかったからである。休戦条約で約束された食糧の引渡しが, このような手続上の理由から四ヵ月間も拒否されたことは, 封鎖の継続よりもさらに重大な誤りであった。イギリスの軍隊は, 病気と飢餓に苦しむ子どもたちの姿に心を痛めていたので, フランスの妨害に対して, ついにロイド・ジョージの憤怒が爆発した。ボルシェヴィズムがドイツに蔓延する恐れもあった。それは, 慈悲深い取り扱いを促進するために, しばしば使われる政治的議論であった。ケインズは, 多くの点でロイド・ジョージに対して批判的であったが, 3月8日の会談でフランスの妨害に対して熱烈な攻撃を加えた光景は, 好意的な

第5章　ケインズの「敗れた敵、メルヒオル博士」　149

筆致で描いている。クレマンソーでさえ、その烈火のような激情には圧倒され、主要な点で譲歩した。しかし、フランス側は、まだ妨害的な策略を保留していた。休戦条約更新の二回目の折に、ドイツは商船隊を引き渡すように要求された。ドイツへ食糧を輸送するために船舶が必要だということが、この新しい要求を加えることを正当化する理由として挙げられた（講和の条件が商船隊の引き渡しを含むことになることは誰でも知っていたが、最初の休戦条約にはそれが含まれていなかった）。1月と2月の間、ドイツ側は商船隊の引渡しを延期していた。それは、ドイツが食糧を買うのに金を使うことが許されるまでは、彼らは食糧を手に入れる見込みがなかったからである。3月8日、ドイツは食糧問題には関係なく商船隊の引き渡しを無条件に承諾するよう表明すべきであり、ドイツがそれを引き受けた後に食糧買い付けにドイツの金を使う許可を与えよう、とフランス側は主張した。フランス側は、ドイツ側がこの二重の提案の第二の部分をまだ知らないので、第一の部分に応じないことから食糧買い付けはさらに遅延する、と考えていたのである。しかし、ロイド・ジョージは、今度は本気であった。彼は、ドイツの商船隊の引渡しを最終的に要求するこの正式の機会に、イギリスを代表した第一軍事委員に、「君は食糧に関する交渉を成功裡に進行させるに必要なあらゆる手段を用いなければならない」、と告げた。イギリス海軍委員長（ウィームズ提督）は、前の機会にドイツの首席代表メルヒオルと非公式に話し合ったことのあるケインズに援助を求めた。ケインズは、ふたたび非公式に、しかしこんどはイギリス海軍の代表と協同して、ドイツ側に、もし最初に商船隊の引き渡しに同意するならば、ドイツは食糧買い付けのために確実に金を使うことができる、と満足げに告げることが出来た。フランスの妨害運動は、遂に打ち破られたのである。メルヒオルに会った人は誰でも、彼の威厳と誠実さに感銘を受けた。彼は結局、ヴェルサイユ条約の関係者の一人となることを拒否して辞職した。ドイツにある彼の銀行は、ナチスが権力を獲得したとき、応接間の壁にあった彼の肖像画を取り払った。彼がユダヤ人であったからである。ケインズは、思い出の記に書かれていない一つの話をしばしば語った。メルヒオルはある点で、もちろん指令によってではあるが、特別に頑固であった。「もしあなたがそのような態度を続けるなら、メルヒオル」、とケインズはいった。「われわれはあなたを一連合国と同じように厄介な人だと考えますよ」。彼のフランス側の同僚に対する憤慨のほどが想像されるであろう」（Harrod, *op. cit.*, pp.254-55. 邦訳, pp.267-68.）。

73) J. M. Keynes, *Two Memories, Dr. Melchior*, p.428. 邦訳, p.560.
74) 「大統領の道義的立場の崩壊と彼の精神の昏迷とを示した決定的瞬間は、彼がついに屈して、彼の顧問たちは周章狼狽したのだが、年金および別居手当に対する連合国政府の支出は、他の戦費がそう見なされぬにもかかわらず、それとは異なった意味で、ドイツの陸・海・空の侵略によって連合国の民間人に対して加えた損害と正式に認めることができる、という説得を承認してしまったときのことだった。それは長い神学的な論争だったのであり、その論争で大統領は、種々様々な議論を拒否した後に、詭弁家のこの上ない技巧のまえに、ついに兜を脱いでしまったのである。ついに、一切の仕事は終わった。だが大統領は、いぜん無傷のままだった。あらゆる出来事にもかかわらず、彼の気質は、真に真摯な人間としてパリを去ることを彼に許したものと、私は信じている。そして、おそらく彼は今日にいたるまで、条約には彼の以前の宣言と矛盾することはほとんど何ひとつ含まれていないのだ、と心底から確信していることであろう」。Cf. J. M. Keynes, *The Economic Consequences of the Peace*, p.33. 邦訳, p.42.
75) 　わがケインズも、第1次世界大戦での平和への貢献によりノーベル平和賞に推薦さ

れたが，残念ながら受賞することは出来なかった。ところで，その後のウィルソンの人生は，少しばかり悲しいものがある。彼は 1919 年 10 月 2 日，ヴェルサイユ条約の批准のためにコロラド州を遊説中に脳梗塞に襲われ，死の危険に瀕してしまったのである。しかし，幸いなことに危うく一命は取り留めたものの，この脳梗塞により大統領としての職務は遂行できなくなる。その後 2 年に渡る大統領の職務は，驚くべきことに，妻のイーディスが務めることになったという。草間秀三郎『ウィルソンの国際社会政策構想―多角的国際協力の礎石』（名古屋大学出版会，1990 年），を参照のこと。

第6章 ケインズの「わが孫たちの経済的可能性」

1. はじめに

　ケインズは，アメリカで大恐慌（Great Depression）が起こった次の年に当たる1930年の6月，スペインのマドリードにある学生館に招かれて講演を行った。それが，本章で分析の対象とする「わが孫たちの経済的可能性」である[1]。周知のように，マドリードのこの学生館は，『大衆の反逆』で有名なオルテガが「スペイン・イギリス委員会」の理事を務めていた場所であった。

　この講演は，ケインズ自身が取締役会長をしていた『ネーション・アンド・アシーニアム』誌に，1930年10月11日と18日の2回に分けて掲載された。翌1931年には，「ここに収められたのは，12年にわたる不吉な叫び，すなわちかつて一度も事態の成り行きに対して時宜に適った影響を与えることができないままに終わった，かのカサンドラにも似た一予言者の凶事をつげる叫びである」，という印象的な書き出しで始まる『説得論集』（*Essays in Persuasion*）に収められる[2]。

　さて，筆者は10年ほど前，『ケインズとケンブリッジ芸術劇場―リディアとブルームズベリー・グループ―』を上梓した。その中では，経済学者として名高いケインズが，人間的な愛と美的対象の創造や享受，そして真理の追求という「人生の目的」を実行に移した，文化・芸術面での数々の活動実績を取り上げた[3]。そこでの検討から分かったことだが，彼はある時期から，自分自身や自分の周りにいる仲間（エリート層）だけでなく，自分がこれまで説得を続けた一般の人々（大衆層）にも，彼の愛する文化・芸術を身近なものとする努力を

行うようになる。その集大成が，ケインズの死の4カ月後にあたる，1946年8月に設立された「イギリス芸術評議会」だったのである⁴⁾。

　ここで特筆すべきは，マドリードでの講演の前後から始まった，ケインズの文化・芸術面における八面六臂(はちめんろっぴ)の活躍である。1930年12月頃から，「カマーゴ・バレエ協会」の発足や「ロンドン・芸術劇場クラブ」への接近など，芸術家に対する支援を大々的に始めた彼は，約5年の歳月の後に，母校キングズ・カレッジの近くに「ケンブリッジ芸術劇場」を完成させてしまったのである。また，このような芸術の大衆化と同時に，経済学についてもこれまでのような合理的な経済主体を主人公とした経済理論ではなく，一般大衆の不確実な行動をベースにした書物『雇用・利子および貨幣の一般理論』を執筆し，研究者の注目を集めることに成功する⁵⁾。

　本章の目的は，1929年の大恐慌による大量失業の発生という困難な時期にも関わらず，人類は経済問題を解決しつつあり100年後には解決していると明言した「わが孫たちの経済的可能性」を，少し詳細に検討していくことにある。「われわれは宗教と伝統的な徳にかんするもっとも確実な原則のうちいくつかのものに向かって，自由に立ちもどることができる，と私は思う。すなわち，貪欲は悪徳であるとか，高利の強要は不品行であり，貨幣愛は忌み嫌うべきものであるとか，明日のことなど少しも気にかけないような人こそ徳と健全な英知の道をもっとも確実に歩む人である，といった原則にである。われわれはもう一度手段より目的を高く評価し，効用よりも善を選ぶことになる。われわれはこの時間，この一日の高潔でじょうずな過ごし方を教示してくれることができる人，物事のなかに直接のよろこびを見出すことができる人，汗して働くことも紡ぐこともしない野の百合のような人を尊敬するようになる」⁶⁾，という麗しい一節が含まれていることでも有名なこの論稿は，われわれの検討の対象として申し分ないものである。

　また，この検討作業は，ケインズ研究者として今でも第一線で活躍し続けておられる，浅野栄一の著作『ケインズの経済思考革命―思想・理論・政策のパラダイム転換―』（到草書房，2005年）の第1章「新倫理思想追及の不断の旅」に触発されて生まれたことも付け加えておきたい。特に，この「わが孫たちの

経済的可能性」が「ケインズの心理的発展を示す一資料[7]」であるといわれたことが，筆者のインスピレーションを強く刺激することになった。

2.「わが孫たちの経済的可能性」におけるケインズの論理展開（その1）

　まずは，ケインズがどのような議論を展開しているのかを，筆者なりに原典に従って辿ることから始めてみたい。その際，ケインズに従い，二つの個所に分けて考察したい。まずは，技術の進歩と資本の成長を論じた第1の部分から始めよう。

(1)　100年後の経済生活水準の予測
　ケインズといえば，現状を正確に認識し，主に短期的視点に立って，解決のための政策を論ずる姿勢に特徴がある。しかし，この「わが孫たちの経済的可能性」は，これまでの議論とは異なり，長期的視点に立って物事を論じている。これはケインズ自身，「この論文を書いた私の意図は，現在や近い将来について検討することではなく，自分自身を短期的な見方から解き放ち，未来に飛翔することである[8]」と述べていることからも明らかである。ケインズはこの論文で，大胆にも100年後の経済生活の水準を予測しようとしている。要するに，孫たちの経済的可能性について論じているのである。

(2)　二つの相反する極端な悲観論と一般的な悲観論
　そうは言うものの，現状について語ることを忘れたわけではない。彼は，その当時の世界中を覆っている経済不況，充足されていない欲求があふれているのに失業が存在しているという最悪の事態，われわれが犯した悲惨な誤りに言及した後，二つの相反する悲観論が存在していることについて次のように指摘している。一つは，極左の考え方の典型として見ることのできる「暴力的変革以外にわれわれが救われる途はないほど事態は悪化している[9]」という革命家の

言であり，もう一つは，極右の考え方の典型である「われわれの経済社会的生活のバランスは，自らの意志によって達成されたものではないので，あえてどのような実験も企てるべきではない」という反動家の言である。ケインズは，いとも簡単に，「これらの極端な考え方は，いずれもわれわれが生きている間に，誤りであることが明らかにされるであろう」と予言する。すでに，1926年に出された「自由放任の終わり」の中にも，左右両翼のアプローチを極力排し，「中間の道」を進むべきことが明言されていたことは，周知の事柄であろう。

　以上のような極端な悲観論に加えて，この論文の冒頭では，次のような一般的な悲観論が存在していることも指摘している。すなわち，19世紀を特徴づけたあの巨大な経済進歩の時代は終わったこと，イギリスにおいては生活水準の急速な向上はそのテンポを低下させ始めたこと，これからの10年は向上というよりも繁栄の衰退となる可能性が大である，というものである。これらについても，ケインズはあたかも名医であるかのように，それらは全くの誤解であるとして，次のように指摘する。すなわち，「われわれを苦しめているのは老人性リューマチではなく，速すぎた変化による成長期神経痛，一つの経済時代からもう一つの経済時代との間の再調整に伴う痛みなのである」と。要するに，「技術的効率の上昇テンポの方が，労働力吸収の問題に対するわれわれの処理能力のテンポよりも急速に生じてきたこと，生活水準の向上は少しばかり速すぎたこと，世界の銀行制度，通貨制度は，利子率が均衡状態に達するために必要とされるテンポで低下するのを妨げてきた」ために，経済が不調になってしまったというのである。

　かくのごとく議論を始めたケインズは，これまでの人類の歴史を紐解きながら，次のように議論を展開していく。

(3) 歴史の回顧

　① 古代から1580年頃まで
　ケインズは長期的視点に立って物事を論じる手始めとして，壮大な人類の歴

史に読者を誘う。彼は大胆にも，次のように明言している。すなわち，「記録が残されているもっとも古い時代——それはたとえば紀元前2000年までさかのぼることができよう——から16世紀の初めに至るまで，地球上の文明の中心地に生活していた普通の人々の生活水準には，大きな変化はなかった」[15]，と。すなわちそこでは，経済生活のほとんどすべてが農耕を中心に営まれてきた，と指摘するのである。

このような叙述を見ると，経済学の歴史にも詳しいガルブレイスが，産業革命以前の世界は田舎の風景である，と述べていたことが思い出される。すなわち，「経済の世界は，一つの風景として見た方が分りやすい。産業革命以前の世界は，まったくの田舎の風景だったといってさしつかえない。働く人は，たいてい農業に従事していたのである」[16]，と。

具体的に述べると，土地を耕すための鍬や鋤，馬や牛などの家畜，小麦・じゃがいも・にんじん・豆などの作物，とれた作物を運ぶための荷馬車，家を建てるための煉瓦，水を運ぶ壺等々である。これらは，古代エジプトの壺や地下墓地の壁画に描かれている風景と驚くほど似ている[17]。

ケインズも，「前史時代から比較的最近の時代まで重要な技術的発明がなかったことは，まったく注目すべきことである。真に重要であり，しかも近代の初頭の世界に存在していたほとんどすべてのものは，歴史の黎明期にすでに人類によって知られていたのである」[18]として，次のものを挙げている。すなわち，「言葉，火，われわれが今日飼っているのと同じ家畜，小麦，大麦，ぶどうとオリーブの木，犂，車輪，オール，帆，皮革，リンネルと毛織物，煉瓦と壺，金や銀，銅や錫や鉛，そして鉄が紀元前1000年までにこのリストに加えられる，銀行業，経国の才，数学，天文学，宗教，このようなものがそれである」[19]，と。

このように，古代から1500年頃までの世界は，文明の地に生活していた普通の人々の生活水準を一定に保ってきた。その理由についてケインズは大きく二つ挙げている。その一つは重要な技術改良がなかったことであり，もう一つは資本蓄積の不足であった。次の時代になると資本蓄積が大幅に進み，産業革命の名のもとに幾多の技術改良が進展していくことになるのである。

② 1580年頃から1930年頃まで

　ケインズは，「現代は，16世紀に始まった資本蓄積をもって幕をあけたと私は考えている」，という。それは大航海時代に，スペインが新世界から旧世界に運び入れた金銀財宝がもとになっていたのである。そして，イギリスでは，ドレーク船長がゴールデン・ハインド号に乗って，サン・フェリペ号からスペインの財宝を略奪したことから始まった。これには，エリザベス一世が係わっており，彼女は航海に必要な資金を提供したシンジケートの大口出資者であったという。1587年のことであった。

　エリザベス一世は，自分の分け前である30万ポンドから，イギリスの対外負債を全額払い，予算の収支均衡を達成する。それらの重要事項を実現した後，なお手元に約4万ポンドが残ったので，これをレヴァント商会に投資をした。これがのちにイギリスの対外投資の基礎を築いた東インド会社となるのである。その後に，偉大な産業革命が続くことになる。

　ケインズも，「16世紀から—18世紀以降次第に勢いを強めながら—科学と技術的発明の偉大な時代が始まり，これが19世紀初頭以降最高潮に達している。すなわち石炭，蒸気，電気，石油，鋼鉄，ゴム，木綿，化学産業，自動機械と大量生産方式，無線通信，印刷術，ニュートンやダーウィンやアインシュタイン，その他あまりにも有名で周知の幾千もの事業や幾千人もの人々，等々である」[20]，と高らかに述べたのである。

③ 複利の力 (the power of compound interest)

　ケインズは，幾世代のあいだ休眠していた複利の力が，16世紀からその機能を再生し，350年（1580年から1930年まで）にわたってたゆみなく続けられた結果が，現在あるイギリスの対外投資額である約40億ポンドとなったとして，次のように例証している。すなわち，イギリスの対外投資額は，ドレークがスペインの財宝を略奪して帰国し，エリザベス女王が債務を支払った後に残った約4万ポンドがまさに出発点であり，それらの資金は毎年3.25パーセントの複利で着実に運用されている。その結果，ドレークが持ち帰った時の1ポンドが，今現在10万ポンドになっている。すなわち，エリザベス女王の約4

万ポンドは，約40億ポンドとなったことになる。これが偉大な複利の力なのである。

もっともケインズは，以前書いた『平和の経済的帰結』(1919年) の中でも，複利の恐るべき力については，次のように述べていた。すなわち，「もしケーキが，切り分けられず，マルサスが人口について予言したように，だが複利についても同じことがいえるように，幾何級数的な比率で成長することが許されれば，恐らく，遂にはみんなに行きわたるほど十分になり，子孫がわれわれの労働を享受しうるようになる日が到来するに違いない。その日になれば，過労や過密や食物の過少も終わりを告げ，人びとは肉体上の必需品や安楽品を確保して，その能力のより高尚な行使へと進みうるようになるだろう。一つの幾何的な比率が，もう一つの幾何的な比率を相殺するに違いないのだ。こうして，19世紀は，複利のまばゆいばかりの美徳を想いめぐらし，種族の多産性を忘れることができたのである」[21]，と。

④ 経済問題の解決

このような技術の進歩と資本の蓄積からケインズが得た結果は，「世界の人口が著しく増加し，この人たちに住宅と機械を提供することが必要となっているにもかかわらず，ヨーロッパとアメリカにおける平均的な生活水準はおよそ4倍に引き上げられていると私は思う。資本の成長は，以前のいかなる時代が体験したのと比べても，その100倍をはるかに凌ぐテンポになっている」[22]，というものであった。さらに重要なのは，1930年代からヨーロッパの人口が減少に転じているというケインズの認識である。すなわち，「しかも今後われわれは，これまでのような急激な人口増加を予想するには及ばないのである」[23]，と。

このような技術進歩が，鉱業，製造業，運輸業，工業，農業などあらゆる産業に派生し，これまでの労働力の4分の1で達成できるようになると，長期的に見て，人類が経済問題を解決しつつあることは明白である。「進歩的な諸国における生活水準は，今後100年間に現在の4倍ないし8倍の高さに達すると私は予言しておこう。われわれの現在の知識に照らしてみて，このことさえ何ら驚くべきことではないであろう。これよりもはるかに大きな進歩の可能性を

予期しても，それはなんら無分別なことではないであろう」[24]というケインズの言葉は，実に自信に満ちたものであった。

3.「わが孫たちの経済的可能性」におけるケインズの論理展開（その2）

これまでの議論のハイライトは，輝かしい技術の進歩と旺盛な資本の成長（複利の力）により，100年後の生活水準は今よりも8倍上昇すると予測した部分であった。その際ケインズは，正確を期すために数値例を持ち出し，それが決して誤った予測ではないことを付け加えた。そして，以上のような議論を元に，ケインズは次のような結論を提出することとなった。すなわち，「重大な戦争と顕著な人口の増加がないものとすれば，経済問題は100年以内に解決されるか，あるいは少なくとも解決のめどがつくであろう，というのが私の結論である」[25]，と。実にケインズらしい大胆な結論である。

しかしながら，ケインズの真骨頂は，このような結論を導き出した前半の分析ではなく，ここから始まる後半で提示した思想（考え方）にある，と筆者は考えるのである。このように，100年後の経済問題の解決に自信を持ったケインズは，「経済問題の重要性を過大に評価したり，経済問題で仮定されている様々な必要のために，もっと大きく，より持続的な重要性を持った他の諸問題を犠牲にしてはならない」[26]，と述べる。時あたかも世界恐慌が世界を震撼させ，人々の生活が危殆に瀕していることは紛れもない現実であり，その対策の検討も頭の中にあった訳である。

（4）　人生の目的

しかし，世界恐慌といった困難な時にあっても，ケインズにとって人生の目的は，決して経済問題の解決だけにあるのではなかった。彼にとっては，精神の状態こそが最も高い価値を持つものであり，その価値を実現するために政治や経済の問題があった。政治や経済は，それ自体が究極の価値ではなく，善い

社会（精神の高い状態）を実現する手段にしかすぎない，と考えていたのである。

　上の引用にある「もっと大きく，より持続的な重要性を持った他の諸問題」とは，拙著『ケインズとケンブリッジ芸術劇場―リディアとブルームズベリー・グループ―』の中で検討したように，人生の目的である愛であり，美的体験の創造と享受，そして知の追及であった。ケインズは，親しい人同士の愛情，芸術やそれを創造する芸術家の役割，古典などへの知の大切さをよく認識していたのである[27]。ここで出てきたのが，多分に聖書を意識した次のような麗しい一節であった。「はじめに」でも書いたが，重要な一節なのでもう一度紹介しておこう。

　すなわち，「われわれは宗教と伝統的な徳にかんするもっとも確実な原則のうちいくつかのものに向かって，自由に立ちもどることができる，と私は思う。すなわち，貪欲は悪徳であるとか，高利の強要は不品行であり，貨幣愛は忌み嫌うべきものであるとか，明日のことなど少しも気にかけないような人こそ徳と健全な英知の道をもっとも確実に歩む人である，といった原則である。われわれはもう一度手段（means）より目的（ends）を高く評価し，効用（useful）よりも善（good）を選ぶことになる。われわれはこの時間，この一日の高潔でじょうずな過ごし方を教示してくれることができる人，物事のなかに直接のよろこびを見出すことができる人，汗して働くことも紡ぐこともしない野の百合のような人を尊敬するようになる。われわれは宗教と伝統的な徳にかんするもっとも確実な原則のうちいくつかのものに向かって，自由に立ちもどることができる，と私は思う」[28]，と。

(5) 人間のニーズと道徳律の変化

　実際ケインズは，人間の必要を相対的なニーズ（relative needs）と絶対的なニーズ（absolute needs）の二種類に分けている。そして，充足によって仲間たちの上に立ち，優越感を得る時に感じる相対的なニーズではなく，人間の状態にかかわらず感じる絶対的なニーズについては，近い将来満たされることを信じて疑わなかった[29]。そのため，「われわれが非経済的な目的に対して，より一

層の精力を用いる道を選ぶような時点が，おそらく誰もが気づくよりもずっと早く到来するであろう」[30]と明言したのである。さらにケインズは，そのような豊かな社会では，1日当たり3時間の労働や週当たり15時間労働が実施されるようになる，とも想定している[31]。

そして，これがもっとも重要なことであると思われるのだが，わたし達が経済的な富の追及を目的としなくても良くなると，われわれの中にある道徳律に大きな変化が起きると指摘した個所である。すなわち，「富の蓄積がもはや高い社会的重要性を持たないようになると，道徳律（code of moral）に大きな変化が生じることになる。われわれは，200年にわたってわれわれを悩ませてきた多くの似非道徳律（pseudo-moral principles）から解放されることであろう。この似非道徳律のために，われわれはもっとも忌み嫌うべき人間性の一部を，最高の徳だとして崇め奉ってきたのである。われわれは金銭的動機の真の価値をあえて評価できるようになるだろう。人生の享受と現実のための手段としての貨幣愛と区別された財産としての貨幣愛（the love of money as a possession）は，ありのままの存在として，多少いまいましい病的なものとして，また震えおののきながら精神病の専門家に委ねられるような半ば犯罪的でかつ病理的な性癖の一つとして，見られるようになるだろう。このようになると，資本蓄積を促進するうえできわめて有益であるが故に，それ自体いかに忌み嫌いかつ不公平なものであろうとも，現在どんな犠牲を払っても維持されている富と経済的賞罰との配分に影響を与えるようなあらゆる種類の社会的ならびに経済的慣行を，ついに自由に放棄することができるようになる」[32]，と。

ケインズのいう貨幣愛とは，人生の享受と現実のための手段としての貨幣愛であって，それ以上のものではない。富の蓄積がもはや高い社会的重要性を持たないようになると，わたし達のこれまでの社会的ならびに経済的慣行にも大きな変化がもたらされる。その先にあるのは，ケインズも言っている通り，宗教と伝統的な徳に関する確実な原則（貪欲は悪徳である，高利の強要は不品行である，貨幣愛は忌み嫌うべきものである，明日のことなど少しも気にかけないような人こそ徳と健全な英知の道をもっとも確実に歩む人である）にあることは間違いない。

(6) 神経衰弱 (nervous breakdown)

しかしながら，ケインズは，このような豊かな時代を手放しで喜べるかというと必ずしもそうではない，と指摘することも忘れてはいない。

経済問題が解決されれば，人類は伝統的な目的（生きるために働くこと）を奪われ，裕福な妻たちが陥っている神経衰弱が日常となるかもしれない。ケインズは，「イギリスやアメリカでは，富裕な階級の妻たち，すなわち不幸な婦人たちの間ではすでにありふれたものとなっている神経衰弱がそれである。彼女たちの多くは，財産があるために，伝統的な務めや仕事を奪われている。彼女たちは経済的ニーズという刺激を奪われると，料理や洗濯や繕いものに十分な楽しみを見出すことが出来ないにもかかわらず，それら以上に楽しいことを見出すことも全く出来ないのである」[33]，と述べている。

人類は，豊かな時代に生まれた余暇 (leisure) の使い方をいまだ学んでいない[34]。「人間の創造以来はじめて，人間は真に恒久的な問題，すなわち経済上の切迫した心配からの解放をいかに利用するのか，科学と複利の力によって獲得される余暇を賢明で快適で裕福な生活のためにどのように使えばよいのか，という問題に直面するであろう」[35]，とケインズは言う。豊かな時代が到来したときに，その豊かさを真に享受出来るのは，活力を維持し生活術そのものをより完璧なものに洗練し，生活手段のために自らを売り渡すことのないような国民であろう。ここでもケインズは，「もう少し経験を積めば，われわれは新たに発見された自然の賜物を，富者たちの現在の利用法とはまったく異なった方法で利用するようになるし，富者たちとはまったく異なった生活計画を独力でうちたてられるようになるだろう」[36]，とかなり楽観的であった。

(7) 目的意識的な人間 (purposive man)

しかし，このような豊かな時代はまだ来ていないというのが，この段階でのケインズの認識である。今しばらくは，富の追求といった「目的意識」(purposiveness) を持ち続けなければならない[37]。そして，これから100年の間は，金銭的動機や似非道徳律である「財産としての貨幣愛」を神として奉る必要がある。ここでは，シェイクスピアの『マクベス』から三人の魔女の言葉を

巧みに使いながら,「われわれは,少なくとも100年間,自分自身に対しても,どの人に対しても,公平なものは不正であり,不正なものは公平である (fair is foul and foul is fair) と偽らなければならない。なぜなら,不正なものは有用であり,公平なものは有用でないからである。貪欲や高利や警戒心は,いましばらくなおわれわれの神でなければならない。なぜならば,そのようなものだけが経済的ニーズというトンネルから,われわれを陽光のなかへと導いてくれることができるからである」[38],と述べざるを得なかったのである。

4. おわりに

これまで議論してきた,100年後に到達するであろう経済的至福 (economic bliss) への道は4つの事柄に規定されている,とケインズは言う[39]。まず第一は,人口の調整能力である。ケインズの時代の人口は約20億人であり,それも徐々に減少を続けていた。人口はコントロールされつつあったのである。第二には,戦争や内紛 (wars and civil dissensions) を避けることである。これは富が消失しないようにするためであるが,第一次世界大戦が終わって10年しかたっていないことを考えると,大恐慌の後にヒトラーが出現し,ヨーロッパを再び戦火の中に陥れることは想定されていない。

第三は,科学や技術の進歩である。ケインズの言葉では,「科学の仕事である様々な問題の管理を科学に委ねようとする自発性 (willingness)[40]」である。これからもますます科学技術は発展していくに違いないが,科学のことは科学にということである。第四は資本蓄積率である。これは,生産と消費の差によって決定されるものであり,目的意識的な活動から生まれてくる。1930年以後100年間は,醜いといわれようが似非道徳律を守り,金儲け本能を十二分に発揮して,経済成長を続けなければならない。

筆者は,人口をコントロールし,戦争を回避するならば,技術の進歩と相まって,100年後には経済的至福が実現するとしたケインズの予言は,実に立派

なものであると考える[41]。経済的ニーズと関連した経済問題が解決した暁には，ケインズが晩年に奮闘したような文化・芸術がわたし達の身近に溢れ，真に人間として生活するにふさわしい状態が訪れることであろう[42]。この論稿には，多くの人を鼓舞し，将来に希望をもたらせる素晴らしいヴィジョンが織り込まれていたのである。そういう意味で，浅野栄一が言うように「一方では，物質的貧困がなお未解決の状態にある現今の人々の快楽追及と貨幣愛を今日的価値として黙認しようとするとともに，他方では，経済問題からの解放が期待される孫たちの時代の新しい価値観の誕生に希望を託そうとした」という指摘は，当を得たものである[43]。

最後に，本章を終えるにあたって，「何よりもまず，経済問題の重要性を過大に評価したり，経済問題で仮定されている様々な必要のために，もっと大きく，より持続的な重要性を持った他の諸問題 (other matters of greater and more permanent significance) を犠牲にしてはならない。それは，歯科医師と同じように，専門家たちの問題であるべきなのだ。経済学者が歯科医たちと同じ位置にとどまって，控えめで有能な人とみなされるようになることができたとすれば，それはなんとすばらしいことであろうか！」[44]，というケインズの名言を繰り返すことにする。

[注]
1) Cf. J. M. Keynes, *Economic Possibilities for Our Grandchildren* in *Essays in Persuasion*, Vol. 9 of *The Collected Writings of John Maynard Keynes*, ed. by The Royal Economic Society (Macmillan, 1972),pp.321-32. 邦訳，宮崎義一訳，「わが孫たちの経済的可能性」『説得論集（『ケインズ全集』第9巻）』(東洋経済新報社，1981年)，pp.387-400 を参照のこと。

　　この論稿は，『ケインズ全集』の編者が指摘しているように，ウィンチェスター・カレッジ文芸協会や，ケンブリッジ政治経済学クラブといった幾つかの小さな会合で読まれたものが元になっている。
2) もっとも，ケインズの論敵であったハイエクは，「ケインズは，その恐ろしい予言を人が聴こうとしないカサンドラのようなポーズをすることを好んだ。しかし，本当は自分の説得力にこの上ない自信をもっており，名演奏家が楽器を奏でるように，世論を操ることができると信じていた。かれは天分と気質からして，学者や研究者であるよりも，芸術家であり政治家であった。最高の知力に恵まれてはいたが，かれの思考は純粋に合理的な要素と同じくらい，審美的，直観的な要素によって影響された」，と言う。まさに，当を得た指摘である。ハイエクは，ケインズが芸術家であったと見ているので

ある。田中真晴・田中秀夫編訳，『F. A. ハイエク　市場・知識・自由―自由主義の経済思想―』（ミネルヴァ書房，1986年），p.194, を参照されたい。

3) 中矢俊博，『ケインズとケンブリッジ芸術劇場―リディアとブルームズベリー・グループ―』（同文舘出版，2008年），参照。

4) 「イギリス芸術評議会」の設立とその意図については，上掲書の第6章「CEMA委員長の受諾とイギリス芸術評議会の設立に向けて」と第7章「イギリス芸術評議会の理念とコヴェント・ガーデンの復興」に詳しく書いておいた。

5) マルサスを「ケンブリッジ経済学者の始祖」として信奉したケインズは，このような実に忙しい時期（ケンブリッジ芸術劇場の完成と『雇用・利子および貨幣の一般理論』の執筆時期）に，ジーザス・カレッジの学寮長に働きかけて，マルサスの没後100年記念祭の開催（1935年3月2日）を企画し，実際に実行した。この詳細については，中矢俊博，『ケンブリッジ経済学研究―マルサス・ケインズ・スラッファ―』（同文舘出版，1997年）の第4章「ケインズのマルサス没後100年祭記念講演」を見て頂きたい。

　筆者は，多くの芸術家と共に人生を歩みたいというケインズの夢が，幼少の頃から両親らによって育まれたこと，また大学時代に多くの仲間たちから影響を受けることにより生まれたと考えている。また，故郷ケンブリッジに「芸術劇場」をつくるという夢は，バレリーナであるリディアと結婚したことに加えて，当時発生した大恐慌という困難な状況を考えるとかなり楽観的な思考に支配されているこのマドリードの講演が契機になったのではないか，と推測している。

6) J. M. Keynes, *Economic Possibilities*, p.331. 邦訳，p.399. ハロッドが次のように言っていることも，われわれの参考になるであろう。「彼は長い間，近代世界においては，芸術は古い時代における裕福な階級の庇護に代わるべき新しい後援を要求している，という意見を持っていた。この考えが，彼がロンドン芸術家協会やカマーゴ・バレエ協会，あるいはケンブリッジ芸術劇場のために働いたとき，彼の心にあった。いまひとつの考えがあった。来たるべき時代においては，国民大衆が，古い時代において恵まれた少数者だけに与えられていた芸術の楽しみを，味わうことができるようにしなければならない。経済の前途が暗黒な時期にもかかわらず，彼の心のなかには常に『わが孫たちの経済的可能性』の問題が去来し続けていた。この逆境のあとには，結局，経済問題は解決されるであろう。いまその基礎を用意するのに早過ぎはしない。彼は音楽および芸術奨励委員会（CEMA）にこの偉大な考えの芽生えを見た」。Cf. R. F. Harrod, *The Life of John Maynard Keynes* (Macmillan, 1951), p.521. 邦訳，塩野谷九十九訳，『ケインズ伝』（東洋経済新報社，1967年），p.575, を参照されたい。

7) 浅野栄一，『ケインズの経済思考革命―思想・理論・政策のパラダイム転換―』（剄草書房，2005年）の66-68ページを参照のこと。浅野氏は，「彼（ケインズ）は，快楽追求を含めて今日ふつうに見られる人間行為とその動機の多くが歴史的環境からの産物であることに気づくことを通じて，諸個人の価値観や行動動機が各人の置かれた社会・生活環境や受けた教育などに影響されて多種多様であることを，認識するに至ったと思われる」，と述べる。この書物の第1章はケインズの「新倫理思想追及の不断の旅」と題されており，その全体を通じて読む人を引き付けて離さない。補論「自然科学思想の発展」でも，ニュートン力学から量子力学への動きが簡潔に記されており，ケインズの時代に起きた自然科学の革新がよく分かる。

　また，ケンブリッジで分析哲学の第一人者であったブレイスウェイトは，「ケインズは，ベンサム主義の快楽計算が，［経済的基準の過大評価に基づいている］ことの理由

として，その計算が行為の帰結を考慮したという事実ではなくて，それがただ一種類の帰結（快楽主義）だけを考慮したという事実を指摘していることは，注目に値する。この過大評価を斥けるケインズの姿勢は，不況のどん底であった1930年に出版された『わが孫たちの経済的可能性』という，楽観論に貫かれた彼の説教の核となっている」，と述べている。Cf. R. B. Braithwaite, "Keynes as a philosopher", Milo Keynes (ed.), *Essays on John Maynard Keynes* (Cambridge University Press, 1975), p.244. 邦訳，佐伯彰一・早坂忠訳，「哲学者としてのケインズ」『ケインズ 人・学問・活動』（東洋経済新報社，1978年），p.317, を参照のこと。

さらに，ケインズのCEMAでの秘書を務めていたグラスゴーも，「彼は，創造的芸術家は経済学者や政治家よりも重要な存在であると確信し，明確にそう述べている。経済の問題がその本来の場所たる後部座席に退く日は遠くない。その時，心と頭の舞台をわれわれの真の問題—人生や人間関係の問題，創造と行動と宗教の問題—が占める，あるいは取り返すことになろう」，と回想していることは注目しても良い。Cf. M. Glasgow, "The concept of the Arts Council", *Essays on John Maynard Keynes*, pp.268-69. 邦訳，「アーツ・カウンシルの構想」，p.347, を参照されたい。

8) J. M. Keynes, *Economic Possibilities*, p.322. 邦訳, p.389.
9) *Ibid.*, 邦訳, 同上。
10) *Ibid.*, 邦訳, 同上。
11) *Ibid.*, 邦訳, 同上。
12) Cf. J. M. Keynes, *The End of Laissez-Faire* in *Essays in Persuasion*, Vol. 9 of *The Collected Writings of John Maynard Keynes*, ed. by The Royal Economic Society (Macmillan, 1972), pp.272-94. 邦訳．宮崎義一訳，「自由放任の終焉」『説得論集（『ケインズ全集』第9巻）』（東洋経済新報社，1981年），pp.323-53 を参照のこと。
13) J. M. Keynes, *Economic Possibilities*, p.321. 邦訳, p.388.
14) *Ibid.*, 邦訳, 同上。
15) *Ibid.*, p.322. 邦訳, p.389.
16) この直前の文章も，いかにもガルブレイスらしい。すなわち，「経済学者は何かというと，経済の仕組みを機械にたとえて素人に説明しようとする。まず，原材料がその仕組みの中に投入される。労働者がそれを動かす。資本家はその持主である。国家と地主と資本家と労働者が，その生産物の分け前にあずかる。だが，その分け前は途方もなく不公平なのが普通である」，と。Cf. John Kenneth Galbraith, *The Age of Uncertainty* (Houghton Mifflin Company, 1977), p.12. 邦訳，都留重人監訳，『不確実性の時代』（TBSブリタニカ，1978年），p.16, を参照されたい。
17) 紀元前3000年頃，古代エジプトははじめて統一国家になった。そして，第一王朝の創始者は，メネス王だといわれている。これ以後，エジプトの王はファラオと呼ばれる。彼はこの世に生きる神として君臨し，その権力は絶大であった。その証拠として，紀元前2600年頃クフ王，カフラー王，メンカウラー王たちはギザに大ピラミッドを建設し，その威光を示した。また，聖書に出てくる植物としては，小麦，大麦，ぶどう，オリーブ，イチジク，ザクロ，ナツメヤシなどがあった。
18) J. M. Keynes, *Economic Possibilities*, p.323. 邦訳, p.389.
19) *Ibid.*, p.323. 邦訳, pp.389-90.
20) *Ibid.*, p.324. 邦訳, p.391.
21) Cf. J. M. Keynes, *The Economic Consequences of the Peace*, Vol. 2 of *The Collected*

Writings of John Maynard Keynes, ed. by The Royal Economic Society (Macmillan, 1971), pp.12-13. 邦訳. 早坂忠訳,『平和の経済的帰結(『ケインズ全集』第2巻)』(東洋経済新報社, 1977年), p.15, を参照のこと.

22) J. M. Keynes, *Economic Possibilities*, pp.324-5. 邦訳, p.391.
23) *Ibid.*, p.325. 邦訳, p.391.
24) *Ibid.*, pp.325-6. 邦訳, p.392.
25) *Ibid.*, p.326. 邦訳, p.393.
26) *Ibid.*, p.332. 邦訳, p.400. そのすぐ後には,「経済学者が歯科医たちと同じ位置にとどまって,控えめで有能な人とみなされるようになることができたとすれば,それはなんとすばらしいことであろうか!」とある. 経済学者は,あくまで「文明の可能性の担い手」である,というのがケインズの持論ある. もちろん「文明の担い手」は,わたし達の生活を賢明で,快適で,裕福にしてくれる芸術家たちであった. ここにも, 経済問題を過大評価するべきではない,という彼の主張が隠れていて面白い.
27) 中矢俊博,『ケインズとケンブリッジ芸術劇場』, pp.40-43. また, 芸術やそれを創造する芸術家について, ケインズは,「芸術家は神に吹き込まれた精神の息吹のままに歩きます. 彼は自分の進む方向を教えられることはありませんし, また自分自身で進む方向を知りません. しかし, 彼はわたし達を新鮮な牧場へ導き, 当初拒否していたものを愛し楽しむことを教え, 感受性を豊かにし, 直感を研ぎ澄ましてくれます」(*Ibid.*, p.130.), と指摘している.
28) 「マタイによる福音書」6・25-34 には次のように書いてあり, ケインズがこれらの言葉を意識していたことは確実であろう. すなわち,「だから, 言っておく. 自分の命のことで何を食べようか何を飲もうかと, また自分の体のことで何を着ようかと思い悩むな. 命は食べ物より大切であり, 体は衣服よりも大切ではないか. 空の鳥をよく見なさい. 種も播かず, 刈り入れもせず, 倉に納めもしない. だが, あなたがたの天の父は鳥を養ってくださる. あなたがたは, 鳥よりも価値のあるものではないか. あなたがたのうちでだれが, 思い悩んだからといって, 寿命をわずかでも延ばすことができようか. なぜ, 衣服のことで思い悩むのか. 野の花がどのように育つのか, 注意して見なさい. 働きもせず, 紡ぎもしない. しかし, 言っておく. 栄華を極めたソロモンでさえ, この花の一つほどにも着飾ってはいなかった. 今日は生えていて, 明日は炉に投げ込まれる野の花でさえ, 神はこのように装ってくださる. まして, あなたがたにはなおさらのことではないか. 信仰の薄い者たちよ. だから, 何を食べようか, 何を飲もうか, 何を着ようかと言って, 思い悩むな. それらはみな, 異邦人が切に求めているものだ. あなたがたの天の父は, これらのものがみなあなたがたに必要なことをご存じである. 何よりもまず, 神の国と神の義を求めなさい. そうすれば, これらのものはみな加えて与えられる. だから, 明日のことまで思い悩むな. 明日のことは明日自らが思い悩む. その日の苦労は, その日だけで十分である」, と.『聖書』(日本聖書協会, 1995年), pp.5-6, を参照のこと.

ケインズは,「明日のことなど少しも気にかけないような人こそ徳と健全な英知の道をもっとも確実に歩む人である」,「汗して働くことも紡ぐこともしない野の百合のような人を尊敬するようになる」, と言っているのである.

29) もっともケインズは, 相対的なニーズについて,「優越の欲求(the desire of superiority)を充たすようなニーズは実際に飽くことを知らぬ(insatiable)ものであろう. なぜなら, 全体の水準が高まれば高まるほど, この種のニーズはなおいっそう高く

なるからである」，と述べることを忘れてはいない。J. M. Keynes, *Economic Possibilities*, p.326. 邦訳, p.393.
30) *Ibid.*, 邦訳, 同上。
31) *Ibid.*, p.329. 邦訳, p.396.
32) *Ibid.*, p.329. 邦訳, p.397.
33) *Ibid.*, p.327. 邦訳, p.394.
34) ケインズは，「人生が耐えられるのは，歌うことができる人たちにとってだけであろう。そして，われわれのうちで歌うことができる者は何と少ないことであろう」と言い，「自らの身を処するということは，特別の才能を持たない普通の人間にとって恐るべき問題である。とくに彼が，伝統的な社会の土壌や習慣や愛すべきしきたりに根をもっていないとなれば，なおさらそうである」(*ibid.*, pp.328-9. 邦訳, pp.395-96.)，と述べる。
35) *Ibid.*, p.328. 邦訳, p.395.
36) *Ibid.*, p.328. 邦訳, p.396.
37) ケインズは，「不朽不滅の約束を宗教の核心と本質のなかにもっとも組みこむことのできた民族が，複利の原理にも最も大きく寄与してきたこと，しかも人類のさまざまな制度のうちでもっとも目的意識的なこの制度を特に好んでいるというのは，おそらく偶然のことではない」(*ibid.*, p.330. 邦訳, p.399.)，と追加している。
38) *Ibid.*, p.331. 邦訳, p.399.
39) *Ibid.*, p.331. 邦訳, p.400.
40) *Ibid.*, 邦訳, 同上。
41) ところで，ケインズの結論である「重大な戦争と顕著な人口の増加がないものとすれば，経済問題は100年以内に解決されるか，あるいは少なくとも解決のめどがつくであろう」という予言は，残念ながら当たらなかった。まず第一に，その前提条件の一つである重大な戦争が起こったからである。周知のように，第二次世界大戦のためにかなりの富が消失してしまった。さらに，第二次世界大戦後，人類は著しい人口増大を経験し，2018年時点で74億人を突破している。ケインズが論稿を発表した1930年には，世界人口はたかだか20億人だったのに，100年後の2030年にはなんと80-90億人になろうとしている。この二つの事柄は決定的であろう。
42) 困ったことに，人間の経済的欲望もケインズの予想と異なり，その拡大はとどまるところを知らない。彼が述べた顕示的欲求などの相対的なニーズの肥大化はもちろんのこと，衣食住などの欲求である絶対的なニーズに関しても，現在のわれわれが必要とする基本的欲求の範囲は著しく広がってきた。また，世界を見渡せば分かるように，基本的な経済的なニーズであっても，それが充足しているとは決して言えない。もっとも，ケインズが考えたのは進歩的な諸国 (progressive countries)，すなわち彼が住むヨーロッパなどの人々のことであり，貧困にあえぐアフリカ地域の人々のことではなかったと思われるので，先進諸国の人々の絶対的なニーズである経済問題については，彼の予言は実現しつつあると思われるし，そう言った方が彼に対して公平であろう。

　ここで筆者が残念に思うのは，先進国地域の絶対的なニーズを充足した豊かな人々の多くも，彼らの行動がケインズの期待していたような「手段よりも目的を高くし，効用よりも善を選ぶ」ようにはなっていないことである。ケインズが所属していたブルームズベリー・グループの人々は，文化や芸術に明るく，いわゆる人生を「歌うことができる人々」の集団であった。しかし，一般大衆である多くの人々にとって，「新たに発見

された自然の賜物」を上手に利用する経験は，著しく足りなかったと考えざるを得ない。そこで，ケインズが行動を起こした文化・芸術の大衆化が意味を持ってくるのである。今からでも決して遅くはなく，この困難の時代に，一般大衆に対してその準備をしておかなければならない。ケインズの闘いは，今もなお絶えることなく続いているのである。

　また，筆者は寡聞にして，生産性の向上により労働者の労働時間は著しく短縮され，ケインズの言ったような「3時間交代制や週15時間労働が実施される」というようなことを，聞いたことがない。それどころか，多くの正規労働者は，一日10時間以上の勤務を強いられており，非正規の派遣労働者は期間満了の解雇におびえているのが現状である。複利の力により蓄積された富は，一般労働者のところには集まらず，ほんの一部の豊かな人のところに集中している。さらに悪いことに，そのような富がしばしば退蔵され，経済全体に行き渡っていないのである。一般大衆の多くは，ケインズの言ったように働く必要がないから神経衰弱になっているのではなく，働く場所がないために経済的必要が充足されずに苦しんでいるのである。

43）　浅野栄一，『ケインズの経済思考革命―思想・理論・政策のパラダイム転換―』，pp.66-67,を参照のこと。
44）　J. M. Keynes, *Economic Possibilities*, p.332. 邦訳, p.400.

第7章 ケインズの「自由放任の終わり」

1. はじめに

　ケインズと並ぶ天才経済学者であったシュンペーターは，1946年9月発刊の「アメリカン・エコノミック・レビュー」にケインズの追悼文を送った[1]。ケインズとシュンペーターは，必ずしも親密な関係を持っていたわけではない[2]が，その追悼文は1946年の4月21日（復活祭の日）に，ティルトンにある農場内の自宅で62年におよぶ波乱の生涯を閉じた，ケインズへのオマージュを示したものであった。

　その追悼文の前半にシュンペーターは，「その書物（『平和の経済的帰結[3]』）は傑作である。決して深さを欠かぬ実践的叡智によって裏付けられており，無慈悲なまでに論理的ではあるが決して冷たくはなく，純真に情愛的ではありながらどこにも感傷的なものはなく，無駄に悔いることがないばかりか絶望することもなく，すべての事実に立ち向かっている。……さらに，それは芸術作品である。形と内容は完全に適合している。すべてのものが要点を突いておりそのなかには要点を外れたものは何もない。無用な装飾がその賢明な手段の節約を損じてもいない。説明の推敲そのものがその簡潔さを生み出している。……[4]」，と書いている。

　さらに彼は，この書物についての簡潔な要約を述べた後で[5]，「われわれは，『平和の経済的帰結』のこれらのページのなかに，『一般理論』の理論的装置の何物をも発見しない。しかしわれわれは，そのなかに装置がそれの技術的補完物となる，社会的ならびに経済的事象に関するヴィジョンの全部を発見する。

『一般理論』は，われわれの時代に関するそのヴィジョンを，分析的に役立つものとしようとする長い苦闘の最後の結果なのである」，と付け加えた。マーシャルへの寄稿文でも，シュンペーターは見事な文章を書き送ったのだが，ケインズの追悼文もそれに劣らず素晴らしい。彼は，ケインズと同様に，伝記作家としても評価されて良いであろう。天才経済学者は，名文家でもあったのである。

　さて，本章で取り上げる「自由放任の終わり」は，1926年7月に出版されている。これは，「ケインズが1924年11月にオックスフォード大学で行ったシドニー・ポール記念講演と，1926年6月にベルリン大学で行った講義に基づいて書いたものである」，と『ケインズ全集』の編集者は記している。ジョン・エリオット・ケアンズは，一般的な見方であると断っているが，「富がもっとも急速に蓄積し，もっとも公平に分配されるのは，いいかえれば，人間の厚生がもっとも効率的に増進されるのは，人々が自由に行動できるようにする単純な方法をとったとき，つまり個々人が自己利益を自由に追求できるようにし，暴力や詐欺を控えるかぎり，国や世論の干渉を受けないようにしたときである。これが一般に自由放任と呼ばれている教義である」，とまとめている。この教義は，自由貿易のための政治的キャンペーンや教育界，実業界の願望などにより，多くの人々の心に植え付けられた考え方である。ケインズも，「個人主義的な自由放任論こそ，経済学者が教えるべき点だし，現に教えていることでもあるという一般の見方は変わっていない」，と述べている。

　そこでケインズは，この教義を基礎付けてきた形而上学の原理や一般的な原則に反対すべく，次のように主張したのである。すなわち，「個人が経済活動に関して，慣行として自然な自由を与えられているというのは，事実ではない。もてるもの，取得せるものに恒久的な権利を与える社会契約は，実際には存在しない。世の中が，私益と公益がつねに一致するように天上から統治されているというのは，事実ではない。現実に私益と公益が一致するように地上で管理されているというのも，事実ではない。洗練された自己利益がつねに公共の利益になるように作用するというのは，経済学の原則からの推論として，正しくはない。自己利益がつねに洗練されているというのは，事実ではない」，

と。この様な彼の主張は,「自由放任の終わり」という題名に最もよく表されているように思われる。

ところが,上記のような見方に対して見逃すことの出来ない文章が,先に示したシュンペーターの追悼文の脚注に見られるのである。すなわち,「『自由放任の終わり』についていう必要があるすべてのことは,われわれがこの小さな書物のなかに,その書物の暗示するようなものを発見し得ると期待してはならないということである。それは,ウェッブ夫妻が,ケインズの書物との比較を誘っている,彼らの書物のなかで書いているようなものでは全くない」[13],という文章である。この「自由放任の終わり」という論稿は,シュンペーターの言うように,自由放任主義からの決別の書ではないのであろうか。いや,この書名には,他に何か隠された意味でもあるのか。

本章では,このような問題を解明しつつ,ケインズの「自由放任の終り」という論稿を検討していきたい。

2. 個人主義と自由放任思想の歴史

「公の問題を考えるとき,個人主義と自由放任という言葉でうまくまとめた見方をとるのが一般的だが,この見方は,いくつもの思想の流れと感情の泉から,その内容を引き出してきた。100年以上にわたって,わたしたちがこの点で哲学者の指導を受け入れてきたのは,ある種の奇跡によって,哲学者のほぼ全員がこの点に関しては意見が一致するか,少なくとも意見が一致しているように思えたからである」[14]。「自由放任の終わり」の第1章は,このような総括的な文章で始まる。そして,それに続いて個人主義と自由放任思想の系譜が,これも非常にコンパクトな形で示されている。

ケインズの論敵であったハイエクは,「彼の知的関心もまた審美的好みによって決定されることが大きかった。このことは,他の分野に対してと同様,文学と歴史について当てはまる。16世紀と17世紀はともに,おおいに彼を魅了

した。そして彼の知識は，少なくとも選ばれた部門では，専門家並であった。しかし彼は19世紀が大嫌いで，19世紀の経済史そして経済学史さえ，その知識の欠落をときどき示すことがあったが，これは経済学者としてはいささか人を驚かすことであった」[15]，と述べている。

ケインズは，極めて多方面で活躍した人であり，経済思想史の分野についても博識であったことは，以下の分析からも理解できる。ハイエクの示唆にもかかわらず[16]，われわれはここに経済思想史家としてのケインズを見る。以下では，しばらくの間，われわれはケインズが示した個人主義と自由放任思想の歴史を検討してみたい。

まずは，個人主義に関して，である。「17世紀末，国王の権威は神に与えられたとする王権神授説（the divine right of monarchs）が否定され，自然権に基づく自由と社会契約の思想があらわれた。教会の権威は神に与えられたとする教権神授説（the divine right of the Church）も否定され，宗教的寛容の原理と，教会は『人々の自発的な結社』だとし，『完全に自由に自発的に』集まったものだとする思想があらわれた」[17]，とケインズは言う。そして，次のように付け加えるのである。「50年後，人間の義務は神が定めた絶対のものだとする見方が否定され，功利計算（the calculation of utility）の思想があらわれた」[18]。ここでケインズは，ロックとヒュームを念頭に置きながら，個人主義の源泉をこの2人の思想，すなわち契約説と功利計算に見る。なぜなら，前者は個人に権利があることを前提にしており，後者は個人を自分の学問の中心教義としたからである。

また，これらの思想がこのように個人を前面に押し出す目的は，「国王と教会の支配を打ち破るためであった。その結果，社会契約の思想による新しい倫理を通じて，財産と慣習的権利が強化された」[19]ことにあったとしている。この個人主義を社会一般に適用したのが，ペーリーとベンサム，そしてルソーの思想であった。ペーリーは，永遠の幸福のために，神の意思（the will of God）の命ずるままに人間に対して善を尽くすことにより，ベンサムはすべての人々，とりわけ統治に携わる人々が，最大幸福（the Greatest Happiness）の実現を目的として行為すべきことにより[20]，そしてルソーは人々の私的利益ではなく，共

通の利益を目的とする一般意思（the General Will）を強調することにより，その役割を果たすこととなった。そして，ケインズの指摘を待つまでもないが，「どちらの場合も，個人から社会へと力点が移行したのは，平等を重視するようになった[22]」からである。

さて，「ルソーは自然状態から平等を導き出し，ペーリーは神の意思から平等を導き出し，ベンサムは数学上の無差別の法則から平等を導き出した。こうして，平等と利他主義の思想が政治哲学に入り込み，ルソーとベンサムの影響が重なり合って，民主主義と功利主義的社会主義が生まれた[23]」とされるが，それらが相反することなく混じり合ったのが19世紀の初頭だった，とケインズは言う。「19世紀の初めに奇跡的な融合が進んだ。ロック，ヒューム，サミュエル・ジョンソン，エドマンド・バークらの保守的個人主義と，ルソー，ペーリー，ベンサム，ウイリアム・ゴドウィンらの社会主義と民主主義的平等主義が調和した[24]」のである。

このような思想的雰囲気の中で，自由放任という思想が登場する。そして，この自由放任という思想が，思想史全体の中で極めて大きな役割を演じる様になるのである。ケインズは，この頃頭角を現してきた経済学者たちが，自由放任という思想を持ち出すことにより，先に提示した諸思想の調和を図ったとして，次のように明言した。すなわち，「自然の法則が作用して，個人が自由な状態で洗練された自己利益を追求すればかならず，同時に公共の利益を増進することにもなると考えてみればいい。これで，哲学の難問は解決する。少なくとも実務家にとって，難問に思い煩う必要はなくなり，必要条件である自由の確保に専念すればよくなる[25]」，と。

そして，次のように付け加えたのである。すなわち，「政府には個人の自由に干渉する権利はないとする哲学上の原理と，神の奇跡によって干渉の必要がなくなっているとする神学上の見方に，干渉するのは得策でないとする科学的な論証が加わったのである。これが自由放任の思想を支える第三の潮流であり，アダム・スミスの著作に見つけだすことができる[26]」，と。ケインズは，これまでのことをまとめて，「自由放任の原則によって，個人主義と社会主義の調和が達成され，ヒュームの利己主義と最大多数の最大幸福の融合が達成され

ることになった。政治哲学者は引退して，企業家に任せておけばよくなった。企業家が自分の利益を追求すれば，哲学者が考える至高の善（summum bonum）が達成できるのだから」，と言い放ったのである。

　この自由放任の思想は，当時の政府の腐敗や無能力，そして産業革命の物質的進歩が個人の創意によってもたらされたとする考えにより，揺るぎないものとなった。ケインズは，「先験的な理論の説得力が強まった。哲学者と経済学者は，各種の深い理由で，束縛を受けない民間事業の活動こそが，社会全体にとって最善の結果を生み出すと教えた」と述べ，先の３つの論証，すなわち政府に干渉する権限はないとする哲学的教義，政府が干渉する必要はないとする神の声，政府の干渉は得策ではないとする科学的論証を，次のように繰り返したのである。すなわち，「こうして，神の恩寵，自然法，科学的な理論のいずれに基づくものであっても，国の行動をごく狭い範囲に限定するべきであり，経済活動はできるかぎり規制せず，世の中で身を立てようとする個人の能力と良識に任せるべきであるとする見方を受け入れる素地が十分にあったのである」，と。

　そればかりではない。1859年には，天地を揺るがしたダーウィンの『種の起源』が現れる。この書物は，一般的には自然選択と適者生存の事実を科学的に実証して進化論を確立し，自然科学の分野においてはもちろんのこと，社会観や文化観など物の見方全般に決定的な影響を及ぼした。もちろん，自由競争の原理を全面的に支持していることから，経済学に対しても大きな影響を与えたのである。この適者生存の原則に関するケインズの叙述は，適切な比喩が用いられていることもあり大変興味深いので，少し長くなるが引用してみたい。

　　ペーリーらの哲学者の影響が薄れてきたとき，ダーウィンの革命的な理論が登場し，宗教を根底から揺り動かした。それまでの考え方と，これほど正反対の説はありえないと思えた。それまでは，世界を時計職人のような神の業だとみていたのだが，その世界がすべて，偶然と混沌と過去によって作られたと思えるようになったのだから。しかし一つの点で，この新しい思想はそれ以前の思想を強めることになった。経済学者は，富も商業も機械も自由競争の結果だと教えていた。自由競争の結果，ロンドンができたのだと。と

第 7 章　ケインズの「自由放任の終わり」　175

　ころがダーウィン主義者は議論をもう一歩先に進めることができた。自由競
　争の結果，人類が誕生したのだと。人間の目はもはや，すべてを最善のもの
　にするように設計した神の業の証ではない。偶然が生み出した最高の結果な
　のであり，自由競争と自由放任という条件があったからこそ，この成果が生
　まれたのである。適者生存の原理は，リカードの経済学を極端に一般化した
　ものともいえる。この大きな総合の観点では，社会主義の立場からの干渉は，
　得策でないというだけではなく，不遜な行為だとすらいえるようになった。
　人類は太古の海の泥の中からビーナスのように立ち上がってきたのであり，
　社会主義の立場からの干渉はこの力強い前進を妨げようとするものだからで
　ある[31]。

　以上のように，個人主義と自由放任の思想の歴史を辿ったケインズは，次の
ように結論付けたのである。すなわち，「ヒュームとペーリー，バークとルソ
ー，ゴドウィンとマルサス，ウィリアム・コベットとウィリアム・ハスキッソ
ン，ベンサムとコールリッジ，ダーウィンとオックスフォード主教はそれぞれ
対立しあっていたように思えて，じつのところ，同じ教えを説いていたことが
分かったのだ。個人主義と自由放任の教えである。これがいってみればイギリ
ス国教会の教えであり，これらの思想家はみな，使徒なのである。そして経済
学者の一団が控えており，少しでもこの教えに背く行動を取れば，経済が破綻
すると証明する役割を担っていた[32]」と。
　そして，個人主義と自由放任の思想が，人々の心にこのように深くしみ込ん
でいる為に，政府の干渉を議論する時にはいつでも反対されることになるので
あるが，ケインズは次のように付け加えることにより，彼自身の関心事へと議
論を移行させていく。「とはいえ，ホッブズやロック，ヒューム，ルソー，ペ
ーリー，アダム・スミス，ベンサム，ハリエット・マーティノーらが考え，書
いていなければ，いまの人間はいまのように考えていなかったのではないかと
思う。思想の歴史を学ぶことは，精神を束縛から解放する条件を整えるために
不可欠である[33]」。そして，先に書いたように，自由放任主義の終わりを高らか
に宣言することになるのである。
　ところが，以上の議論を継承し発展させているのは，次に来る第 2 章と第 3
章ではない。この著作の第 1 章は，正に第 4 章以降の有名な章句に引き継がれ

ているのであって, 第2章と第3章の議論は, 上記のものとは少し趣を異にしていると言っても良い. ここには, 今までに述べられたアダム・スミス観とは多分に異なるものが提示されている. 例えば,「自由放任という言葉は, アダム・スミスやリカード, マルサスの著作では使われていない. 自由放任の考えすら, 教条的な形ではあらわれていない」[34] や,「アダム・スミスはもちろん, 自由貿易主義者であり, 18世紀に使われた各種の貿易制限に反対している. しかし, 航海法や金利制限法に対する姿勢を見ると, 教条的でなかったことが分かる.『見えざる手』に関する有名な一節ですら, 経済的な自由放任の思想よりも, ペーリーにつながる哲学を背景としている」[35], という文章がそれである.

シュンペーターを除く多くの読者は, この第2章と第3章を読み飛ばしたに違いない. しかし, その責任の一端は, ケインズ自身にもあるといわざるを得ない. なぜなら, 彼はこの著作を『説得論集』に掲載する際に, 最初の重要な3つの章を削除してしまったからである. ケインズのこの処置は, 決して好ましいものとは言えず, 後の世代に多くの躓きと混乱をもたらしたものと思われる[36]. しかしながら, もし「自由放任の終わり」という論稿に, これらの極めて重要であると思われる第2章と第3章がなかったならば, われわれはケインズのこの書物をここで取り上げることはなかったであろう. それほどまでに, この第2章と第3章は筆者にとって重要なものである.

そして, そこでの分析から分かったことであるが, ケインズは思想の大きな流れを掴むのに優れていただけでなく, 古典派の経済学者の書物を丹念に読み, 彼らの主張を正確に捉えていたと思われるのである. もしそうでないならば,「自由放任という言葉は, アダム・スミスやリカード, マルサスの著作では使われていない. 自由放任の考えすら, 教条的な形ではあらわれていない」[37], などと言い切れるはずはないからである. 次節では, この第2章と第3章を詳細に検討してみたい.

3. 自由放任思想と偉大な経済学者

　ケインズは，第2章の冒頭で，次のように述べた。すなわち，「以上で語ってきたのは，18世紀の哲学思想の発展と啓示宗教の衰退から利己主義と社会主義の矛盾が生まれたが，経済学者が科学的な装いの理屈を示したために，実務家がこの矛盾を解決できたということである。しかし，そう論じたのは簡潔にするためであって，ここで但し書きを加えておかなければならない。これは，経済学者が論じたとされていることである。偉大な経済学者の著書には，そのような教義は書かれていない。偉大な学説を平易に解説して通俗化した著者が論じた見方である」[38]，と。

　ここでケインズが言う通俗化した著者とは，キャロラインという女の子に経済学の知識を持たない市民を代表させ，知識を持つ夫人が教師役を務めることで，経済学を普及させることに貢献した『経済学にかんする対話』の著者であるマーセット夫人[39]，その書物に刺激を受け，多くの経済問題を平易な読み物とすることに成功したマーティノー女史らのことをいう。マーティノー女史の『例解経済学』は何万部も売れたというから，自由放任思想の普及に大きな力となったに違いない[40]。さらに，通俗化ということなら，当時行われていた政治的キャンペーンもその中に入るであろうし，ケインズも指摘しているように，「自由貿易を求める政治運動や，急進的な自由貿易主義を主張したマンチェスター学派の影響，ベンサム派功利主義の影響，二流の経済学者の主張」[41]ももちろん，自由放任政策が経済学の実践的結論であることを大衆の心に植え付けたに違いない。

　しかしながら，偉大な経済学者たち，すなわちアダム・スミス，リカード，マルサス，J.S.ミル，ケアンズ，マーシャルらは，この自由放任思想を教条的な形で示していないとして，先にも紹介したごとく「自由放任という言葉は，アダム・スミスやリカード，マルサスの著作では使われていない。自由放任の考えすら，教条的な形ではあらわれていない」[42]，と述べたのである。

また，ケアンズは，1870年にロンドン大学のユニヴァーシティ・カレッジで行った「経済学と自由放任」に関する講義において，正統派経済学者としておそらく初めて，自由放任一般について正面から攻撃を加え，自由放任の思想には科学的根拠がなく，単なる実用的な原則でしかないと明言する。「これが過去50年，主要な経済学者全員の一致した見方になっている。一例をあげるなら，アルフレッド・マーシャルはとくに重要な著作のいくつかを，個人の利益と社会の利益が調和しない事例の解明にあてている」，とケインズも主張したのである。人びとを説得するためには，言葉は少々強くあらねばならないと考えていた彼のことであるから，上記の章句にもかなりの誇張があると思われるかもしれないが，筆者が調べた限りでは，自由放任という言葉は，実際ケインズの言った通り，アダム・スミスやリカード，マルサスの著作にはない。

　また，マーシャルに関しては，彼の『経済学原理』(1890年)の中でも，本文にはその表現は見られず，注として重農主義の土地単一課税を説明した箇所と，この用語 *Laissez-faire, laissez-aller* (好きなように自由に作り，税をかけることなく自由に移動させよ)の本来の意味を，極めて明快に説明した箇所にあるだけである。彼によると，工場などで物を作る際には，規制などせずに好きなように作らせることが必要であり，人と物が一つの所から他の所へ移動する際にも，通行税などをかけずに自由に移動させるべきだ，ということであった。

　J.S.ミルはどうであろうか。彼の『経済学原理』(1848年)を紐解いてみると，第5編第11章に「自由放任主義の根拠と限界」という項目がある。この項目には，ケインズが政府の干渉すべきことについて言及した内容よりも，かなり多い *Agenda* が示されている。それを示すと，①教育，②幼年者の保護，③永久的契約，④公営企業，⑤労働時間や植民地の土地の処理，⑥貧民救済，⑦植民，⑧公共事業，⑨学者階級の維持，⑩司法および国防などである。一方で，後に見るのであるが，ケインズが示した *Agenda* は，①中央機関による通貨および信用の管理と情報の公開・収集・普及，②貯蓄と投資の管理，③適正な人口政策の三つだけである。

　これらのことから分かるように，アダム・スミス，リカード，マルサス，J.S.ミル，マーシャルなどの偉大な経済学者たちは皆，何でも自由に放任しさ

えすればすべては旨くいくとは説いていないし，またそのように説くはずもなかったのである。彼らは，あらゆることを考慮に入れて物事を考察しなければならないのであるから，われわれが彼らを教条的な自由放任主義者であると考えることは，不遜ですらある。その意味からすれば，ケインズの使った「自由放任の終わり」という用語は，混乱を招きやすいものではあった。なぜなら，その用語からは，ケインズ以前の経済学者はすべからく自由放任を説いていたのだが，ケインズが始めてその誤りを指摘しその思想の終わりを宣言したと思われ易いからである。

もっとも，ケインズも正確に指摘しているように，バスティアのような二流の経済学者たちは異常な執着心を持って自由放任思想を喧伝していたし，当時の人々に人気のあったマーセット夫人やマーティノー女史といった大衆向けの通俗的な著述家たちは，まさに自由放任思想の啓蒙者であった[47]。だから，ケインズが「自由放任の終わり」という表現を用いたことは，必ずしもあらゆる事情に当てはまったわけではないが，間違いというわけでもなかったのである。

さて，以上のように自由放任の終わりを説いたのは，何も自分が初めてではなく，「ジョン・スチュアート・ミルの時代から，一流の経済学者はこのような見方のすべてに強く反発してきた[48]」と正確に述べたケインズは，次の第3章で経済的個人主義の諸前提についても論難している。ここでは，アダム・スミス以来のマーケット・メカニズムを中心とする新古典派経済学の諸前提が問題にされていると言ってもよい[49]。ケインズが，経済的個人主義を基礎として構築された正統派経済学に批判的であったことは良く知られていることで，『一般理論』の中では，「最近の数理経済学のあまりにも多くの部分は，それが立脚している最初の想定と同じように不正確な単なる作り事であって，著者はもったいぶった役に立たない記号の迷宮の中で，ともすれば現実世界の錯綜関係と相互依存関係を見失っている[51]」，と皮肉っているのである。

ここでのケインズの指摘は大変鋭く，われわれも取り上げる必要があるのだが，この論争はケインズが言うほど簡単ではない。経済学のエッセンスについて論じなければならないからである。われわれの議論を複雑にしないために，ここでは問題を指摘しておくだけに止める方が良いに違いない。しかしなが

ら，次のことは指摘するに値すると思われるので，記しておきたい。それは，生存競争それ自体の犠牲と性格，および生存競争の結果としての富の集中（貧富の格差）に関して，ケインズが主張した次の文章である。すなわち，「キリンの厚生を心から気に掛けているのであれば，首が短いキリンが飢えに苦しんでいること，美味しい葉がキリン同士の戦いで地面に落ちて踏みつけられていること，首の長いキリンが食べ過ぎになっていること，本来は穏やかなキリンの顔が不安や貪欲な闘争心で歪んでいることを見逃すわけにはいかない」[52]，と。彼が政府の介入の必要性を熱心に説くのも，結局は公益（public good）を実現するための社会的行動を提案することに他ならなかったのである[53]。

4. おわりに

これまでわれわれは，「自由放任の終わり」という論稿を検討してきた。その中でも特に，この論稿を『説得論集』に入れる際に，ケインズ自身により削除された部分，すなわち第1章から第3章を中心に検討したわけである。そこで確認できたことを示しておこう。第一に，個人主義と自由放任思想の系譜が極めてコンパクトな形でまとめられていること，第二に，偉大な経済学者たち，すなわちアダム・スミス，リカード，マルサス，J.S.ミル，ケアンズ，マーシャルらは，この自由放任思想を教条的な形では信奉していないこと，第三に，この自由放任思想を流布させるのに大きな影響力をもったのは，大衆向けの通俗的な著述家たち，すなわちマーセット夫人，マーティノー女史，バスティアといった二流の経済学者たちであったし，19世紀のジャーナリズムや政治家たちであったこと，第四に，「自由放任の終わり」という題名は誤解を招き易いが，シュンペーターがほのめかしたほどではないこと，第五に，経済的個人主義を基礎として構築された正統派経済学への強い批判がなされていること，などである。

さて，アダム・スミス以降，いつの時代においても，経済学者は自由放任に

よって公益が実現されるという命題が，疑問の余地なく確立されるかのように語ってきたという意見は，今でも多くの人の心にしみ込んでいるものだと思われる。しかし，これまでにも見てきたように，アダム・スミスをはじめとして歴史に残るような偉大な経済学者たちは，誰一人として教条的な形でこの思想を信奉することはなかったし，自分もまた信奉しないということを繰り返したのがケインズであった。このケインズの主張は，その書名の斬新さとあいまって，かなり人目を惹いたものと思われるし，彼自身の目的を遂行する上で，大きな力となったに違いない。

というのは，続く第4章で「おそらく，経済学者にとってはいまの段階で，政府が『なすべきこと』（Agenda）と『なさざるべきこと』（Non-Agenda）をあらためて区別するのが，主要な課題となっている。これに関連して，政治学者にとっては，『なすべきこと』を達成できる政府の形態を，民主主義の枠内で考案することが課題となっている」，と言い切ったケインズは，偉大な経済学者に倣って，三つのAgendaを提示することになったからである。経済思想の歴史において，思想の断絶はありえない。あるのは，その思想を如何に強調するかであり，さらにはその思想を受け入れる時代が到来したかどうかである。

しかしながら，私有財産制と企業の営利原則を基礎とする資本主義は，このとき以来大きく変貌することになった。資本主義が内包している様々な悪（失業や富の格差）を是正しようとする資本主義の出現である。ケインズは，この論稿の最終章である第5章の末尾で，「前進のつぎの一歩は，政治的な扇動や早まった実験ではなく思想の面で達成されなければならない」と明言したが，そのすぐ前で次のような私見を披露している。筆者もこの見解に賛同の意を表することで，本章を締めくくるものとする。すなわち，「わたし自身の見方をいうなら，資本主義は賢明に管理すれば，現時点で知られているかぎりどの制度よりも，経済的な目標を達成する点で効率的になりうるが，それ自体としてみた場合，さまざまな点で極端に嫌悪すべき性格（extremely objectionable）をもっていると思う。いまの時代に課題になるのは，効率性を最大限に確保しながら，満足できる生活様式（satisfactory way of life）に関する見方とぶつからない社会組織を作り上げることである」，と。

[注]

1) Cf. Joseph A. Schumpeter, "John Maynard Keynes", *The American Economic Review*, Vol. 36, No.4 (September, 1946). Reprinted in his *Ten Great Economists -from Marx to Keynes* (Oxford University Press, 1951), pp.260-91. 邦訳、中山伊知郎・東畑精一監訳、『シュムペーター・十大経済学者』(日本評論社、1952年)、pp.363-414、参照。

2) シュンペーターの3番目の夫人であったエリザベス・ブーディは、『シュムペーター・十大経済学者』の序文において、「説明の難しいある理由によって、これら二人の間の関係は、個人的にも専門的にも、親密なものではなかった」、と述べている。Cf., *ibid.*, pp.xii-xiii. 邦訳、p.9、参照。また、博識の経済学史家であるマーク・ブローグは、「シュンペーターはケインズに好感をもっておらず、『景気循環論』はケインズ革命が本調子になってきたまさにその時に出版された」、と述べる。Cf. Mark Blaug, *Great Economists before Keynes : An Introduction to the Lives and Works of 100 Great Economists of the Past* (Wheatsheaf Books, 1986), p.216. 邦訳、中矢俊博訳、『ケインズ以前の100大経済学者』(同文舘出版、1989年)、p.238、参照。天才であった二人は、分析方法の違いからか、お互いを認め合うことはなかったが、シュンペーターのケインズに対する追悼文はとても素晴らしい。

3) J. M. Keynes, *The Economic Consequences of the Peace*, Vol. II of *The Collected Writings of John Maynard Keynes*, ed. by The Royal Economic Society (Macmillan, 1971). 邦訳、早坂忠訳、『平和の経済的帰結(『ケインズ全集』第2巻)』(東洋経済新報社、1977年)。

4) Cf. Schumpeter, *op. cit.*, pp.266-67. 邦訳、p.374、参照。

5) シュンペーターは、「自由放任の資本主義、あの驚異的なエピソードは、1914年8月をもって終わった。企業者の指導権が、その中にあって成功に次ぐ成功を確保することのできた諸条件は、それは人口の急速な増加によって、かつ技術の改善と食糧および原料の新しい資源の相次ぐ開発とによって、絶えず再創造されつつあった豊富な投資機会によって推進されたものであるが、急速に無くなろうとしている。……いまやこのような刺激はなく、私的企業の精神は揺らぎ、投資機会は失われつつある。したがって、ブルジョワの貯蓄習慣は、その社会的機能を喪失したのである。彼らの貯蓄習慣が依然として存続していることは、事実上必要以上に事態の悪化を招いている」、と上手にまとめている (*ibid.*, p.268. 邦訳、p.376.)。

6) *Ibid.*, p.268. 邦訳、p.377.

7) シュンペーターは、1940年12月、マーシャルの『経済学原理』出版50周年を記念して行われたアメリカ経済学会総会で報告する。それが、『十大経済学者』に収録されている「マーシャル伝」である。その末尾には、「われわれすべてが、あてどなく具体的な道を求めて深い谷の端に立つとき、われわれはいつも振り返って彼を見る。彼はオリンピアの安泰のうちに晴れ晴れとして、また信念の城のうちに安らかに、しかも聞くに値する多くのことをわれわれに語っている。けれども、次の言葉以上に考慮すべき言葉は他にない。『経済学を勉強すればする程、私のもつ知識はますます小さくなるように見える。……そうしていま半世紀が過ぎ去ったが、私は研究を始めたころよりも無知であると思っている』。そうだ、彼は偉大な経済学者であった」、とある。Cf. *ibid.*, p.199. 邦訳、p.156、参照。なお、訳文は必ずしも邦訳と同じではない。

8) J. M. Keynes, "The End of Laissetz-faire", in *Essays in Persuasion*, Vol. 9 of *The Collected Writings of John Maynard Keynes*, ed. by The Royal Economic Society (Macmillan, 1972). 邦訳, 宮崎義一訳,「自由放任の終焉」『説得論集(『ケインズ全集』第9巻)』(東洋経済新報社, 1981年). この全集版には, ケインズが1926年に出版した文章の全文が掲載されている. しかしながら, ケインズ自身が1931年にまとめた *Essays in Persuasion* には, 驚くことに, 全文のうち最初の3分の2が削除されているのである. 本章では, 上記の宮崎訳ではなく, 新訳で読みやすい山岡訳を用いた. 山岡洋一訳,「自由放任の終わり」『ケインズ説得論集』(日本経済新聞出版社, 2010年), pp.168-202.

9) Cf., *ibid.*, p.272. 邦訳, p.323, 参照. 2015年より,『福田徳三著作集』が徐々に刊行されている. 第19巻は『厚生経済学』となっており, その中の第二編　評論及び批判の三に,「経済機構の変化と生産力ならびに人口の問題 -1925年モスクワにおける講演と討論-」と題する部分がある. そこで福田は, ケインズの講演の中に,「レセ・フェーア主義の終末」の部分が存在したことに言及している.『福田徳三著作集』(信山社, 2017年), pp.268-97. 語学に堪能な福田は, 決して物怖じせず, ケインズの講演に対して英語で反論を試みた. さらには, 主催者の強い依頼を受けて, ドイツ語で「生産力の問題」(Das Problem der Produktivität)と題する講演を行った. 福田のこの講演は, ロシアの主催者たちに多大な感銘を与えたようである. 以上のことから, 1925年のロシア学士院創立200年記念祭でもケインズは, "The End of Laissetz-faire," の一部を報告しているのであり,『ケインズ全集』の編集者は, この事実を見落としていることになる.

10) ケアンズも言っているように, またケインズも強く主張したように,「自由放任の格率は科学的な根拠がまったくなく, せいぜいのところ, 実務上の原則として便利だというにすぎない」のである. Cf. J. M. Keynes, "The End of Laissetz-faire", p.282. 邦訳, p.185, 参照.

11) Cf., *ibid.*, p.282. 邦訳, p.186, 参照.

12) *Ibid.*, pp.287-78. 邦訳, p.193.

13) Schumpeter, *op. cit.*, p.269. 邦訳, p.379.

14) J. M. Keynes, "The End of Laissetz-faire", p.272. 邦訳, p.171.

15) Cf. F. A. Hayek, "Personal Recollections of Keynes and the Keynesian Revolution", *Oriental Economist* (January, 1966), pp.78-80. Reprinted in his *New Studies in Philosophy, Politics, and Economics and the History of Ideas* (Routledge, 1978), pp.283-89. 邦訳. 田中真晴・田中秀夫編訳, F. A. ハイエク,「回想のケインズと『ケインズ革命』」『市場・知識・自由—自由主義の経済思想—』(ミネルヴァ書房, 1986年), pp.187-99, 参照.

16) ハイエクは,「彼が経済学に振り当てた時間とエネルギーの割合がいかに小さかったかを考えると, 経済学に対する彼の影響と, 彼が主として経済学者として記憶されることになる事実とは, 不思議でもあるし, 悲劇的でもある」, とも言っている. これは, かなり辛辣な論評であると考えざるを得ない. しかしながら,「たとえ彼が, 経済学について何も書かなかったとしても, 彼を知るすべての人に, 偉大な人間として記憶されたであろう」(*ibid.*, p.287. 邦訳. pp.194-95.), と付け加えることを忘れてはいない. 同書には, 個人主義と自由主義に関する分析が見られるので, ケインズとの比較を行うことは興味深いことであろう.

17) J. M. Keynes, "The End of Laissetz-faire", p.272. 邦訳, p.171.

18) *Ibid.*, p.272. 邦訳, pp.171-72.
19) *Ibid.*, p.272. 邦訳, p.172.
20) ベンサムの功利主義思想を知るためには，ベンサム研究の第一人者である永井義男が上梓した数々の書物を参照すべきであろう。とりあえずは，永井義男，『ベンサム』（講談社，1982 年）を参照せよ。
21) ルソーの個別的意思と一般意思，さらには全体意思に関しては，様々な解釈があるように思われる。白石は，「ある個人の意思が，なんらかの点に関して一般意思と一致するということは不可能ではありません。しかし，少なくとも，この一致がいつまでも変わらずに続くということは不可能です。その理由は，意思というものはつねに意志する当人の利益に向かうもので，個別的意思はつねに私的利益を目的とし，一般意思は共通の利益を目的とするからです」，という。白石正樹，「主権・一般意思・法・立法者」，小笠原弘親他著，『ルソー　社会契約論入門』（有斐閣，1978 年），pp.90-113.
22) J. M. Keynes, "The End of Laissetz-faire", p.273. 邦訳, p.173.
23) *Ibid.*, p.274. 邦訳, p.174.
24) *Ibid.*, 邦訳, 同上。
25) *Ibid.*, p.274. 邦訳, p.175.
26) *Ibid.*, p.275. 邦訳, p.175.
27) *Ibid.*, p.275. 邦訳, p.176.
28) *Ibid.*, 邦訳, 同上。
29) *Ibid.*, p.276. 邦訳, P.177.
30) Cf. Charles Darwin, *On the Origin of Species by Means of Natural Selection or the Preservation of Favored Races in the Struggles for Life* (John Murry, 1859). 邦訳, 八杉龍一訳, 『種の起源』上・下（岩波書店, 1990 年），を参照のこと。
31) J. M. Keynes, "The End of Laissetz-faire", p.276. 邦訳, p.177.
32) *Ibid.*, pp.277-78. 邦訳, p.178
33) *Ibid.*, p.278. 邦訳, p.178
34) *Ibid.*, p.279. 邦訳, p.181
35) *Ibid.*, 邦訳, 同上。
36) 早坂忠は，ケインズのこの論文が，名のみ有名であり，その全容が十分に把握されず，誤解されているのは珍しいことだとして，「アダム・スミス以来，ケインズがこのパンフレットで告発するまでの経済学者はほとんどすべて自由放任論者だったが，そのように従来信奉されてきた自由放任論にケインズが決別宣言をしたのがこの論文なのだ，というのが，少なくとも学生のあいだなどではほぼ通説といってよいほど，わが国に広く流布している考え方のようである」，と述べる。彼は，そのような通説は間違いであって，ケインズの見解を真に理解するならば，過去の偉大な経済学者は自由放任論者ではなかったのである，と正しく論じている。早坂忠，「ケインズの社会思想と国家観」『季刊現代経済　ケインズ生誕100年』，第52巻（1983年3月），pp.54-74.
37) J. M. Keynes, "The End of Laissetz-faire", p.279. 邦訳, p.181.
38) *Ibid.*, p.277. 邦訳, p.179.
39) マーセット夫人の『対話』は，1816 年に出版されている。ここには多くの話題が解説されているが，通常リカードの名前を冠されている差額地代論が説明されているのでも有名である。言うまでもないことだが，リカードの『経済学および課税の原理』は 1817 年に出版されている。Cf. Jane Marcet, *Conversation on Political Economy ; in*

which the Elements of that Science are Familiarly Explained (Longman, 1816).
40) ブローグは，彼の処女作『リカードウ派の経済学』の第7章「文学として読まれた経済学」の中で，マーティノー女史の『例解経済学』を取り上げ，その成功を次のように描写している。すなわち，「その成功は驚くべきものであった。その著作を構成する34話のうち第1話は，1832年に出版された数週間で1000部以上売れた。1844年までにそのシリーズの月間の売れ行きは10000部に達したのである」，と。さらには注において，「この数字をその世紀の前半で最も成功した経済学書の売れ行きと比較してみよう。J.S. ミルの『原理』は4年間で3000部売れた。その評判が一番高かった時でさえ，『エディンバラ・レビュー』の発行部数は13000部だった。ディケンズの小説の多くは，2000部か3000部の売れ行きで，それでも非常な成功と見られていた」。Cf. Mark Blaug, *Ricardian Economics, A Historical Studies* (Yale University Press, 1958), Chap. 7. 邦訳，馬渡尚憲・島博保訳，『リカァドウ派の経済学』(木鐸社，1981年)，第7章を参照のこと。
41) J. M. Keynes, "The End of Laissetz-faire", p.279. 邦訳，p.182.
42) *Ibid.*, p.279. 邦訳，p.181.
43) *Ibid.*, p.281-82. 邦訳，pp.185-86.
44) アダム・スミスやリカード，マルサスの著作とは，もちろんアダム・スミスの場合は『国富論』，リカードの場合は『経済学および課税の原理』，マルサスの場合は『経済学原理』のことをいう。これらの偉大な経済学者の主著の中に，レッセ・フェール (*Laissez-faire*) という表現は見当たらない。また，アダム・スミスの著作に関する細かい翻訳上の問題については，早坂忠の先の論文を参照されたい（早坂，pp62.-63.）。
45) マーシャルは，この注において，次のように指摘しているが，このことは傾聴に値する。すなわち，「フィジオクラトの著名な標語 *Laissez-faire, laissez-aller* は，いまでは一般に誤解されている。*Laissez-faire* とは，各人に対し好むものを好むように作らしめよという意味で，すべての商売は万人に解放されており，コルベール派が言ったように，マニファクチャラーズに対し，そのつくる布の模様規格などを指示してはならないことを示した。*laissez-aller*（もしくは *passer*）は，人と物はある場所から他の場所へ，特にフランス国内のある地方から他の地方へ自由に，通行税や租税や面倒な規制にわずらわせることなく移動できる様にすべきだ，との意味である。ついでに言うと，*laissez-passer* は中世の競技において闘技者に自由にはじめという指示を与えるのに使われた合図なのであった」，と。Cf. Alfred Marshall, *Principles of Economics* (8th ed., Macmillan, 1920), p.626. 邦訳，馬場啓之助訳，『経済学原理』(東洋経済新報社，1965年)，の第1分冊を参照されたい。
46) Cf. J. S. Mill, *Principles of Political Economy* (Reprint; Augustus M. Kelly, 1965), Book 5, Chap. 11. 邦訳，末永茂樹訳，『経済学原理』(岩波書店，1960年)，の第5編第11章を参照のこと。
47) マーク・ブローグは，「古典派経済学者たちが自由放任主義（かつてカーライルが言ったとおり『無政府状態に警官一人』）を信奉したという考えは，19世紀の政治・社会史伝説の一部となっている。しかし，アダム・スミス，リカード，マカロック，シーニョア，J. S. ミルは，最小の政府が最良の政府であると確信していたには違いないが，政府の干渉に対する彼らの姿勢が完全に否定的なものであるとか，拘束されない市場経済の作用によって社会のいくらかの部門に課せられた犠牲に対して，まったく心を閉ざしていたと考えるのは誤りである」と正確に述べた後，「とはいえ，フランスのバスティ

アは，もしも政府が個人の自発的行為に手を触れさえしなければ，経済的利益の自然調和が保たれるであろうといった準宗教的確信に満ちた，かの歴史書の中での『古典派経済学者』像に極めて近い」，と描写している（Cf. Mark Blaug, *op. cit.*, p.14. 邦訳, pp.16-17, 参照）。

48) J. M. Keynes, "The End of Laissetz-faire", p.281. 邦訳, p.185.
49) ケインズは，「この理論はきわめて美しく，単純明快であるため，ありのままの事実に基づいているわけではなく，単純化のために導入された仮説に基づいている点が忘れられやすい」と述べ，「この単純な仮説が現実を正確にとらえたものでないと認識している経済学者でも，これが『自然』であり，したがって理想的な状態だと考えていることが多い。つまり，単純化した仮説が健全なのであり，複雑な現実は病的だとみているのである」（*ibid.*, pp.284-85. 邦訳, p.189.），と追記している。ケインズが指摘する現実の複雑さとは，①効率的な生産単位が，消費単位よりも大きいとき，②間接費や共通費用があるとき，③内部経済のために生産の統合が有利になるとき，④調整に要する期間が長いとき，⑤知識が不足して無知がはびこっているとき，⑥独占やカルテルによって対等な取引が妨げられているとき，などである（Cf. *ibid.*, 邦訳, 同上）。
50) 『一般理論』のケインズ自身によるドイツ語版ならびに日本語版への序文を見よ。その中で彼は，「この書物は私自身の思想とその発展の上での反動であり，イギリスの古典派的（あるいは正統派的）伝統からの離脱を示すものである」，と明言している。J. M. Keynes, *The General Theory of Employment, Interest and Money*, Vol. 7 of *The Collected Writings of John Maynard Keynes*, ed. by The Royal Economic Society (Macmillan, 1971). Preface to the German Edition and the Japanese Edition. 邦訳, 塩野谷祐一訳『雇用・利子および貨幣の一般理論（『ケインズ全集』第7巻）』（東洋経済新報社，1983年），ドイツ語版ならびに日本語版への序を参照のこと。
51) *Ibid.*, p.298. 邦訳, p.297.
52) J. M. Keynes, "The End of Laissetz-faire", p.285. 邦訳, p.190.
53) 第3章の末尾にあるケインズの主張は，極めて重要なことが指摘されており，見逃す訳にはいかない。すなわち，「公益（public good）のために社会的な行動をとるべきだと，シティの金融関係者に提案するのは，60年前に高位の聖職者と『種の起源』について議論するようなものだ。まず返ってくるのは，理性的な反論ではなく，感情的な反発である。正統的な見方を疑ったのであり，主張に説得力があるほど，相手の怒りは大きくなる。とはいえ，以上でわたしは怪物が眠っている穴に入りこみ，その主張と系譜を調べあげ，怪物がわたしたちを支配してきたのは，世襲してきた権利（hereditary right）があるからであって，実力があるからではないことを示してきた」（*ibid.*, p.287. 邦訳, p.193.），と。
54) *Ibid.*, p.288. 邦訳, p.179.
55) ケインズが提示した *Agenda* は，第一に中央機関による通貨および信用の管理と情報の公開・収集・普及であり，第二に貯蓄と投資の管理であり，第三に適正な人口政策であった（Cf. *ibid.*, pp.288-89. 邦訳, p.179, 参照）。
56) *Ibid.*, p.294. 邦訳, pp.201-2.
57) *Ibid.*, p.294. 邦訳, p.201.

第8章 ケインズの景気循環論
―『一般理論』第22章「景気循環に関する覚書」―

1. はじめに

　景気循環論と言うと，シュンペーターの「イノベーション」(技術革新)をベースにした景気循環論が有名であろう。AI (Artificial Intelligence) やIoT (Internet of Things) がもてはやされる今の時代に，企業家による「新結合」や「創造的破壊」という彼の用語は，とても魅力的である。彼は，歴史的・統計的に，約40ヶ月の「キチン循環」と約10年の「ジュグラー循環」を区別し，そこから約50年の周期を持つ「コンドラチェフ循環」を再発見した。しかしながら，1939年に出版された当時，彼の『景気循環論』は決して好意的に迎えられたわけではなかった。時あたかも，サミュエルソンを始めとしたアメリカの若手研究者の多くが，1936年に出版されたケインズの『一般理論』に熱狂的に飛びついたために，彼の二巻物の重厚な研究書は不遇の書と呼ばれることになる。

　また，博学の経済学史家であったマーク・ブローグは，『ケインズ以前の100大経済学者』の中で，「周期的な景気循環現象を，経済生活の明白な事実として確立した最初の人物としてもし誰かを選ぶとするなら，それは『フランス，イギリス，アメリカにおける商業恐慌とその周期的な再発』(1862年) という非常に叙述的な研究書を著したクレマン・ジュグラーである」(p.117) と述べている。もっとも，ブローグは，「彼 (ジュグラー) は，経済活動のレベルで景気が振動することに気づいた最初の人ではなかったし，規則的な周期でそれが起こるのではないかと考えた最初の人ですらなかった」(pp.117-18)，と言

うことも忘れてはいない。景気循環現象は，気象学に興味を持っていた若きジェヴォンズにとっても，関心の高い事柄であった。

　さらに，ブローグは，シュンペーターの『景気循環論』に関しても，「その著書の中で景気循環に関するシュンペーターの説明は，おそらく特に独創的であったとはいえない。彼は，生産高と雇用に関する通常7～11年のジュグラー循環と，多数の革新がおこり，最初の革新者の超過利潤が後の追随者たちによってすっかり侵食され尽くすまで続くということから，45～50年にも及ぶコンドラチェフの長期循環とを結びつけて考えた。これは彼の著作の中でも，決して成功した作品ではなかった。同僚たちの多くは，それがあまりに口先だけのものだと感じたし，さらにその後広まっていく不況の原因に，あまりに早く移りすぎていたからである」(pp.237-38) と述べ，『資本主義・社会主義・民主主義』(1942年) よりも低い評価を下している。

　本章は，シュンペーターが詳細に論じた景気循環論ではなく，ケインズが『一般理論』の第22章で展開した「景気循環に関する覚書」を分析する。ケインズに景気循環論があると考える人は少ないものと思われるが，彼の景気循環論は「有効需要の原理」の中で用いられた彼特有の「消費性向」，「流動性選好」，「資本の限界効率」といった用語と深く結びついている。ケインズの主張は，企業者による「新結合」や「創造的破壊」を主張するシュンペーターとは違っており，「私の考えでは，景気循環は，経済体系における他の重要な短期的変数の変化のからみ合いによって複雑にされ，激化されることが多いけれども，資本の限界効率の循環的な変動 (a cyclical change in the marginal efficiency of capital) によって引き起こされるものであると見るのがもっとも適当である」(p.313) というものである。以下では，ケインズの景気循環論を原典に忠実に検討していきたい。

2. 循環的運動の規則性

　ケインズは，景気循環の規則性について，次のように言っている。すなわち，「循環的運動（cyclical movement）とは，次のことを意味する。経済体系が例えば上方に向かって進行するとき，上昇の推進力となる諸力は初め力を強め，相互に累積的な効果（cumulative effect）をもたらすが，次第に力は弱まり，ついにある点にくると，それらは反対の方向に作用する諸力によって取って代わられる傾向を持つ。今度はそれらの力が一時力を強め，相互に力を強め合うが，発展の極限に達すると，ついにはそれらもまた衰えてそれとは逆の力に地位を譲る。しかし，循環的運動とは，一度始まった上昇傾向および下降傾向が永久に同じ方向を持続するのではなく，結局は逆転するものであるということを意味するだけではない。われわれは同時に，上昇運動および下降運動の時間的順序と持続（the time-sequence and duration of the upward and downward movements）になんらかの認められる程度の規則性（regularity）が存在することをも意味するのである」(p.314)，と。

　以上の叙述を筆者なりに解説すると，経済というものは，貯蓄と投資が等しくなる均衡から出発し，上昇の推進力となる諸力が働いて上昇傾向が生まれると好景気となり，ある程度時間が経過した後にそれらとは反対の方向に作用する諸力が勝ると不景気に陥るということである。シュンペーターは，経済が正常あるいは均衡よりも上にあると好景気であり，それよりも下にある場合は不景気であると述べた。ケインズの循環的運動とは，経済の生産や在庫，価格や利潤などが，同じように上昇したり下降したりすることであると表現することもできよう。新しい技術の発見や人口の増大，投資リスクの低下などが発生すると景気は上昇していき，ケインズの言う発展の極限を迎える。シュンペーターは，イノベーション（技術革新）と言う用語を駆使し，約50年周期の景気循環をコンドラチェフ循環と命名した。

　それに対してケインズは，次に詳しく説明する様に，何らかの事情による新

投資への魅力の増大から，資本の限界効率（marginal efficiency of capital）が上昇することを重視する。要するに，企業家が投資を実行する際に，資本財の将来の収益にかんする現在の期待が重要な役割を果たしている，と考えるのである。

3. 資本の限界効率

　まずは，ケインズの景気循環論において極めて重要な役割をもつ，資本の限界効率を確認しておきたい。ケインズは，『一般理論』第11章の「資本の限界効率」の箇所で，資本の限界効率について次のように定義している。すなわち，「資本の限界効率とは，資本資産から存続期間を通じて得られると期待される収益によって与えられる年金の系列の現在値を，その供給価格にちょうど等しくさせる割引率に相当するものである（the marginal efficiency of capital as bring equal to that rate of discount which would make the present value of the series of annuities given by the returns expected from the capital-asset during its life just to its supply price)」（p.133），と。

　もう少し詳しく説明してみよう。ある人が，資本資産を購入するということは，その資産の存続期間を通じて，それから生ずる産出物を販売して，その産出物を得るための当期の費用を差し引いた後に，獲得できると彼が期待する予想収益の系列の権利を買うことを意味する。今，この年金の系列を便宜上，投資の予想収益（prospective yield of the investment）と呼ぶ一方，資本の供給価格というものがある。これは，製造業者にその資本資産の追加的一単位を新しく生産させるのにちょうど十分な価格であり，置換費用（replacement cost）と呼ぶことができる。そして，投資の予想収益とその置換費用との間の関係こそが，資本の限界効率なのである。

　具体的には，現実の投資額というものは，資本の限界効率表の上で，資本一般の限界効率が市場利子率に等しくなる点まで推進される。すなわち，現実の

投資額は，市場利子率を超える限界効率を持ついかなる種類の資本資産ももはや存在しない点まで進められるのである。資本の限界効率と市場利子率が等しくなると，そこで現実の投資はストップする。

ケインズも強く注意を促しているが，「資本の限界効率の意味と重要性に関する最も重要な混乱は，それが資本の予想収益（prospective yield of the capital）に依存するものであって，資本の今期の収益（current yield of the capital）にのみ依存するものではないということを理解しないために生じたものである。このことの例証としては，予想生産費の変化についての期待（an expectation of changes in the prospective cost of production）が，これらの変化が労働費用（labour cost）すなわち賃金単位の変化から起こると予想されるのか，あるいは発明や新技術（inventions and new technique）から起こると予想されるかを問わず，資本の限界効率に及ぼす効果を挙げるのが最も良い」（p.139），ということになる。

4. 大恐慌の分析

(1) 大恐慌の発生原因

当然のことながら，景気が上昇傾向を続け発展の極限まで行けば，下降傾向が現れて景気は後退し，ついには不景気に陥る。不景気は，好景気とは違って，新投資への魅力の低下から資本の限界効率が低下するか，金融の逼迫により市場利子率が高くなると発生する可能性が高くなる。不景気に際しては，一般的に物が売れないので商品価格が下がり，そのために利潤が確保できず，賃金や雇用に悪影響をもたらす。そして，不景気が進んでいけば，恐慌（the Crisis）となる場合もある。

1929年10月24日，ニューヨーク株式市場で株価が暴落した後，不景気が大恐慌へと進展した。1932年になるとアメリカのGDPは30％，株価は90％も下落し，失業率は25％にまでなった。ケインズが『一般理論』を書いてい

たのは丁度この頃なので，このような大恐慌について検討しないわけにはいかなかった。彼は，上昇傾向が下降傾向に取って代わる際に，その後退がしばしば急速かつ激烈に行われる現実を恐慌であると診断し，次の様に詳細な分析を行っている。

ケインズは，「資本の限界効率は，資本財の現在における多寡および資本財の現行の生産費に依存するだけでなく，資本財の将来の収益に関する現在の期待にも依存している」ので，「耐久資産の場合には，将来に関する期待 (expectations of the future) が，有利と考えられる新投資の規模を決定するに当たって支配的な役割を演ずることは当然であり，合理的である。しかし，すでに見たように，このような期待は極めてあやふやなもの (very precarious) である。変わりやすく (shifting)，当てにならない (unreliable) 根拠に基づいているために，期待は急速かつ激甚な変化 (sudden and violent changes) にさらされている」(p.315)，と述べる。

ケインズは，恐慌の作用原因として期待の役割を重視し，それが急速かつ激甚に変化することから，資本の限界効率が崩壊していくことにある，と明言する。もちろん，好景気の時に，取引動機や投機的動機が拡大するために，貨幣需要が著しく増大することから市場利子率が上昇し，それを恐慌の作用原因とする見解も存在する。しかし彼は，恐慌は市場利子率の上昇から発生するのではなく，資本の限界効率の急激な崩壊 (a sudden collapse in the marginal efficiency of capital) によって発生することを疑わない。

ケインズは，好況から不況に移行する過程を，次のようにまとめている。すなわち，「好況の後段階は，資本財の将来収益に関する楽観的な期待 (optimistic expectations) によって特徴づけられており，その期待は資本財の過剰化傾向も，その生産費の上昇も，おそらくはまた利子率の上昇も相殺するほど強力なものである。過度に楽観的な，思惑買いの進んだ市場において幻滅 (disillusion) が起こる場合，それが急激なしかも破局的な勢い (sudden and even catastrophic force) で起こることは，組織化された投資市場の特徴である。そこでは，買い手は自分の買っているものについてまったく無知 (ignorant) であるし，投機家は資本資産の将来収益の合理的な推定よりもむし

ろ市場人気の次の変化（the next shift of market sentiment）を予想することに夢中になっている」（p.316），と。

　さらに，資本の限界効率の崩壊による狼狽や将来に関する不確実性が増大していくと，多くの人は流動性選好（liquidity preference）の増大を推進し，貯蓄を急激に拡大させる。そして，それが市場利子率の上昇をもたらすのである。先ほど，現実の投資は，資本の限界効率が市場利子率に等しくなる点まで推進されると述べたが，前者が崩壊し後者が上昇したのでは，現実の投資は壊滅的な打撃を被ることになる。それ故，ケインズは，「事態の核心は，資本の限界効率の崩壊の中に見出されなければならない（the essence of the situation is to be found in the collapse in the marginal efficiency of capital）。巨額の新投資の初期局面に最も多く貢献していた種類の資本の場合には特にそうである。流動性選好は，取引および投機の増加と結びついた現われ方は別として，資本の限界効率の崩壊の後でなければ増大しない」（p.316），と主張するのである。

　そして，ケインズは，不況を回復させるための貨幣当局による利子率の引き下げも，恐慌に対しては無力であるとして，次のように言う。すなわち，「資本の限界効率が産業界における制御できない強情な心理（the uncontrollable and disobedient psychology）によって決定されている以上，それを回復させることはけっして容易ではない。個人主義的資本主義の経済において極めて制御しにくいものは，日常的な言葉でいえば，確信の回復（the return of confidence）である。不況（the slump）のもつこのような側面は，銀行家や実業家によっては正しく強調されているが，純貨幣的救済策（a purely monetary remedy）に信頼をおく経済学者によって過小評価されている」（p.317），と。貨幣当局による金融緩和政策は，恐慌の最中にあってはまったく無力であり，利子率を出来る限り，どんなに引き下げてみても十分ではない。ケインズの言うように，利子率の変動は経済に対して非対称的な効果を持っており，好況の際の利子率の引き上げは投資を急激に抑える効果を持つが，不況に際しての利子率の引き下げは必ずしも投資を回復させることにはならないのである。

(2) 大恐慌からの回復

それでは，大恐慌から回復するには，いかなる手段があるのだろうか。ケインズは，「景気循環における時間的要素の説明，すなわち回復が始まるためには通常特定の長さをもった期間の経過が必要であるという事実の説明は，資本の限界効率の回復（the recovery of the marginal efficiency of capital）を支配する諸要因の中に求められなければならない」(p.317)として，2つの理由を挙げている。第一はある時代における正常な成長率との関係における耐久資産の寿命の長さによって与えられ，第二は余剰在庫の持越費用によって与えられる。

第一の耐久資産の寿命の長さとは，資本の平均的耐用年数のことである。機械設備などに関しては約10年と言う期間をもつので，いったん新規投資をした際には次の投資が実行されるには相当の時間が必要である。ケインズは，「不況の持続期間が，一定の時代における耐久資産の寿命の長さと正常な成長率とに対して確定的な関係をもつことについて重要な理由を知っている」(p.318)と述べ，投資の習慣的な規則性を認めている。また，第二の余剰在庫の持越費用に関しては，「恐慌後における新投資の突然の停止は，おそらく未完成財の余剰在庫の累積をもたらすであろう。これらの在庫の持越費用が年率10パーセントを下回ることは稀であろう。かくして在庫の価格の低下は，その吸収を一定期間，たとえばせいぜい3年ないし5年のうちに行わせるような制約をもたらすのに十分なものでなければならない」(p.317)とし，この課程が終わらないと雇用は回復しないという。

ケインズが示したこのような検討は，通常の不況の回復に際しては，有効かもしれない。在庫投資や設備投資の回復が，3年から10年の後に新たなステージへと景気を押し上げてくれるからである。しかし，資本の限界効率の崩壊によって，すべての投資がストップしてしまう大恐慌となると，このような分析では少しもの足りない。先にも述べた様に，企業家は将来収益の信憑性を疑い，資本の限界効率がマイナスになっているかもしれないからである。在庫投資はおろか，新規の設備投資や更新投資もストップすることが，大恐慌の特徴であろう。企業家は，貨幣当局による利子率の引き下げにも，大きくは反応し

ない。

　さらに言えることは，資本の限界効率の低下が「消費性向」（the propensity to consume）にも大きな影響を与えることである。恐慌に際しては，証券の市場価値も大きく低下しているはずである。ケインズは，「不幸にして，資本の限界効率の著しい低下は消費性向にも不利な影響を与える傾向を持っている。なぜなら，それは株式取引所における持分証券の市場価値の激しい下落をともなうからである。ところで，このことは，株式取引所の投資物件に積極的な利害関係をもつ階層に対して，特に彼らが借入資金を使っている場合には，当然のことながら極めて大きな抑圧的影響を与える。おそらく，これらの人々は，彼らの所得の状態よりも彼らの投資物件の価値の騰落によってより多く支出志向に影響を受けるであろう」（p.319），という。

　大恐慌にいったん陥ってしまうと，利子率をいくら下げようが無駄である。資本の限界効率がゼロ以下に低下しているために，決して新規投資は行われない。さらに，株式市場での株価の低落により消費性向も低下を余儀なくされる。「有効需要」の構成要素である「投資と消費」が共に大きく低落しているのが，恐慌の特徴なのである。したがって，ケインズは，「自由放任の状態においては，雇用の大幅な変動を除去することは，投資市場の心理に想像を絶するほどの徹底した変化がないかぎり不可能であるかもしれない。現行投資量を決定する義務を民間の手にゆだねておくことは安全ではないというのが，私の結論である（In condition of *laissez-faire* the avoidance of wide fluctuations in employment may, therefore, prove impossible without a far-reaching change in the psychology of investment markets such as there is no reason to expect. I conclude that the duty of ordering the current volume of investment cannot safely be left in private hands.）」（p.320），と極めて控えめに述べたのである。

5. 様々な景気循環論

(1) 過剰投資説

　ここからは，ケインズが検討したいと考えている様々な景気理論を取り上げる。まずは，ロバートソンなどが主張している過剰投資説である。これは，好況に続いて起こる不況を救済するために，好況の時の過剰投資（over-investment）を抑制することが必要だという議論である。そのためには，好況になったら利子率を引き上げる必要がある。先にも述べたように，利子を引き下げても不況を克服することはできないが，高い利子率は好況の時の過剰投資を極めて簡単に抑制できる。しかし，ケインズは，「私の考えによれば，このような結論は重大な誤謬を含んでいる」(p.320) として，過剰投資説に強く反対する。

　ケインズは，「その言葉（過剰投資）は，初めの期待を裏切ることになった投資，すなわち深刻な失業状態のもとでもはや不用となった投資を指すこともあるし，あるいは各種資本財が著しく豊富なために，たとえ完全雇用状態においても，存続期間を通じて置換費用以上の収益を得ると期待される新投資が存在しないという状態を示すこともある。いかなる投資増加もたんなる資源の浪費にすぎないという意味での過剰投資に相当するものは，後者の状態だけである」(p.320)，と言う。ケインズの考えている過剰投資は，当然のことながら前者であり，投資が当初考えていたようには収益を生まず，過剰となってしまうことを意味する。しかし，過剰投資は，好況時の正常な特徴であることは疑いなく，それをわざわざ高い利子率によって回避するには及ばない。そうすれば，これまであった有益な投資をも阻害することになるし，それにより消費性向も減退させてしまうからである。

　それ故に，ケインズは，「景気循環に対する正しい対策は，好況を除去し，それによってわれわれをいつまでも半不況の状態におくことではなく，不況を除去し，それによってわれわれをいつまでも準好況の状態におくことでなけれ

ばならない」(The right remedy for the trade cycle is not to be found in abolishing booms and thus keeping us permanently in a semi-slump ; but in abolishing slumps and thus keeping us permanently in a quasi-boom.) (p.322) として，好況時の利子率の引き上げに強く反対する。それだけではない。彼は，一般の意見とはまったく逆に，「好況時の対策は利子率の引上げではなく，利子率の引下げである！」と主張し，「利子率の引上げは，異常に巨額な新投資が長期にわたって行われたことから生ずる事態への対策としては，病人を殺して病気を治すといった種類の対策 (the species of remedy which cures the disease by killing the patient) に属する」(p.323) として，この過剰投資説を強く否定するのである。

(2) 過少消費説

ひとたび不況に陥ったならば，資本の限界効率の崩壊により投資の増加は望めない。それ故，不景気を克服するには，有効需要のもう一方の重要項目である消費を増大させるのが，考えられる施策の一つである。ケインズは，『一般理論』の最終章「一般理論の導く社会哲学に関する結論的覚書」でも言及しているように，世の中は「不当に低い消費性向を生む社会的慣行や富の分配 (social practices and a distribution of wealth which result in a propensity to consume which is unduly low)」(p.324) に満ちていると考えられるので，ホブソンなどが指摘した過少消費説に賛成する。

例えば，不当に低い消費性向を生む社会的慣行として，遺産相続などが挙げられよう。相続した遺産は，自分自身が努力して獲得した所得ではないため，遺産相続者に少し高めの相続税をかけることで，それを財源として社会全体の消費性向を引上げる政策を行うことが可能である。また，富の分配に関しても，所得の不平等を正当化する理由はあるかもしれないが，現在は富の格差が拡大しており，それを和らげるために個人所得税の累進度を引上げる必要がある。要するに，高所得者から所得税を少し多めに徴収し，それを低所得者に再配分すると，低所得者の限界消費性向は高いことから，社会全体の消費性向を引上げることが可能となる。

ケインズは，「現在の状況，あるいは少なくとも最近まで存在していた状況

においては，投資量は無計画，無統制であり，一方で無知な個人や投機的な個人の判断によって決定される資本の限界効率の気まぐれにゆだねられ，他方では慣行的な水準以下にはほとんどあるいはまったく低下しない長期利子率の制約を受けているのであって，このような状況に照らしてみれば，これらの学派は実際的政策の指針を与えるものとしては疑いもなく正しい」(p.324)と述べ，過少消費説が自分の見解とも一致していると明言している。しかし，ケインズは，その比重の置き方に不満を持つのであり，「投資の増加からまだ多くの社会的利益が得られるときに，彼らが消費の増加にやや過大な力点をおいているという点だけである」(p.325)，と批判している。

　ケインズの見解は，「投資の社会化」として有名になっている投資を社会的に統制しつつ，消費性向を高めるための政策を取ることにある。すなわち，「私は，最も賢明な行き方は二つの戦線に同時に出勤することであるということを承認することにやぶさかではない。私は，一方において資本の限界効率の漸次的な低下を目的として，投資量を社会的に統制することを意図 (aiming at a socially controlled rate of investment) しながら，同時に消費性向を増大させるあらゆる種類の政策 (all sorts of policies for increasing the propensity to consume) をとることに賛成である。なぜなら，われわれが投資についてどんな政策をとったとしても，現存の消費性向をもってしては，とうてい完全雇用を維持することはできないからである」。であるから，二つの政策を同時に高める政策を実行する必要があるのである。「それは，投資を促進すると同時に消費を促進するものであって，消費は現存の消費性向のもとで投資の増加に対応した水準に高まるだけでなく，それよりもいっそう高い水準に高められなければならない」(p.325) からである。

(3) 余暇選好説

　これまでは，景気が悪化した時の有効需要増大政策について考察してきた。すなわち，投資や消費を増大させ，不況を克服する政策についてである。しかし，景気循環の解消を両者の増大に求めず，雇用を得ようとする労働の供給を減少させることで，達成することも可能であろう。これ以上の雇用の増大は追

及せず，今ある雇用をシェアし再配分することで，雇用量を維持しようとする考え方である．実は，ケインズ自身，1930年に書いた「わが孫たちの経済的可能性」の中で，100年後には1日当たり3時間の労働や週当たり15時間労働が実施されることになる，と述べたことがある．来るべき豊かな社会では，余暇を選好する人々が増え，労働時間を削減することが普通になると考える．しかし，1930年当時はまだその時ではないと，余暇選好説を否定していたのである．

　ここでの見解も，それを受けたものである．ケインズは，「これ（余暇選好説）は，私には早まった政策，消費を増加させる計画よりも明らかに早まった政策であるように思われる．すべての人が余暇増大の利益と所得増大の利益とを比較考量する時がやがて到来する．しかし，私の考えでは，現在のところ，大部分の人々は余暇の増大よりも所得の増大の方を選ぶであろうと信ずべき有力な証拠がある．私には，所得の増大の方を選ぶ人々を強制してより多くの余暇を享楽させることの十分な理由が分からない」(p.326)と自分の意見を披露し，景気循環を解消すると見られる余暇選好説に反対するのである．

(4) 利子率引上げ説

　この考え方のアウトラインについて，ケインズは次のように述べている．すなわち，「利子率を引上げることによって，好況を初期の段階で抑制することに景気循環の解決を求めようとする学派が存在することは驚くべきことのように思われる．この政策を正当化することのできる唯一の議論はD.H.ロバートソン氏によって展開されたものであるが，要するに彼は，完全雇用は実現不可能な理想であって，われわれの望むことのできる最善のものは現在よりもはるかに安定した，そして平均しておそらく少し高い程度の雇用水準である（full employment is an impracticable ideal and that the best that we can hope for is a level of employment much more stable than at present and averaging, perhaps, a little higher）と想定している」(pp.326-327)，と．

　好況時に利子率を引上げることは，投資の抑制と貯蓄の刺激を狙ったものであり，両者の均衡をもたらす可能性がある．だから，ケインズも，「この見解

は，好況時には投資は貯蓄を超過する傾向をもっているが，利子率の引上げは一方においては投資を抑制し，他方においては貯蓄を刺激することによって均衡を回復するという信念から生まれている」と述べる。また，好況時には，必然的に物価の上昇が起こることから，名目賃金が上昇しない限り実質賃金は低下する。利子率引上げ説を唱える人々は，そうした事態は労働者にとって好ましくなく，不公正であると考えるのである。しかし，その様な考え方は，根拠のない議論であって，利子率の引上げによって好況を初期段階で抑制する政策は，「私には危険なほど，しかも不必要なほど敗北主義的（dangerously and unnecessarily defeatist）であるように見える」(p.327)，と断言する。ケインズは，先にも示したように，好況時にも利子率を引下げることを提案したのである。

(5) ジェヴォンズの景気循環論

ケインズは，様々な景気循環論を検討した最後に，ジェヴォンズの考え方を取り上げる。彼は，ジェヴォンズの景気循環論を他のものと比較して，かなり高く評価している。すなわち，「景気循環の従前の研究，とりわけジェヴォンズによる研究においては，景気循環の原因は，工業の現象よりもむしろ，季節による農業上の変動に求められた。これは，問題へのきわめて納得のいく接近方法であるように見える。なぜなら，今日でさえ農業物在庫の年々の変動は，当期の投資量の変化を引き起こす原因の中で最も大きな個別項目の一つであって，ジェヴォンズが執筆した当時においては，とくに彼の統計の大部分があてはまる時期においてはなおさら，この要因は他のすべてのものをはるかに凌駕する重要性をもっていたに違いないからである」(p.329)，と。

それでは，ジェヴォンズの農産物在庫に関する景気循環論とはいかなるものか。例えば，豊作の時には，農家は大量の持ち越しを抱える。しかし，この持ち越し分は農家の所得となるし，社会全体では貯蓄の中から賄われるので，この持ち越し分は当期の投資となる。豊作時には穀物価格は下がるが，全体としてこの論理は決して無効とはならない。同じようにして，不作の時には，当期の投資の減少をもたらす。だからケインズは，「もし他の分野における投資を

不変と仮定するなら，持越量に巨額の追加がなされる年とそれから巨額の控除がなされる年との間の差は大きなものとなろう。そして農業を支配的な産業とする社会においては，それは投資変動を引き起こす他のいかなる普通の原因に比べても圧倒的に大きいであろう。このようにして，景気上昇の転換点が豊作によって画され，下降の転換点が凶作によって画されると見るのは自然である」(p.330)，と主張するのである。

しかし，ケインズは，ジェヴォンズの景気循環論を二つの理由から否定する。第一に，工業が発達したことにより農産物が全生産量に占める割合が著しく低下したこと，第二に，両半球にまたがる大部分の農産物についての世界市場の発達が，豊作と凶作との効果を平均化する効果を持ったことである。世界の収穫量の変動率が各国の収穫量の変動率に比べて小さいことも，ケインズが否定する理由であった。「しかし，一国が主として自国の収穫に依存していた古い時代においては，戦争を別にすれば，いずれにせよ農産物の持越量の変化に匹敵するほどの大きさをもった投資変動の原因を見出すことは困難であった」(p.331)，とも述べるのである。

さて，ケインズによるこのような在庫投資説は，ジェヴォンズの景気循環論を正しく捉えているのであろうか。彼自身も，「豊作と凶作の規則的な循環には自然的原因 (physical causes for a regular cycle of good and bad harvests) があるという理論は，もちろんここではわれわれに関係のない別個のことがらである」とか，「比較的最近，景気にとって好ましいものは凶作であって，豊作ではないという理論が展開されている。凶作は人々を低い実質報酬で働かせるとか，あるいは凶作の結果生ずる購買力の再配分は消費にとって有利なものと考えられるというのが，その理由である。上述において収穫現象を景気循環の原因として述べた際に，私の考えていたものがこのような理論でないことはいうまでもない」(p.330)，と言っている。頭脳明晰なケインズによる，このような説明の歯切れの悪さは，どこからくるのか。

筆者は，ジェヴォンズの景気循環論が，周期的な商業恐慌の発生を太陽黒点数の増減に関係させた独創的な業績だった，と考える。ジェヴォンズの「商業恐慌と太陽黒点」という論文は，『ネイチャー』誌の1878年11月14日号に掲

載されており，商業恐慌と太陽黒点に関する大胆な仮説を論証したものである。彼の大胆な仮説とは，太陽黒点数の変化がこれに対応した穀物収穫量の変化を生じさせ，この回路を経て経済活動全体の景気循環がもたらされるというものである。嶋中雄二によれば，太陽黒点説とは，「太陽活動の周期的な盛衰が地球上の気象状態をコントロールするとの前提に立って，その気象の周期的な変動が，農産物の作柄や人間の生理・心理，エネルギー需給などに影響を与え，さらにそれらの諸要素が，景気すなわち経済の活動状態に周期的なうねりを引き起こすとする」(p.xi) ものである。

　ジェヴォンズは，太陽黒点数の増加が太陽放射量を増大させ，地球全体に温暖化を進行させる。この温暖化は，小麦などの穀物の豊作をもたらし，さらには石炭などのエネルギー需要を減少させ，物価水準も低下して経済全体に不景気を発生させる，と考える。また，太陽黒点数が減少すると，太陽放射量を減退させ地球全体が寒冷化する。この寒冷化は，小麦などの穀物や一次産品の不作をもたらし，さらには石炭などのエネルギー需要を増大させるので，物価水準も上昇して経済全体に好景気をもたらすことになる。要するに，太陽黒点数の増加と景気の好況や不況は，嶋中も言及しているように，逆相関の関係にあるのである。

　ケインズは，『人物評伝』の中に収められた，「ウイリアム・スタンリー・ジェヴォンズ」の一説でも，「現在では一般に，収穫の周期が仮に太陽周期なり，あるいはさらに複雑な気象現象なりと関連していることが判明したにしても，それは景気循環の完全な説明をあたえるものではないという点で，意見が一致している。この理論は，あまりに厳格な，絶対的な形で述べられたために，損なわれたのであった」(p.171) として，ジェヴォンズの太陽黒点説を否定した。しかし，「にもかかわらず，気象現象が収穫の変動においてある役割を果たし，また収穫の変動が景気循環において（それは現在よりも昔の方がもっと重要だったのであるが）ある役割を果たすというジェヴォンズの考えは，軽々に捨て去るわけにはいかない」(p.171) と，フォローするのを忘れてはいない。筆者は，ケインズがもう少し丁寧に，ジェヴォンズの太陽黒点説を論じてほしかったと考えている。

6. おわりに

　われわれは，これまで，ケインズの景気循環論を検討してきた。宮崎義一・伊東光晴が指摘しているように，「『一般理論』で展開された理論的 tool だけで，体系的な景気循環論を構成することはむずかしい」(p.256) ということはそのとおりである，と筆者も考える。しかし，ケインズは，景気循環現象の本質的性格をみごとに抉り出し，自らの景気対策の正当性を論じた。この指摘は，とても重要であると考えられよう。

　恐慌が発生した時のように，資本の限界効率が完全に崩壊してしまえば，個々の企業家がそれを独自に回復させることは困難である。さらに，貨幣当局が利子率を低い水準に引き下げただけでは，決して経済は再生しない。その際には，政府が経済に介入して公共投資を行い，投資の社会化を実現する必要がある。「自由放任の状態においては，雇用の大幅な変動を除去することは，投資市場の心理に想像を絶するほどの徹底した変化がないかぎり不可能であるかもしれない。現行投資量を決定する義務を民間の手にゆだねておくことは安全ではないというのが，私の結論である」(p.320) というケインズの言葉は，まったく正しい。政府は，われわれに大切な自由を擁護し，経済を活性化するために市場に介入するのであって，その反対ではない。

　また，彼以前の景気理論や景気政策を的確に批判したことも，彼の貢献として高く評価しなければならない。過剰投資説，過少消費説，余暇選好説，利子率引上げ説，在庫投資説，太陽黒点説などを彼なりに分析し，理論的に反論している姿勢は高く評価できる。しかし，大瀧雅之は，「過剰投資説に対するケインズの反感は，自家撞着 (self-contradictory) に陥っているように見える」(p.68) と論評しているし，筆者もジェヴォンズの太陽黒点説に関するケインズの批判については賛同できない。野下保利も，「太陽黒点説においては，商業上の心理状態の変化，すなわち，期待の変化に応じて行動を変える投資家の存在を抜きにしては論じることは出来ない」(p.53)，と述べている。筆者自身

は，ジェヴォンズの太陽黒点説を，太陽活動と気象変動，気象変動と経済活動，経済活動と投資家の投資行動を関係付ける，宇宙的な視野を持った独創的な業績だと考えている。

ジェヴォンズの「商業恐慌と太陽黒点」の末尾には，「太陽が沈むことの決してない，そしてまた，その商業が，太陽に恵まれた南の地方のありとあらゆる港と入江に及んでいる帝国であるならば，エネルギーの源泉に注視し続けていくことを，賢くも怠ってはならないのである。まさしく，この偉大なる世界の眼にして魂である太陽から，われわれは，自分たちの強さと弱さ，成功と失敗，商業熱に浮かれての絶頂感，そして商業の崩壊に際しての失意と没落を引き出しているのである」(p.214) とあり，彼の自信の程が知れる。

さて，ケインズ自身は，ジェヴォンズの景気分析が，農産物の在庫投資を通じた景気循環論であることに関しては，強く肯定している。そのことを，以下の文章から確認することで，本章を終わることとする。すなわち，「今日でさえ，農産物および鉱産物の原料在庫の変動が当期の投資量の決定において演じている役割に，綿密な注意を払うことは重要である。私は，転換点に到達した後，不況からの回復の速度が緩慢なのは，主として過剰の在庫を正常水準にまで減らすことのデフレ効果によるものであると考えたい。好況が挫折した後に起こる在庫の累積は，初めは崩壊の速度を穏やかにする。しかし，われわれは後になってこの緩和要因に対して，その後の回復の速度が減少するという形で対価を支払わなければならない。もちろん時には，ある程度の回復が見られるためには，在庫の減少が事実上完了しなければならない場合もあろう。なぜなら，他の分野における投資量が，それを相殺する当期の負の在庫投資のない場合には，上昇運動を引き起こすに十分なものであっても，そのような負の投資が依然として進行するかぎりまったく不十分なことがあるからである」(p.331)，と。

第9章 ケインズの経済社会哲学
―『一般理論』第24章「一般理論の導く社会哲学に関する結論的覚書」―

1. はじめに

　ケインズの経済社会哲学を理解するのにふさわしい文章は,『一般理論』の最終章に配置された「一般理論の導く社会哲学に関する結論的覚書」であると言われる。もっとも,『一般理論』全体で示されているように, 経済というものが自己調整能力を持っていないという主張, すなわちわれわれの経済社会が完全雇用を提供出来ないというメッセージは, ケインズ経済学を他から区別する最も優れたものであることは言うまでもない。しかしながら, 筆者は, その経済学を実現すべく『一般理論』の最終章「一般理論の導く社会哲学に関する結論的覚書」で示された, 数々の経済社会哲学の方に強い関心を持つ。

　顕著な一例としては,「富および所得の恣意的で不公平な分配」(arbitrary and inequitable distribution of wealth and incomes)への指摘がそうである。この主張などは, 近年評判になったトマ・ピケティの『21世紀の資本』(2013年)の主張を先取りしているものであり, 社会の富裕階級が聞いたら真っ赤になって怒りそうな指摘である。ケインズは, 所得の再分配を通じて, 限界消費性向の高い低所得者層の購買力が増えることを期待していたのであるが, マルサスにも有効需要増大策の一つとして, 土地財産分割論 (division of landed property) がある。

　伝統的な経済学は, 様々な意味から, 貧富の格差を必要悪として容認してきた。なぜなら, 地主や資本家への富の集中こそが, 経済全体の成長を実現する原動力だと考えていたからである。ところが, ケインズは『一般理論』の最終

章において,「資本の成長は個人の貯蓄動機の強さに依存し, この成長の大部分を富者の余剰からの貯蓄に仰いでいるという信念」は, 誤りであるという[4]。貯蓄は, 地主や資本家が, アニマル・スピリット (animal spirits : 将来への野心などのために予測不能の行動を取る事) を持って, 投資として使用しなければ無意味となるからである。

それだけではない。需要不足が顕著な不況下においては, 富者による貯蓄の増大 (消費の減少) こそが不況を深刻化させる原因となる。自由と自己責任を原則とする資本主義社会にあって, 創意工夫に富んだ地主や資本家にある程度の富が集中するのは理解できる。しかし, 経済が沈滞し人々の生活が破壊されるような富の集中 (大きな貧富の格差) は, 不必要なことである。そこで示されたのが,「政府機能の拡張」(the enlargement of the function of government) の一つである所得や相続財産の再分配政策 (累進課税制度) を通じた民間消費の拡大であった。

本章の目的は,『一般理論』の最終章で示された利子生活者の安楽死 (the euthanasia of the rentier) を通じた民間投資の拡大,「投資のやや広範な社会化」(a somewhat comprehensive socialism of investment) を目指した公共投資の増大, 国際貿易の好ましくない影響 (戦争や失業の輸出), 所得の再分配政策 (累進課税制度) を通じた民間消費の拡大, といったケインズの経済社会哲学を検討することにある[5]。その際に, ケインズが「ケンブリッジ経済学者の始祖」(the first of the Cambridge Economists) と仰ぐマルサスの有効需要増大策にも, 少しばかり言及してみたい[6]。

2. 有効需要の原理

ケインズの経済社会哲学の理解を容易にするために, まず最初に彼の説いた「有効需要の原理」を簡単に見ておく。この作業は,『一般理論』の最終章に配置された「一般理論の導く社会哲学に関する結論的覚書」の冒頭で,「われわ

れの生活している経済社会の顕著な欠陥は，完全雇用を提供することができないことと，富および所得の恣意的で不公平な分配である。これまでの理論が，これらのうちの第一の点に対してもつ関係は明白である」[7]，とケインズ自らが述べていることからも，避けて通ることの出来ない重要事項であると考えられよう。

　さて，ケインズはまったく直観的に，現代の市場経済社会は自己調整能力を持っていないと把握し，現行の貨幣賃金で働きたくても働くことの出来ない「非自発的失業者」(involuntary unemployment) の存在を明示した後，その問題を解明すべく極めて人間的な理論の検討を行う[8]。

　まず，社会全体の有効需要が消費と投資からなることを示した後，その解決の鍵が主に投資にあることを鋭く認識する。その投資の一つである民間投資は，ケインズに従うならば，流動性選好説で決定された「利子率」(interest rate) と企業家の予想収益率である「資本の限界効率」(the marginal efficiency of capital) によって決まる。一方，消費は国民所得に依存しており，極めて安定的な関係をもっているだけでなく，限界消費性向 (marginal propensity to consume) は0と1の間にあると考える。また，この限界消費性向は投資乗数とパラレルの関係にあり[9]，投資の増大が乗数倍の国民所得の増大を生むことを示すものである。そして，まさに消費と投資からなるこの有効需要が，一国全体の国民所得（雇用）を決定することになる。

　経済が不安定（不況）になれば，当然のことながら「資本の限界効率」（予想収益率）は低下していくため，かなり低い利子率でないと民間の投資は実行されない。それに，社会が豊かになればなるほど，限界消費性向も低下していく。それ故に，有効需要は低下していくことを余儀なくされており，それがために一国全体の国民所得（雇用）も低い水準に留まらざるを得ない。その結果が，現行の貨幣賃金で働きたくても働くことの出来ない「非自発的失業者」の存在であったのである。

　このように，現実の経済は失業者を含んだ均衡の状態（失業均衡）にあり，自動的に完全雇用均衡に向う力を持っていないと考えたケインズは，貨幣愛の追求というように道徳的に好ましくない性格を持ってはいるが，創造力に富ん

だ資本主義社会を維持させるために，賢明な政府の施策に強く期待することになる。それが有名なケインズ政策といわれるものであった。先にも指摘したように，ここでは民間投資の増大が解決の鍵となるのであり，そのために利子率の引き下げが必要なことは容易に理解できる。

それでは，富裕階級（利子生活者）に好まれている高い利子率を引き下げるにはどうしたら良いのか[10]。まず，政府は積極的に市中の債券を買い上げ（買いオペ），貨幣（流動性）を市場に提供しなければならない。そうすれば，債券の時価は上昇し，利回りで表された利子率は低下する。利子率が低下し資本の限界効率よりも低くなれば，民間の投資は必ず増加する。ケインズは，投資の利子弾力性（interest elasticity of investment）がかなり高いものと考えたのである[11]。それでも投資が増大しない場合は，呼び水（pump priming）として政府の投資である公共投資を行う。このための資金は，大蔵省が遵守している均衡財政主義を一時的に放棄し，赤字財政（deficit finance）を組んででも調達する[12]。もしも，現実の経済を放任し，成り行きに任せるだけで政府が有効需要増大策を実行しないならば，経済社会はいつまでも停滞を続けざるを得ない。

以上が，筆者の理解する「有効需要の原理」の簡単な説明であり，周知のケインズ政策の中身であった。ケインズの偉大さは，個人にとっても，また社会にとっても必要な雇用は，どんな手段を使ってでも確保しなければならないといった彼特有の使命感にあったと思われる。これが，ケインズが生まれた地にちなんでハロッドが命名した「ハーヴェイ・ロードの前提」（Harvey Road presumption）の本来の意味である。ケインズは，知識階級に属する人々はすべからくノブレス・オブリージュ（noblesse oblige：高貴な義務）を持っていると考え，自ら実践した。

3. ケインズの経済社会哲学

さて，以下では『一般理論』の最終章に配置されている「一般理論の導く社

会哲学に関する結論的覚書」を検討していく。その際に、行論の便宜上、ケインズ自身の配置とは異なり順序を変更したので了承頂きたい。

(1) 投資家（利子生活者）の安楽死を通じた民間投資の拡大

利子率は、一般に貨幣（資金）の価格であると言われているので、金融市場 (financial market) での需要と供給によって決定される。もちろん、ここでの資金の需要者は主に企業や政府などであり、資金の供給者は主に家計である。

周知のように、現在では、資金の運用や借入のニーズに応じて、数多くの金融市場が存在している。例えば、取引期間による分類では、10年以上のものを長期金融市場、5年程度のものを中期金融市場、1年未満のものを短期金融市場と呼んでいる。このように、現実にはたくさんの金融市場が存在しているが、経済理論では仮設的に統合された金融市場を考え、そこで利子率の決定を分析する。その際に、現在では、経済に供給される貨幣量のことをマネー・ストックと呼び、M3がよく用いられる。これは現金通貨＋民間銀行の普通・当座預金＋民間銀行の定期性預金＋郵便貯金を意味している。

もっとも、これも周知のように、利子率の決定理論には古典派の資金の実物的要因を重視した実物的利子論、ケインズの貨幣的要因を重視した貨幣的利子論、ロバートソンの貸付資金説、ヒックスのIS＝LM型一般均衡分析などが存在しており、議論は尽きない。筆者自身は、貯蓄を利子率の関数とするのではなく、ケインズのように所得の関数とした流動性選好説の方がより説得的だとは考えているが、ここではそのことは問わない。ケインズの指摘した、利子生活者が好むような高い利子率が、経済をますます悪化させているという認識の方が大切である。

さて、経済が不況色を強めてくれば不確実性は高まり、企業家の「資本の限界効率」も低下していく。民間投資を増大させるためには、利子率が「資本の限界効率」よりも低くなければならない。だから、利子率をいかにして引き下げるかがケインズの大きな関心の的となったのは当然である。そこで彼は、金融緩和政策の一つである債券の購入を通じたマネー・ストックの増大が必要なことを力説する。通常、マネー・ストックの増大より利子率は低下し、それら

の資金を使った生産の増大やそれに伴う物価の上昇，輸出入の活発化などが派生すると予想される。

　もっとも，不況期には通常の場合，資金需要も極端に弱まるため，マネー・ストックを増大したとしても，生産の減少や物価の下落などが発生しやすい。[13] もちろん，利子率は低下傾向にあるが，そのように低い利子率であっても，企業の予想収益率である「資本の限界効率」の方がより低い時には，民間投資は増えない。そのため，増大したマネー・ストックは，一部は不活動資金として滞留せざるを得ないし，一部は債券や株式あるいは不動産市場に流れる。また，当然のことながら，低い利子率を嫌った余剰資金の一部は，海外へ流出する可能性も高くなるので，自国の通貨安をもたらす。自国の通貨安は，通常の場合，輸出を伸ばし輸入を抑制するので，貿易黒字が発生する。これはケインズが好ましく思わなかった「失業の輸出」を通じた有効需要の増大である。

(2)　「投資のやや広範な社会化」を通じた公共投資の拡大

　先にも指摘したように，不況期に民間投資が減少するのは避けられない。なぜなら，好況期に行った過剰設備投資が二重の意味で重荷になり，新たな投資など考えることが出来ないからである。おそらく供給能力の 20 〜 30％は過剰となるであろうし，銀行から借りた資金の金利負担は重くのしかかる。これらの企業では，新規投資はよほどのことが無いかぎり実現しない。しかしながら，資本主義社会においては，企業心に富んだ資本家が新たな投資機会をたえず探っているものである。それ故に，ケインズが実行しようとした低い利子率は，銀行などからの借入資金で新規投資を実施しようとしている企業家にとって極めて重要となる。またこれは，過剰設備に悩む企業にとっても，金利負担の軽減などで大きな意味を持つので，利子率引き下げが実現した後は，少し時間をかけて，時がすべてを解決するまで待つべきなのかもしれない。

　しかし，ケインズも喝破しているように，「長期的にはわれわれはみな死んでしまう」[14] のである。われわれは，台風などの嵐が来ても何もせずに，ただ嵐が過ぎ去るのを待つべきなのか。われわれは，恐ろしい火災が発生しても何もせずに，ただ火事が鎮まるのを傍観すべきなのか。われわれは，街に職にあり

つけない失業者があふれていても何もせずに，ただ自然に失業が回復するのを待つべきなのか。ノブレス・オブリージュを持っていたケインズの答えは，当然のことながら否であった。不況期にあって，民間投資がすみやかに回復しないのであるならば，この急場を「投資のやや広範な社会化」を通じた公共投資の拡大で埋め合わせるのは当然のことだ。政府が「なすべきこと」（*Agenda*）は数限りなくあると考えられているからである。

さて，「国家は，一部分は租税機構により，一部分は利子率の決定により，そして一部分はおそらく他のいろいろな方法によって，消費性向にたいしてそれを誘導するような影響を及ぼさなければならない。さらに，利子率に対する銀行政策は，それ自身では最適投資量を決定するのに十分ではないように思われる」と不況下の現況を適切に把握したケインズは，「私は，投資のやや広範な社会化が完全雇用に近い状態を確保する唯一の方法になるだろうと考える」と明言する。もっとも，このような政府機能の拡張は，「19世紀の評論家や現代のアメリカの銀行家にとっては個人主義に対する恐るべき侵害のように見えるかもしれないが，私は逆に，それは現在の経済様式の全面的な崩壊を回避する唯一の実行可能な手段であると同時に，個人の創意を効果的に機能させる条件であるとして擁護したい」，とも付け加えている。

それでは，ケインズの言った「投資のやや広範な社会化」として，政府のなすべきこととはいったい何なのか。これは現代の政府予算を見ればよく分かる。現代の政府予算は，良かれ悪しかれ，その多くがケインズの精神のもとに作成されているように見える。道路整備，住宅市街地整備，下水道環境衛生，治山治水，農業農村整備などを始めとして，公立学校施設整備，社会福祉関連施設整備，国家防衛整備などがずらりと並んでいるのである。しかし，このすべてが，「投資のやや広範な社会化」として，政府がなすべきことだと考えることは出来ない。有名な『自由放任の終焉』には，「国家のなすべきことでもっとも重要なのは，私的な諸個人がすでに遂行しつつあるような活動に関しているのではなく，個人の活動範囲外に属する諸機能や，国家以外には誰ひとりとして実行することのないような諸決定に関係している」，と彼自身明言しているからである。

もっとも，歴史を紐解けば，大恐慌時にアメリカのニュー・ディール政策が脚光を浴びたのは有名なことである。この公共事業政策は，その規模からいってもすさまじいものであった。ケインズ研究に明るい伊東光晴は，「たしかにニュー・ディール，わけてもTVAは，新しい経済学を推進しようとする人たちにとっては偉大な実験であった。それはイギリス本国の広さに匹敵するテネシー河流域――アメリカ南部の7つの州にまたがる不毛の土地に巨大なダムを16つくり，5つを改造し，120億キロワット時の電力をおこし，1200マイル以上の道路をつくり，マラリヤ蚊を絶滅し，ダムをコントロールして完全に治水をはかり，農地をおこし，また農業のために肥料工場をおこし，余った電力でアルミその他の工場をつくり，さらにダムの周囲を風光明媚な地帯にするなど，政府投資によって自然を総合的に改造した一大実験であった。こうした10年間の努力によって，荒廃していた土地は，アメリカでもっとも文化的な地域に変わった。しかも，TVAの低廉な電力によって，電力の独占価格を打ち破ることができた。1926年から33年までの間にわずか2パーセント下がったにすぎなかったアメリカの家庭電力料金は，TVAの創設されてからあと，7年間に平均して23パーセント下がり，1942年には33年にくらべて33パーセント低下した。このことは，もしも政治が民衆のものであるならば，資本主義のもとでも，政府投資によって独占を抑え，社会改造が可能であるという勇気をケインズ経済学者に与えるものであった」[19]，と感動的に語っている。
　とにかく，租税ではなく公債によって賄われた財政支出の増大が有効需要を追加し，完全雇用に近付く道として理論づけられたことは，これまでになかったことであり，まさに画期的なことであったのである[20]。

(3) 国際分業の好ましくない影響

　リカードウの「比較生産費の原理」を持ち出すまでもなく，国際分業（自由貿易）は世界に利益をもたらすというのが，経済学者の多くが信奉している考え方である。ノーベル賞を早い時期に受賞したサミュエルソンも，経済学で最も素晴らしい教えの一つがリカードウの「比較生産費の原理」だと明言しているのは，よく知られている事柄である[21]。しかしながら，ケインズは過去の歴史

を振り返って見て極めて冷静に，その国際分業こそが戦争の経済的原因の一つであった，と鋭く指摘したのである。

ここでのケインズの主張は次の様である。「自由放任の国内体制と 19 世紀後半において正統的であった国際金本位制のもとでは，政府にとって国内における経済的困難を軽減する途は市場獲得競争以外にはなかった」し，「慢性的あるいは断続的な過少雇用（失業）の状態を救うのに役立つ方策は，貿易収支を所得勘定において改善する方策以外には，すべて除外されていた」のは事実であったけれども，「国際貿易は現在では，外国市場に対して販売を強行しながら，購入を制限することによって国内の雇用を維持しようとする必死の手段となっている。しかし，これはたとえ成功したとしても，失業問題を競争に敗れた隣国に転嫁するにすぎない」[22]。要するに，貿易の黒字によって国内の失業を解消しようとするのは近隣窮乏化政策であって，そのような市場獲得競争が戦争の主要な経済的要因であった，主張するのである。

もっとも，『一般理論』第 23 章の「重商主義，高利禁止法，スタンプ付き貨幣および過少消費説に関する覚書」において，その当時政府当局が貿易黒字に関心を持ったことは二つの目的に役立ったとして，次のように述べていたことは周知のことである。すなわち，「当局が国内利子率あるいは，その他の国内投資諸因に対して直接支配力をもたない時代においては，貿易収支の黒字を増大させる方策が，対外投資を増加させるために彼らがとりうる唯一の直接的手段であった。そして同時に，貿易収支の黒字が貴金属流入に及ぼす効果は，国内利子率を低下させ，それによって国内投資諸因を強化するための彼らの間接的手段であった」[23]，と。

要するに，政府が利子率の変更や投資の増大を自らコントロールすることが出来ず，国際的な金本位制といった制約の下に金の流出入によって利子率の変更を余儀なくされる世界においては，どうしても貿易収支の黒字（輸出の奨励や輸入の制限）によって有効需要を追加するだけでなく，貴金属の流入で流動性を高め，それによって利子率を引き下げ，国内投資を増大させる必要があったのである。しかし，貿易収支の黒字を増大させるためには，大砲の威力で自国の製品を他国に強制的に購買させ，高い関税で他国の輸入を抑制させる必要

があった。実際のところ，他の諸国よりも早くから経済発展に成功したイギリスは，そうしたのである。

そこでケインズが主張したのが，これまでにも述べたように，そのような戦争（市場獲得競争）を通じた有効需要の回復ではなく，平和的な国内政策として実行された金融政策（利子率の低下）と財政政策（公共投資の増大）を組み合わせた有効需要の追加であった。この主張を見る限りでは，国内政策を優先させたという意味で，ケインズは平和主義者であったと言ってもさしつかえない[24]。国際貿易は，ケインズも言う通り，「相互利益の条件のもとで喜んで行われる財貨およびサービスの自由な交換」とならなければならない。そのためには，不況時には多分に困難なことかもしれないけれども，行きすぎた貿易黒字政策は避けなければならないのである。

(4) 所得の再分配政策（累進課税制度）を通じた民間消費の拡大

ここまでの議論を見ただけでも，ケインズという人物が伝統的な経済学に対し鋭く挑戦してきたのがよく分かる。彼は，国際的な金本位制の呪縛を解き放ち，均衡財政主義といったこれまでの伝統を打ち砕き，富者の貯蓄慣行を強く否定し，行きすぎた国際分業を不必要なことだと非難した。それらに代って，「政府機能の拡張」である通貨と投資の管理（総需要管理）を前面に押し出し，自由を擁護するために政府の計画を取り入れた。これらは，どれもこれも人間というものに強い信頼を置いた，素晴らしい経済社会哲学であると考えることが出来よう[25]。

しかしながら，われわれをさらに驚嘆させる主張が，ここで最後に紹介する所得の再分配政策（累進課税制度）を通じた民間消費の拡大である。先にも指摘したように，伝統的な経済学ではこれまで，富者の貯蓄は経済の成長を成し遂げるのに不可欠の要因であると考えられてきた。しかし，ケインズはその主張に真っ向から反対し，近年ではこの富者の貯蓄こそが経済成長にとって大きな妨げとなっていることを論証し，政府による所得の再分配政策を強く支持したのである。

彼は，「19世紀以来，とくにイギリスにおいては，直接課税―所得税，付加

税，および相続税—の方法によって富および所得のきわめて大きな格差を除去する方法に向かって，著しい前進がなしとげられた。多くの人々はこの過程がさらに一段と推し進められることをおそらく希望しているであろう。しかし，彼らは二つのことを考えて思いとどまっている。一つは，巧妙な脱税がきわめて有利になり，さらに危険負担への動機が過度に減退するという懸念である」[26]，と述べている。この叙述から，ケインズがどの程度の累進税率を考えていたのかは不明だが，かなり高い累進税率を想定していたことは理解できる。そのような所得の再分配政策により，彼が単に投資の増大に関してだけではなく，有効需要のもう一方の構成要素である民間消費の増大に関しても注目していたことがよく分かる。

　周知のように，もともと政府税制の役割は，①資源の再分配機能であり，（公平かつ簡素な）公共サービスのための資金調達，②所得や資産の再分配機能，③景気の調整機能（ビルト・イン・スタビライザー）に求められる。①の資源の再分配機能としての（公平かつ簡素な）公共サービスのための資金調達では，われわれは政府から各種の公共サービス（治安，潤いのある街づくり，公園や図書館，道路や上下水道，義務教育サービスなど）を受けているので，受益に応じて税を負担するのは当然のことであろう。納税は公共サービスの代価だからである[27]。しかしながら，所得の低い人よりも高い人の方に支払い能力があるのは自明のことなので，所得の多寡に応じて税率の異なる累進課税制度を導入するのが公平であると一般に考えられている。その際，日本では徴税コストを最小にすべく，源泉徴収などのシステムがとられているのは周知のことである[28]。

　ところで，ここで紹介した②の所得や資産の再分配機能が，ケインズの主張する民間消費拡大政策に直結する。彼は先にも示したように，『一般理論』の最終章に配置した「一般理論の導く社会哲学に関する結論的覚書」の冒頭で，「われわれの生活している経済社会の顕著な欠陥は，完全雇用を提供することができないことと，富および所得の恣意的で不公平な分配である」[29]，と喝破していた。市場経済システムは，個人的な自由と生活の多様性（personal liberty and the variety of life）を保障する最も優れた制度には違いないが，必然的に

「貧富の格差」をもたらす。要するに，能力があり創意工夫に富んだ人々はますます豊かになるが，富者の限界消費性向は通常低いとみられているので，当然のことながら消費は減少する。また，不況のために貯蓄を投資へ振り向けるアニマル・スピリットが萎縮するだけでなく，実際に投資の機会が減退していくならば，雇用の減少は避けられない。豊かな社会では失業を含んだ経済均衡が常態となりやすい。それ故にケインズは，われわれの生活している経済社会の顕著な欠陥の一つが，完全雇用を提供することが出来ないことだと言い放ったのである。当時のケインズの現状診断は，「諸機関による貯蓄や減債基金の形における貯蓄（saving by institutions and through sinking funds）は妥当な大きさを超えている[30]」というものであった。

そこで，経済を成長軌道に乗せるための一つの方策として，社会全体の貯蓄性向の引き下げを模索し消費性向を高めるために，限界消費性向の低い富者から高い貧者への所得の再分配が考察の対象となった。その際特に，遺産の不平等を正すべく相続税の課税強化をケインズが提言していることは注目に値する。これは，親から譲り受けた財産所得が，それを受け取る個人の能力とは何の関係もないと考えられたからである[31]。ケインズ自身はこれ以上何も明言していないが，イギリスにみられる富裕階級の資産はわれわれの想像を大幅に越えていたと考えるべきである。もっとも彼は，「所得および富の相当な不平等を正当化することのできる社会的，心理的理由は存在するけれども，それは今日存在するほど大きな格差を正当化するものではない，と信じている[32]」，と述べることも忘れてはいない。だから，この際のケインズの議論の目的も，しばしば言われる平等社会の実現にあったのではなく，有効需要の拡大を通じた完全雇用の実現にあったことは確認しておくべき事柄であると思われる[33]。

最後に，③の景気の調整機能（ビルト・イン・スタビライザー）とは，上記のような累進課税制度などが，好況の時には税収の増大から景気の加熱を抑え，不況の時には税収の減少から景気を下支えするという機能である。これは，社会保障制度や失業保険制度と組み合わされて，景気変動に対する安定化装置となった。景気が悪い時には失業者も増え，失業保険制度による失業手当て給付の増大が，民間消費の拡大を通じて景気を回復させる要因となるのであ

る。

4. 税制改革による民間消費の拡大
　　―むすびにかえて―

　これまでの議論を整理してみよう。ケインズは，失業を回避し個人主義や生活の多様性を擁護するために，政府による賢明な施策のいくつかを提示する[34]。その一は，これまで国際的に自動調整機能をはたしてきた金本位制にかえて，管理通貨体制を提案したことである。これにより各国は，金の数量に縛られることなく，通貨の調整を裁量的に行うことが出来るようになった。しかし，このような通貨政策による利子率の引き下げによっても民間投資の回復が芳しくない場合は，次の措置が必要となる。

　その二として，伝統的な均衡財政主義を一時的に休止し，不況期に赤字予算を組むことも辞さない政府の在り方を強く支持することが挙げられよう。その際に，われわれが抱いている貯蓄慣行の見直しに言及しただけでなく，行きすぎた富者の貯蓄や極端な貧富の格差も同時に否定することとなった。累進的な所得ないし財産課税の強化による民間消費の拡大がそれにあたる[35]。このような政府の有効需要増大策が，マルサスの不生産的消費に関係していたことは言うまでもないことである。「マルサス氏は大蔵大臣のもっとも有力な味方なのだ[36]」というリカードウの言葉は，そのままそっくりケインズにもあてはまる。

　その三は，国際分業よりは国内政策を重視するといった平和主義を提案したことであろうか。近隣窮乏化を引き起こす国際分業（失業の輸出）は，各国の対立を助長し戦争に発展する可能性を高めるし，実際にわれわれはこれまで大きな戦争を何回も経験してきた。ここでも，筆者はケインズの判断の正しさに敬意を払いたいが，逆に言うならば，深刻な不況期にあっては，大きな戦争しか有効需要を飛躍的に高める手段がないということにもなるのである。

　ケインズは，「戦争にはいくつかの原因がある。独裁者やそれに類する人々にとっては，戦争は少なくとも彼らの期待では痛快な興奮を与えるものであっ

て，かれらは自国民の先天的な好戦性に訴えることが簡単であることを知っている。しかし，これにもまさって，国民の激情を煽る彼らの仕事を容易にするものは，戦争の経済的原因，すなわち人口の圧迫と市場獲得競争である」，と明言している。われわれ現代人は，ケインズが言ったように思慮深く分別を持っている。しかしながら，そのために消費や投資を手控え，深刻な不況から抜け出せないでいるのである。われわれは，大いなる戦争の誘惑に負けないようにしなければない。

[注]
1) 例えば，マーク・ブローグは，「それはたかだか20ページの長さしかないが，すべての文章は引用することが可能であるし，ケインズの名声を混乱させた神話の多くを否定するものとなっている」，と述べている。Cf. M. Blaug, *John Maynard Keynes* (Macmillan, 1990), p. 91. 邦訳，中矢俊博訳，『ケインズ経済学入門』(東洋経済新報社，1991年), p.180, 参照。
2) マルサスは『経済学原理』初版第7章第7節において，「分配に依存する価値の増大のもっとも好都合な原因は，第一に土地財産の分割，第二に国内商業および外国貿易，第三に不生産的消費者の維持である」と正確に述べている。さらに，「土地財産の分割は，富の交換価値を維持増大し，いっそうの生産を奨励する富の分配の大きな手段の一つである。また，そのようにして引き起こされた分配は，それが拡大していくにつれて対立原理に遭遇し生産力を妨げはじめるまでは，ひきつづき富にとってより好都合な影響を生みだすという原理は，依然として真実であろう」と明言する。もっとも，そう述べる際に実にマルサスらしく，「一定の程度を越せば，両者はそれが以前に富の増進を促進したと同じ程度にこれを阻害するものであることは，同じように真実である。弾丸にはもっとも遠くへ到達する一定の仰角というものがある。もしそれが，より高くあるいはより低く向けられるならば，弾丸はその地点に達することは出来ない」と言うことも忘れてはいない。Cf. T. R. Malthus, *Principles of Political Economy considered with a View to their Practical Application* (John Murray, 1820), pp. 427-32. 邦訳，小林時三郎訳，『経済学原理』下巻(岩波書店，1968年), pp.272-76, 参照。
3) 博識なハイルブロナーによると，「1800年代の初め頃は，貯蓄主体と投資主体がほぼ同一であった。……貯蓄余力を持つものは事実上富裕な地主や資本家に限られていたのである。……だが，19世紀も半ばになると，富の分配がかなり進み，それにつれて貯蓄の可能性が社会のより多くの成員に向けて開かれていった。それと同時に事業も拡大していき……次第に国中の名もなき貯蓄者たちの財布が当てにされるようになっていった」という。また彼は，「貯蓄をすればなぜか一般的供給過剰になってしまうというマルサスの直感は正しかった」，とも述べている。Cf. R. L. Heilbroner, *The Worldly Philosophers* (Simon and Schuster, 1986), pp. 265-66. 邦訳，八木甫監訳，『世俗の思想家たち』(HBJ出版局，1989年), pp.318-20, 参照。
4) これは二重の意味で議論されても良い。一つは，ケインズの時代ではすでに貯蓄主体と投資主体とが異なっており，富者であれ労働者であれ，所得減少や失業が社会問題と

なるような不況下で貯蓄を過度に行うことは有効需要の減退を招来し，経済をいっそう不況に陥れるという考え方である。もう一つは，富者と労働者の限界消費性向の違いに着目して，限界消費性向の低い富者の貯蓄を限界消費性向の高い労働者に移転することで民間消費の拡大をねらい，経済の成長を促進すべきだという考え方である。後者の考え方の斬新なところは，経済の成長が富者の貯蓄によって増進するのではなくかえって妨げられているということにある。さらに悪いことには，富者が高い利子率を期待することによって投資が阻害されることであろう。そこで，不況から脱出させ経済を成長経路に乗せるためには，所得の再分配政策（累進課税制度の強化）が有効であり，利子率の引き下げや政府投資の拡大が必要不可欠である，とケインズは主張したのである。

5) ケインズの有名な指摘である「既得権益の力は思想の漸次的な浸透に比べて著しく誇張されていると思う。……しかし，遅かれ早かれ，良かれ悪しかれ危険なものは，既得権益ではなくて思想である」という章句は，実に聞くものを説得する力がある。J. M. Keynes, *The General Theory of Employment, Interest and Money*, Vol. 7 of *The Collected Writings of John Maynard Keynes*, ed., by The Royal Economic Society (The Macmillan, 1971), pp. 383-84. 邦訳，塩野谷祐一訳，『雇用・利子および貨幣の一般理論』『ケインズ全集・第7巻』（東洋経済新報社，1983年），p.386, 参照。

6) マルサスの不生産的消費という言葉を聞くと，筆者にはケインズが述べた次の章句が思い浮かぶ。「古代エジプトはピラミッド建築と貴金属の探索という二つの活動を持っていた点で二重に幸せであり，伝説にまでなったその富は疑いもなくこのためにできたものであった。これらの活動の結果は，消費されることによって人間の必要を満たすものでなかったから，過剰によって価値が下がることがなかった。中世は寺院を建て鎮魂歌を歌った。二つのピラミッド，死者のための二つのミサは，一つのピラミッド，一つのミサの二倍の価値を持つ。しかしロンドンからヨークまでの二つの鉄道はそうではない」（*ibid.*, p.131. 邦訳, p.129）。この章句は，現代のわれわれが常に思慮深く，かつ大いなる分別を持っており，そのために不生産的な消費を行わない結果が，失業という苦難に現れているという鋭い指摘である。

　マルサスの不生産的消費論に対するケインズの手放しの誉めようについては，「マルサス伝」の該当箇所を見て頂きたい。そこの注でケインズは，「私は読者に，われわれが生活している現実の経済体制において，最適の貯蓄を決定する諸条件のみごとな説明として，第9節全体（『経済学原理』第7章第9節）の参照を勧めたい」，と述べている。ケインズは，生産力の増大に伴い過剰生産が起こる可能性が高くなるため，その対策としてマルサスが有効需要増大策（土地の分割・商業の拡大・不生産的消費・勤労者への奢侈の勧めなど）を主張した点を高く評価している。Cf. J. M. Keynes, "Thomas Robert Malthus", in *Essays in Biography*, Vol.10 of *The Collected Writings of John Maynard Keynes*, ed., by The Royal Economic Society (London: The Macmillan Ltd., 1972), p. 101. 邦訳, 大野忠男訳，「トーマス・ロバート・マルサス」『人物評伝（『ケインズ全集』第10巻）』（東洋経済新報社，1983年），p.138, 参照。

　同じ有効需要論を論じたものではあるが，マルサスとケインズではその論理構造が異なっていると鋭く指摘した渡会勝義，「マルサスの経済学とケインズ―マルサス＝リカードウの『一般的供給過剰』論争の評価をめぐって―」早坂忠編著，『ケインズ主義の再検討』（多賀出版，1986年），pp.415-50, も同時に参照されたい。

7) J. M. Keynes, *The General Theory*, p. 372. 邦訳, p.375.

8) ここで筆者が人間的と言ったのは，労働に従事することが人間にとっていかに大切

か，ということに関係する。大不況の悲惨さは，ただ仕事がなくて食べられないというだけでなく，自分が社会から必要とされないために人間性を喪失することにある。筆者には，失業がルーカスのいう職探しの状態であるとはとても考えられない。いわゆる「合理的期待」理論がアメリカの大学を席巻し，トービンのいたイェール大学にまで浸食しはじめたときの様子を語って面白い，吉川洋，『ケインズ』（筑摩書房，1995年）の当該箇所（特に第5章「50年の後」のケインズ反革命の部分）を参照されたい。

9) 限界消費性向が高くなれば投資乗数も大きな数値となり，投資の増大が国民所得に与える影響は極めて大きくなる。しかしながら，ケインズも言っている様に，この乗数効果は豊かな社会と貧しい社会においても，また雇用の状態如何においても異なってくる。クズネッツの統計をみてみると，アメリカの当時の投資乗数は2.5という数値であった（ibid., pp. 127-28. 邦訳，p.126）。

10) 伊東光晴のケインズ伝は，今でも十分読む価値のある書物である。その中に，「将来のことはどうなるかわからない。だから投資家は資産を現金の形で持つ。危険性があればあるほど，よほど利子率が高くないと投資をしない。したがって，この投資家の行動が利子率を高め，社会全体の投資の量を少なくしている。その結果，有効需要は少なくなり失業が生まれる。失業の原因は，投資家階級の安全性を求める『貨幣愛』である。これが当時の経済状態に対するケインズの認識であった」とある。伊東光晴，『ケインズ―新しい経済学の誕生―』（岩波書店，1962年），pp.137-38, を参照されたい。

11) オックスフォード大学の実態調査を待つ迄もなく，たとえ利子率が下がったとしても投資はふえないであろう。不況下の企業の予想収益率は想像以上に低下するので，少し利子率が下がったくらいでは投資を増大しないからである。また，株式市場が発達し内部留保が潤沢な現代にあっては，金融市場からの資金調達の必要性が低下していることも考えられる（Blaug, op.cit., pp. 34-36. 邦訳，pp.70-73）。

12) 赤字国債の発行による公共投資は利子率の上昇を招き，民間の資金需要を抑制するため好ましくないという見解がある（クラウディング・アウト）。ここでいう財政資金の調達は，民間で使用されていないマネー・ストックを有効利用することから，資金需要の逼迫は起こらずクラウディング・アウトは発生しないと考えられる。しかしながら，利子率の上昇が起こるならば自国通貨は高騰する可能性があり，その結果輸出が押さえられ輸入は活発化するので，有効需要の拡大には寄与しないかもしれない。もちろん，増税によって公共投資の資金を賄うのは，有効需要の拡大には寄与しないであろう。また，近い将来増税されることが明らかな場合も消費需要の抑制が起こり，不況から立直ることはなかなか出来ないに違いない。

13) 好況時に行った過剰な設備投資や土地投資（投機）は，需要の急激な減少から生産は縮小し製品価格も低下する。しかし，金融緩和政策の一つである債券の発行を通じたマネー・ストックの増大は，近い将来ゆるやかな物価の上昇を生み出す可能性が高い。もっとも，そのようなゆるやかな物価の上昇により，生産や雇用も回復基調を示すであろうというのが，ケインズの不況脱出のもう一つのシナリオであった。

14) ケインズの『貨幣改革論』にある次の言葉を参照されたい。「長期的にみると，われわれはみな死んでしまう。嵐の最中にあって，経済学者に言えることが，ただ嵐が遠く過ぎ去れば波はまた静まるであろうということだけならば，彼らの仕事は他愛なく無用である」。J. M. Keynes, *A Tract on Monetary Reform*, Vol. 4 of *The Collected Writings of John Maynard Keynes*, ed., by The Royal Economic Society (Macmillan, 1971), p. 65. 邦訳, 中内恒夫訳, 『貨幣改革論（『ケインズ全集』第4巻）』（東洋経済新報社，1978

年), p.66. もっとも, この章句は不況期のことを言っているのではなく, 第一次世界大戦後の物価騰貴のことを述べており, 物価安定政策の重要性を喚起したものである。

15) J. M. Keynes, *The General Theory*, pp. 378-79. 邦訳, p.380. ケインズが想定した利子率の下限がいかなるものかは定かではないが, 次の諺は参考になる。「ジョン・ブルはたいていのことには我慢するが, 2分の利子率には我慢できない」。

16) *Ibid*. 邦訳, 同上。

17) *Ibid*, p. 380. 邦訳, p.383.

18) J. M. Keynes, "The End of Laissez-Faire", in *Essays in Persuasion*, Vol. 9 of *The Collected Writings of John Maynard Keynes*, ed., by The Royal Economic Society (Macmillan, 1972), p. 291. 邦訳, 宮崎義一訳, 『説得論集(「自由放任の終焉」『ケインズ全集』第9巻)』(東洋経済新報社, 1978年), p.348.

19) 伊東光晴, *op.cit.*, p.193.

20) 先にも言及したように, このような公債発行政策を行ったために招来した長期金利の上昇は, ケインズの意に反して自国の通貨高をもたらす可能性が高く, そのために輸出の減少や輸入の増大を通じてその国の貿易黒字を減少させるかもしれない。そうなると, よほど大きな公共投資を実施しないかぎり, トータルとしての有効需要は改善されない可能性がある。

21) サミュエルソンは, 「もしも理論というものが, 美人コンテストで競い合うことができるとすれば, 比較優位論がその優美な論理構造のゆえに上位に入選するだろうことは確実である。事実, それが単純化された理論であることは, これを認めざるをえない。しかしながら, その過度の単純化にもかかわらず, 比較優位の理論は真理のきわめて重要な一端をのぞかせてくれるのであって, 政治経済学はこれ以上含蓄のある原理をほとんど発見していない」, と言っている。P. A. Samuelson, *Economics* (McGraw-Hill Kogakusha, 10th ed., 1976), p. 680. 邦訳, 都留重人訳, 『経済学』下巻(岩波書店, 1977年), p.1135, を参照のこと。

22) J. M. Keynes, *The General Theory*, pp. 382-83. 邦訳, pp.384-85.

23) *Ibid*., pp.333-71. 邦訳, pp.333-74.

24) ケインズは, 「私は自由党員か」の中で, その時代の問題を平和問題, 財政問題, 性問題, 麻薬問題, 経済問題の五つに分類し, 平和問題について次のように述べている。「平和問題については, 極力, 平和主義たることにしよう。……過去, われわれは戦争のために危険を冒してきたが, それとまったく同じように, 私は平和のために危険を冒してみたい。……私は, 調停と軍縮の方向に向かって, たとえ弱小国と化すという危険を冒しても, きわめて優れた模範を示すことに賛成したい」。J. M. Keynes, "Am I a Liberal?," in *Essays in Persuasion*, Vol. 9 of *The Collected Writings of John Maynard Keynes*, ed., by The Royal Economic Society (London: The Macmillan Ltd., 1972), p. 301. 邦訳, 宮崎義一訳, 「私は自由党員か」『説得論集(『ケインズ全集』第9巻)』(東洋経済新報社, 1978年), p.362, を参照のこと。

　もっとも, 低金利政策は国内の有効需要を増大させるためのものであるが, 先にも述べた様に, 短期的には低金利を嫌って貨幣が国内から流出するため, 自国の通貨安をもたらす。そのために輸出の増大と輸入の減少が発生することになり, 近隣諸国の犠牲のうえに自国の景気を下支えすることになる。これが平和的といえるかどうかは疑問である。

25) ブローグは, ケインズの思想がフェビアン協会の信条と驚くほど類似しているとし

て次のように言っている。「シドニーとベアトリス・ウェッブもまた，イギリスが高い知性のエリートによって基本的に統治されること，もし正しい思想を持った人々が統治に携わりさえすれば万事が誤りなく治められること，更に社会科学が目立った社会・経済問題を解決できるまで発展することを唱えた」(Blaug, *op.cit.*, p.51. 邦訳, p.100)。

26) J. M. Keynes, *The General Theory*, p.372. 邦訳, p.375.
27) これは租税の応益原則と呼ばれるものである。ヨーロッパの付加価値税や日本の一般消費税などの間接税がこれにあたる。筆者は，豊かな社会での応分の負担を考える意味でも，これからの社会保障政策を充実したものにする意味でも，また公共サービスの対価の支払いをわれわれが認識する意味でも，この応益原則の周知徹底を強く期待している。
28) 日本の税制については，吉野雄一郎編著，『図説　日本の税制（平成29年度版）』(財経詳報社，2017年)，を参照されたい。
29) J. M. Keynes, *The General Theory*, p. 372. 邦訳, p.375.
30) *Ibid.*, p. 373. 邦訳, p.376.
31) もちろん，極端な議論であるとは思われるが，「もし国家が相続税の収入を通常の支出にふり向け，その結果所得税や消費税がそれだけ引き下げられるか，あるいはまったく撤廃されると想定すれば，もちろん，相続税を重くする財政政策が社会の消費性向を高める効果をもつことは確かである」，とケインズは述べている(*Ibid.*, p. 373. 邦訳, p.376)。
32) *Ibid.*, p. 374. 邦訳, p.377. さて，ここに続く章句は，ケインズの凄さが実によくあらわれている。「価値ある人間活動を十分に実現するためには，金儲けの動機と私有財産制度の環境が必要である。その上，金儲けと私有財産の機会が存在するために，危険な人間性を比較的害の少ない方向に導くことができるのであって，それらの性質は，もしこの方法によって満たされないとすると，残忍性とか，個人的な権力や権勢の無謀な追求とか，その他さまざまな形の自己顕示欲にはけ口を求めるようになろう。人が暴君となるなら，仲間の市民に対して暴君となるよりは，自分の銀行残高に対して暴君となる方がよい。後者は前者への手段にほかならないとして非難される場合もあるが，少なくとも時には後者は前者の代わりになる。しかし，これらの活動を刺激し，これらの性質を満足させるためにも，ゲームが今日のような高い賭金を目当てに演じられる必要はない。もっと低い賭金でも，競技者がそれに慣れてしまえば，同じように目的にかなうであろう。人間の本性を変革する仕事とそれを統御する仕事とを混同してはならない。理想的な国家においては，人々が賭けに興味をもたないように教育され，鼓吹され，躾られるということもあろうが，普通の人，あるいは社会の重要な階層の人たちさえもが，事実上金儲けの欲望に強くふけっているかぎり，ゲームを規則と制限のもとで演ずることを許すのがやはり賢明で思慮深い政治術というものであろう」。市場経済では，政府がしっかりしたルールを設定し，もしゲーム参加者が不正を働いたならば，それを罰する法の支配が欠かせない。
33) ここでは，スキデルスキーとブローグのすべてのやり取りを参照して頂きたい。そこでスキデルスキーは，ケインズが福祉家ではなかったこと，社会主義を否定していたこと，共有の存在を否定していたことに続いて，「社会的正義の概念と結びつけて考えられる一連の観念に，彼が全然興味を示さなかったことです。社会的正義など，彼は全く信じませんでした。そのことには情熱のかけらさえ感じず，それに関したものを書くこともありませんでした。彼にとって再分配とは，適量の再分配という意味でして，完

全雇用を得るための一手段にすぎないものでした。社会主義者に特有の，社会的正義への情熱というものを，彼は持ち合わせていなかったのです」(Blaug, *op. cit.*, pp.49-54. 邦訳, pp.96-107)，と述べている。

　しかし，ケインズの言う経済の成長を目的とした所得の再分配政策であっても，これが機会の平等を促進するという意味で「福祉国家」を指向する可能性は高いと考えることが出来る。「歴史は人間がつくる」として政府の役割を協調し，人間的な理想を国際化することの利益を説いたミュルダールの書物も同時に参照されたい。Cf. G. Myrdal, *Beyond the Welfare State*（Yale University Press, 1960）．邦訳，北川一雄監訳，『福祉国家を越えて』（ダイヤモンド社，1970 年），を参照のこと。

34)　「完全雇用を確保するために必要な中央統制は，政府の伝統的な機能の著しい拡張を伴うであろう。さらに，現代古典派理論そのものも，経済諸力の自由な作用を抑制したり誘導したりすることが必要となるさまざまな事情に注意を向けてきている。しかし，なお個人の創意と責任が働く広い分野が残されるであろう。この分野では個人主義の伝統的な利益が依然として妥当するであろう」と言った後でケインズは，「生活の多様性は，まさにこの拡大された個人的選択の分野から生ずるものであって，多様性を失うことは画一的あるいは全体主義的国家のあらゆる損失の中で最大のものである。なぜなら，この多様性こそ，過去幾世代もの人々の最も確実で最も成功したさまざまな選択を包容する伝統を維持するものであり，また現在を多様な空想力によって彩るものであり，さらに，伝統の侍女（handmaid）であり想像力の侍女であると同時に，実験の侍女でもあるために，将来を改善する最も強力な手段だからである」と述べている。賢明な政府が介入する意味は，そのような個人的自由と生活の多様性を守るためであってその逆ではない。だから彼は，「今日の独裁主義的な国家組織は，効率と自由を犠牲にして失業問題を解決しようとしているように見える」，と堂々と言うことが出来たのである。J. M. Keynes, *The General Theory*, pp. 379-81. 邦訳, pp.382-83, を参照のこと。

35)　ケインズの指摘した経済社会哲学は，現在ではその多くがすでにわれわれのものとなっているものばかりであるし，彼の唱えた国際的な協調支援体制（世界銀行や国際通貨基金）も確立されてすでに久しい。彼の言った，「遅かれ早かれ，良かれ悪しかれ危険なものは，既得権益でなくて思想である」（*ibid.*, p. 384. 邦訳, p.386）という章句は，実に見事としか言いようが無い。

36)　「大きな生産がなければ，大きな生産力は発揮されることも，またいったん発揮されたときにはひきつづいて作用することもありそうにないから，国富が租税で養われている人びとの消費によって大いに刺激された事例から実際に生じたということについては，私はほとんど疑問を感じない」と述べたマルサスに対して，リカードウが皮肉をいったもの。Cf. David Ricardo, *Notes on Malthus's Principles of Political Economy*, Vol. 2 of *The Works and Correspondence of David Ricardo*, ed., Piero Sraffa with the collaboration of M. H. Dobb (Cambridge University Press, 1951), p. 433. 邦訳, 鈴木鴻一郎訳,『マルサス評註（『リカードウ全集』第 2 巻)』（雄松堂書店，1971 年), p.551, を参照のこと。

　また，大著『マルサスの経済学』の中で，ホランダーは多くの資料を用意しつつ，マルサスが農業保護論を撤廃し「リカードウ主義者（自由貿易論者）と運命を共にする決意をした」と明言している。ケインズと同様，マルサスが外国貿易よりも国内取引を重視していたことは事実なので，ホランダーが言うように，マルサスが農業保護論を放棄し自由貿易論を支持したかどうかについては，もっと議論される必要があるものと思わ

れる。Cf. Samuel Hollander, *The Economics of Thomas Robert Malthus* (University of Toronto Press, 1997), pp. 862-63.
37) J. M. Keynes, *The General Theory*, p. 381. 邦訳, p.384.

付論 1　ケインズとイギリス・ロマン派詩人パーシー・シェリー

1. はじめに

　経済学者であるケインズが，バレエや演劇を愛していたことは良く知られている。彼はバレリーナであるリディア・ロポコヴァを妻としただけでなく，芸術を愛する人々のためにケンブリッジに「芸術劇場」（Arts Theatre）を作り，物心両面から芸術家たちを支えたからである。筆者は以前，ケインズの文化や芸術面での活動を，『ケインズとケンブリッジ芸術劇場―リディアとブルームズベリー・グループ―』と題してまとめた。彼は若い時から，人生の目的が人間的な愛と，美的対象の創造や享受，そして真理の追究にあると明言しており，筆者の書物は，経済学者として名高いケインズが，芸術面においても実に多くの仕事を成し遂げたことを実証したものである。

　ところで，ケインズの文化や芸術面での活動において，忘れてはいけない検討作業がいくつか残されている。その一つが，ケインズと英文学という分野である。シェイクスピア学者のライランズは，ケインズが私財を投げ打って設立したケンブリッジ芸術劇場を共同経営していただけでなく，キングズ・カレッジの財務担当官（パーサー）をケインズから引き継ぐなど，彼の腹心の部下として重要な役割を果たしていた。その彼が，「私たちは演劇，シェイクスピア，イギリス詩人に対する情熱を共有していた」と述べ，シェイクスピアの『十二夜』と『恋人の嘆き』や，イプセンの『人形の家』，ミルトンの『コウマス』などに言及した後，「ケインズはワーズワスの崇拝者であり，『逍遥篇』の初版本を私に贈呈してくれた」，と明言しているのである。

ライランズは,「ケインズよりも 5 歳年下のエリオットは, ケインズが英語散文の達人であり, 他の優れた学者と異なり, 生涯を通じて英文学や他の国々の文学を広く読み, 精神を鍛え続けた点で尊敬する」, とも付け加えている。以下では, ケインズが関心を抱いた英文学・イギリス詩研究へのプロローグとして, 少しばかりの準備作業を行ってみたい。

2. シェイクスピアの『マクベス』

ケインズの経済学作品を紐解くと, シェイクスピアに関する叙述が目に入る。例えば,「わが孫たちの経済的可能性」『説得論集』(1931 年) には, シェイクスピアの『マクベス』(1623 年) から, 三人の魔女たちの有名な「きれいは汚く, 汚くはきれい (松岡和子訳)」(Fair is foul, and foul is fair) という表現がみられる。

1930 年, スペインのマドリッドで,「わが孫たちの経済的可能性」と題して講演したケインズは, 大恐慌の最中にあっても, 絶対的な経済問題は 100 年以内に片付き, 経済的に豊かな時代が訪れると予言した。しかし, 1930 年の時点ではそうではないというのが, この段階でのケインズの認識であった。今しばらくは富の追求といった「目的意識」(purposiveness) を持ち続けるべきであるし, これから 100 年間は, ケインズの嫌った金銭的動機や似非道徳律である「財産としての貨幣愛」(the love of money as a possession) を神として奉る必要があるという。

ケインズは,「しかし, 注意すべきだ。その時期にはまだなっていない。少なくとも今後 100 年は, 自分自身に対しても他人に対しても, きれいは汚く, 汚くはきれいであるかのように振る舞わなければならない。汚いものは役立つが, きれいなものは役立たないのだから。貪欲や高利や用心深さをもうしばらく, 崇拝しなければならない。これらこそが, 経済的な必要というトンネルから光の当たる場所へ, わたしたちを導いてくれるのだから」, と喝破したので

ある。

3. 『確率論』の最終ページに掲載されている詩

ケインズは，フェロー資格取得論文であった『確率論』(1921年) の索引が書かれている最終ページに，16世紀風の詩を掲載している。

> おお，偽りのそして当てにならない確率よ，
> 真理の敵であり，悪ふざけの擁護者よ。
> お前のかすんだ目で臆見は知ることを学ぶ，
> 真理の虚弱な一群がここにある，しかし役にも立たない（佐藤隆三訳）。
> O False and treacherous Probability,
> Enemy of truth, and friend to wickedness.
> With whose bleare eyes Opinion learnes to see,
> Truth's feeble party here, and barrennesse.

この詩は，出典が明記されていないので，ケインズ自身の作かどうかは分からない。学生時代より，シェイクスピアに多大な関心を示していたケインズであるので，彼を模して16世紀風に作ったのかもしれない。

4. ケインズとイギリス・ロマン派詩人パーシー・シェリー

次に，ケインズを一夜にして有名にしたといわれる『平和の経済的帰結』(1919年) の最後の箇所には，パーシー・シェリーの『鎖を解かれたプロメテ

ウス』(1820年)第一幕から，次の詩が引用されている。

　　　　何人の心にも未だ恐怖が残っている
　　　　それが呑み尽した荒廃の後までも。
　　　　心高い人びとは恐れている　考えるさえ潔しとしなかったことの全てが
　　　　事実ではないのか　と。
　　　　偽善と慣習が人びとの心を化して　時代遅れのさまざまな信仰の神殿に
　　　　している。
　　　　人びとは自己の状況を改善しようともしない
　　　　しかも，そうしようとしていないことすら気づかないのだ。
　　　　善良なものは力に欠け　ただ空しい涙を流す。
　　　　力ある者には善良さがない　何よりも彼らに必要なものなのに。
　　　　英知ある者は愛情に欠け　愛情ある者は英知を欠く
　　　　かくして　最善のものすべてが混乱し　悪と化する。
　　　　多くの者が力あり　富をもち　公正を願っているのだが
　　　　にもかかわらず　あたかも誰も何も感じぬかのように生きている
　　　　苦しみ悩む同胞のただ中で。
　　　　彼らは知らないのだ　自分たちが何をしているのかも（早坂忠訳）。
　　　　In each human heart terror survive
　　　　The ruin it has gorged : the loftiest fear
　　　　All that they would disdain to think were true :
　　　　Hypocrisy and custom make their minds
　　　　The fanes of many a worship, now outworn.
　　　　They dare not device good for man's estate,
　　　　And yet they know not that they do not dare.
　　　　The good want power but to weep barren tears.
　　　　The powerful goodness want : worse need for them.
　　　　The wise want love ; and those who love want wisdom ;
　　　　And all best things are thus confused to ill.
　　　　Many are strong and rich, and would be just,
　　　　But live among their suffering fellow-men
　　　　As if none felt : they know now what they do.

　この詩は，第一次世界大戦の末期に，イギリス大蔵省首席代表としてヴェル

サイユ講和会議で活躍し，幾多の重大な交渉に尽力したが，イギリスのロイド・ジョージやフランスのクレマンソーをはじめとした重要人物への説得に失敗した，ケインズの行き場のない心境を正しく伝えているように見える。

　善良なものは力に欠け，力ある者には善良さがない。英知ある者は愛情に欠け，愛情ある者は英知を欠く。まさにシェリーの言う通りだ，とケインズは考えたに違いない。多くの人々は，戦争に敗れたドイツ人の苦しみや，ドイツへの異常に高額な賠償金要求が，ヨーロッパの平和を破壊してしまうことなど，何も知らないかのように生きていたのである。

　ケインズは，シェリーの詩人としての才能を高く買っていたように思われる。ライランズも言うように，ケインズ自身は詩人ワーズワスの崇拝者でもあったので，シェリーが短いオックスフォード大学時代に，ワーズワスの詩に強く感化されたことは，ケインズの心証を良くしたに違いない。また，プラトン好きのケインズにとって，シェリーが1818年にプラトンの『饗宴』を翻訳していることも，大きな関心を誘ったのであろう。

　もう一つの例として，ケインズの努力によって1935年に開催された，「ロバート・マルサス　100年祭記念講演」の冒頭にも，シェリーの『イスラムの反乱』(1818年) 序文から引かれたものとして，次の章句が見られる。

> 形而上学や，道徳哲学および政治学の研究は，既に論破された迷信や，マルサス氏が弄した詭弁を復活させようとする空しい試みとほとんど変わるところがなくなった。マルサス氏の詭弁には，人類を重苦しい気分にさせる人々に，永遠の勝利を約束して安心させようとする下心があった（中矢俊博訳）。
> Metaphysics, and enquiries into moral and political science, have become little else than vain attempts to revive exploded superstitions, or sophisms like those of Mr Malthus, calculated to lull the oppressors of mankind into a security of everlasting triumph.

ケインズは，カール・マルクスがシェリーの社会批判を絶賛したのとは異なり，彼の革命思想に賛成したとは思われない。しかし，マルサスに対する彼の非難については，必ずしも間違っているとは考えなかった様である。
　なぜなら，上の引用をした後に，「マルサスによって着手され，リカードウの手で完成された仕事は，確かに現状を正当化し，実験を退け，熱意をくじき，われわれすべてを秩序の枠の中におく，限りなく強力な知的基盤を築いたのである。そうした彼らが，私生児の子孫として，カール・マルクスを産み出すことになったのも，まさに当然の報いであった」，と続けているからである。
　古典派経済学には，「陰気な科学」（dismal science）としての役割が与えられていたので，それに対してシェリーなどから強い批判が提起されたのも理解できよう。ロマン派の経済学者や社会主義者たちは，古典派経済学の処方箋である政府による不当な経済政策に強く反対した。彼らには，人口増大を危惧するマルサスの提案は，労働者階級に無慈悲なものと映ったのである。

5. パーシー・シェリーの短い生涯

　さて，30歳を前にして海難事故で死んだシェリーとは，いかなる人物であるのか。彼は，ケインズと同様にイートン校に学んだ後，オックスフォード大学のユニヴァーシティ・カレッジに進む。この時期に，地質学や生物学等に関心を持つと同時に，ワーズワスの詩を読み耽ったようである。
　1811年に「無神論の必要性」というパンフレットを書き，大学から退学処分を受けただけでなく，父親からも勘当される。19歳で退学した後，16歳の少女ハリエットと結婚を余儀なくされる。その後，『政治的正義』（1793年）を書いたウィリアム・ゴドウィンの家に出入りし，その挙句にはゴドウィンの娘であるメアリーと恋に陥り，ヨーロッパ大陸へ駆け落ちをしてしまう。シェリー22歳，メアリー16歳の時であった。

シェリーは，1816年には『アラスター；孤独の魂』，1818年には『イスラムの反乱』，1820年には大作『鎖を解かれたプロメテウス』を出版し，詩人としての地位を不動のものとする。1819年に書いた『西風に寄せる歌』の中にある「冬来たりなば，春遠からずや（上田和夫訳）」(If Winter comes, can Spring be far behind?) は，広く知られているものである。また，1820年の「雲雀に寄せて」(To a Skylark) の中にある一節は，夏目漱石の『草枕』(1906年) にも引用された。

　　　　前をみては，後えを見ては，物欲しと，あこがるるかなわれ。
　　　　腹からの，笑といえど，苦しみの，そこにあるべし。
　　　　うつくしき，極みの歌に，悲しさの，極みの想，籠るとぞ知れ
　　　　（夏目漱石訳）
　　　　We look before and after
　　　　And pine for what is not :
　　　　Our sincerest laugher
　　　　With some pain is fraught ;
　　　　Our sweetest songs are those that tell of saddest thought.

　1822年，エイリアル号（「大気の精」を意味する）と名付けられた帆船が暴風雨により難破し，死去する。30歳の誕生日を間近に控えた7月8日のことであった。なお，夫人となったメアリー・シェリーは，無政府主義者であったウィリアム・ゴドウィンと初期フェミニストの一人であったウルストンクラフトの娘であり，あの怪奇小説『フランケンシュタイン』(1818年) を書いた人物である。『種の起源』を著したダーウィンの祖父エラズマスは，医師であり発明家であって，メアリーは彼から『フランケンシュタイン』の着想を得たことは有名である。近年は，彼女の作品の多くが再評価され，父と娘の近親相姦を扱った『マチルダ』(1819年) の邦訳も出版されるようになっている［市川純訳，『マチルダ』（彩流社，2018年）］。

ローマにあるシェリーの墓には，彼が愛唱したシェイクスピアの『テンペスト』第1幕第2場からの一節があった。

　　　その身はどこも消え果てず
　　　海の力に変えられて
　　　今は貴い宝もの（松岡和子訳）
　　　Nothing of him that doth fade,
　　　But doth suffer a sea-change
　　　Into something rich and strange.

付論2 パリ講和会議:一幕劇
(『戯曲:ケインズ』より)

1. 訳者はじめに

　スコットランドの経済学方法論研究センター(SCEME)は,2014年が第一次世界大戦の開戦100年記念に当たることから,多くの関係機関の協力を得て,サセックスにあるケインズのティルトンハウスで,2012年9月12日と13日に第16回セミナーを開催した。そこには,世界中から第一次世界大戦に関心のある20名の研究者が集まり,ケインズの『平和の経済的帰結』について,様々な角度から議論が行われた。そして,それらを集大成した『ケインズの平和の経済的帰結:再評価』が,J.ヘルシャーとM.クラーズの編集によって,ピカリング・アンド・チャトー社から2014年に出版された。

　今回訳出したのは,同書の最終第9章に掲載されている,ヒル教授の手になる「パリ講和会議:一幕劇」(『戯曲:ケインズ』より)である。訳者は,ケインズの『平和の経済的帰結』に関心を持つだけでなく,彼の遺稿である「敗れた敵,メルヒオル博士」に関する論文を執筆した。そのために,この素晴らしい戯曲に触れた時,是非とも訳出したいと考えるようになった。訳者は早速,ヒル教授にこの戯曲の優れている点を述べ,日本語に翻訳したい旨の手紙を書き送ったところ,同教授から翻訳と出版の許可ならびに励ましの返事を頂いた。ご好意を示してくださったヒル教授には,心より感謝申し上げる。

　なお,ヒル教授も「作者はじめに」の最後に述べているように,この一幕劇は,SCEMEセミナーのオープニング晩餐会後に,セミナーでの前口上として,出席者数名で朗読されている。これは,とても素晴らしい企画であると感

心すると同時に，訳者にはその時の素敵な情景が目に浮かんだ。ケインズは，自らが作り上げたケンブリッジ芸術劇場で，シェークスピアやイブセン，ツルゲーネフなどの演劇を楽しんだことを，思い出したからである。

2. 作者はじめに

『平和の経済的帰結』は，流れるような文章のいたる所に，細やかで鋭い洞察が多くちりばめられた作品である。それは，筋の運びの面白さでも天下一品であり，ドラマチックな幾つもの出会いがあれば，コミカルなエピソードも挟まれ，もちろん悲劇的な結末も用意されている。ケインズは，二度とこれと同じ作風の作品は書いていないが，その後の彼の著作の多くには，ストーリーテリングの要素がたっぷりと含まれており，『平和の経済的帰結』がたまたまそうであった訳ではない。ケインズは，パリ講和会議の記録をまとめながら，人情味あるドラマを魅力的に語る技術を磨き上げていった。彼には，利害や見解の異なる人々が直面している苦境を文章で表現し，複雑に入り組んだ一連の事件に，わずかばかりの秩序をもたらす必要があったのである。

ケインズは，話術に長けていたにもかかわらず，後年に発表した理論的著作に，ストーリーテリングの腕を振わなかった。それだけでなく，彼は自らが「記号論的擬似数理方法論」と呼んだ理論が，どんな事柄でもうまく説明できることに疑いの目を向けていた。一つの社会経済体制は，「時間を通じて物的に不変で同質的」に作用する「最小因子」に分解される，というのがその方法論の仮説であった。そして，更に彼が批評を加えたのは，「重要な因子はすべて測定可能である」というのが，この方法論が成功するか否かの必要条件であるならば，「政治的・社会的・心理的因子が重大な意味を持つあらゆる経済問題に，この方法論は有効ではない」ということであった。ケインズは，こうした懸念を，専門用語を使わずに表現した。複雑な事情が絡み合ったドラマを描いた『平和の経済的帰結』には，政治的・社会的・心理的因子が極めて「重大

な意味を持つ」経済問題が鮮やかに表現されており，この騒乱の時代にヨーロッパの経済体制が「不変で同質的」であると考えることが，いかに不適切かが指摘されているのである．

『平和の経済的帰結』は，ケインズの知性に備わったカリスマ性の証でもあった．読者を虜にしつつも，あくまで分析的なその語り口は，彼の知性の賜物であり，著者であるケインズその人が，一躍世界の表舞台に躍り出たのはこの話術あってのことである．これより25年後，ケインズに同行したライオネル・ロビンズは，世界銀行をめぐる協議の席で，ケインズの偉業を回想して，次のような感動的な文章を残している．

> ケインズほど優れた人物が，かつてこの世に存在しただろうか．私は常々，こう考えているのである．瞬時に組み立てられる論法，鳥のようにここぞとばかりに急降下して襲いかかる勘の良さ，生き生きとした想像力と広い視野，とりわけ類い稀なのは的確な言葉の選び方である．こうしたものが，すべて組み合わさって，ケインズを人間の成しうる通常レベルを遥かに超える領域にまで，押し上げたのである．

作者が，『戯曲：ケインズ』(Keynes : A Play) で表現した人物像は，以下のようである．「パリ講和会議」の第一幕では，当時イギリス大蔵省首席代表であったケインズが，秘書のマーガレットに向かって，講和交渉の成功を疑う思いが膨らんできたことを打ち明ける．これから成立する講和条約をめぐって，自国の見解を主張するために，アメリカ・フランス・ドイツの官僚たちが次々に来室する．その都度，ケインズの口述筆記は中断され，幾度もドラマチックな見せ場が生まれる．SCEME会議のオープニング晩餐会後に，プレゼンテーションの前口上として，出席者数名でこの第一幕を朗読した．セミナーでは，『平和の経済的帰結』の中で，ケインズが示した分析的な洞察の数々が披露されたのである．

3. 第一幕：パリ講和会議，1919 年

　第一幕の設定は，1919 年春のパリ講和会議で，イギリス大蔵省の首席代表を務めるケインズが臨時のオフィスとするマジェスティックホテルの一室である。第一場の開幕場面で，ケインズは秘書のマーガレット・アンダーソンと口述筆記作業の最中である。しかし，彼の仮執務室に訪問客が到来する度に，口述筆記は途中で三度中断する。最初は米国国務省の若き外交官ローズ，次はフランスのクロッツ蔵相に付き添われた連合国軍最高司令官フォッシュ元帥，最後がドイツ代表団の一員であったカール・メルヒオル博士である。

1) 第一幕　第一場
（　マーガレットが新聞を携え，紅茶と茶菓を盆に載せて入室する　）

ケインズ：　　　　もうお茶の時間ですか。
マーガレット：　　今日は早めに始めてほしいとおっしゃったのは先生ですわ。
ケインズ：　　　　必ず言葉どおりにしなくてはなりませんか。
マーガレット：　　いいえ，そういう訳では。でも，本気でするおつもりのことを，いつも口になさるべきです。
ケインズ：　　　　〔　いくぶん皮肉っぽく　〕それは大変賢いやり方ですね。
マーガレット：　　〔　にっこり微笑んで　〕ええ，そのとおりじゃないでしょうか。
ケインズ：　　　　『ルモンド』紙にはどんなことが書いてありますか。
マーガレット：　　先生のほうが，私よりもずっと上手にフランス語をお読みになれますのに。
ケインズ：　　　　確かに。しかし，君のフランス語もなかなかのものですよ。
マーガレット：　　〔　新聞に目を通して　〕では，いいですか。スペイン風邪がヨーロッパ各地で大流行，……ええっと，……ロシアの農民たちが地主を殺害，……ミルクが行き渡らない子どもたちが，チェコスロバキアには 100 万人いる，……それから，連合国の経済封鎖によって，ドイツ国内では食糧が不足している。

ケインズ： 食糧不足が起こっているのはどのあたりですか。
マーガレット： ええ，ザクセンでは食糧の配給を求める人の行列が2キロにも及んでおり，医薬品も不足していると書かれています。
ケインズ： 〔 *新聞に手を伸ばしながら* 〕見せてください。〔 *新聞をざっと眺めて* 〕なんということだ，ドイツの人たちは石炭の粉まで口に入れているではないですか。
マーガレット： 想像すらできません，恐ろしいことだわ。イギリスの記事はありますか。
ケインズ： 読んでみよう。〔 *紙面に目を走らせる* 〕うん，講和条約への期待が非常に大きいそうです。戦争が終結した以上，当然賃金は上がって税金は下がると誰もが考えている。もし，そうならなければストライキをするぞ，と炭鉱夫たちが脅しをかけているらしい。
マーガレット： 人々は何かを無しで済ますことに，……不足した状態で待ち続けることにうんざりしているのですね。
ケインズ： 私を悩ませているのは，大衆が我慢しきれなくなったことではないんです。
マーガレット： じゃあ，何だと言うんですか。
ケインズ： 皆，復讐に燃えており，情け容赦なくドイツを懲らしめたいのです。
マーガレット： 先生はまだ，連合国側の要求が不当だ，とお考えなんですね。
ケインズ： 実のところ，正気の沙汰とは思えません。
マーガレット： それでしたら，ロイド・ジョージ首相が方針を転換するように，先生がなんとか説得する訳にはいかないんですか。
ケインズ： そうはいきません。その条約の内容では旨くいかないと，彼には再三言ってきたんです。連合国側の要求する賠償額をドイツが払いきることはどうしたって無理だし，もし連合国側が強要したところで，唯一得をするのは共産主義者だけでしょう。
マーガレット： これからどうなっていくのですか。
ケインズ： 想像できるのは，大混乱に陥ったヨーロッパの有様です。
マーガレット： でしたら，先生が何か手を打たなければ。
ケインズ： 私にできることは，何もありませんよ。私は辞任するつもりです。
マーガレット： まあ，どうかお辞めにならないでください。パリの春はとても美しい季節ですのよ。
ケインズ： ここに残りたいと望むなら，君にはきっと仕事が見つかるはずで

す。
マーガレット： それでも，今このパリで，何が起こりつつあるのかを，先生が世界全体にご説明なさってはいかがでしょうか。
ケインズ： 説明するとすれば，どのように。
マーガレット： 暴露記事をお書きになるのはどうでしょう。講和会議で実際にどんなことが行われているかについて，内情を知った者ならではの報告が先生にはおできになりましょうに。
ケインズ： そうですね。ただ立ち去るのも芸がないでしょう。筆記の用意をしてください。二人で何かいたずらができないか，考えてみましょう。惰眠状態の世間の目を覚まさせてやれるかもしれない。
マーガレット： 〔 マーガレットは筆記具を取り出す 〕まあ，素敵！すごく嬉しいわ。
ケインズ： まだ何一つ，成し遂げてはいませんがね。
マーガレット： どんな偉業も，すべては些細なきっかけから始まる，ですね。
ケインズ： ああ，そうだとも。準備はいいですか。
マーガレット： はい，大丈夫です。
ケインズ： 大いに結構。少し考える時間をください。〔 間 〕よろしい，これでいきましょう。〔 口述を始めて 〕ヨーロッパをこれまで順調に繁栄させてきた経済体制に特有の本質がどんなものであるかを，理解している人は極めて少数である。そうでない人々は，この経済体制が今のこの時勢に一番ふさわしいという長所を有難いと思いもせず，成り行き任せの計画を立てる。憎悪や野望ばかりを追い求め，やがては風に吹かれるまま，ヨーロッパという同族間での新たな内戦に向かって流されていく。
マーガレット： ゆっくり話してください。追いつけません。
ケインズ： わかりました。もう，よろしいですか。
マーガレット： はい，どうぞ。
ケインズ： 〔 口述を再開して 〕ドイツ国民を駆り立てたのは，狂気じみた迷妄と無謀な利己心であって，彼らはわれわれヨーロッパ人全体が生活し，繁栄を続けてきた基盤を根底から覆してしまった。〔 長い間を取って 〕しかし今や，フランス国民とイギリス国民の代表を務める者たちが，ドイツ軍の始めた破壊行為の総仕上げに着手する危険を冒している。代表者たちの望みは和平を押し付けることだが，彼らの押し付ける和平は，ドイツ国民が生活を続けるための脆い経

　　　　　　　済組織を粉々に砕いてしまうであろう。
マーガレット：　あらまあ，首相がこれを読む時には，お側にはいたくないですねえ。
ケインズ：　〔にこにこしながら〕私も，同感ですよ。
マーガレット：　では，もし首相がこれを読む場に居合わせた時には，読み終わるまでに絶対にお立ち去りなさいまし。
ケインズ：　ああ，その場に留まるなんて考えられないですね。私の前途を，このまま破壊していってもよろしいかな。
マーガレット：　ええ，先生の失脚のご様子は，この私が記録に残してさしあげますわ。
ケインズ：　それでは先に進みましょう。〔口述を続けて〕イギリスでは，国民の暮らしぶりを外側から眺めても，一つの時代が終わったことは伝わってこない。それぞれの階級がそれぞれの生活プランを立てている。例えば，金持ちは多く支出して貯蓄の少ないプランを立て，一方貧乏人は労働時間が少なくて支出は大きいプランを立てるといったように。
マーガレット：　私は，個人的には，労働時間が少ない方がいいですね。
ケインズ：　〔気に入らない様子でうなずきながら〕先に進んでもかまいませんか。
マーガレット：　そんなに無愛想な態度をお見せにならなくったって。
ケインズ：　すみません。ここまでの口述はもう終わっていますので。〔間〕ヨーロッパ大陸では大地が揺れ動いているのであり，誰もがその前兆に気づいている。生活の贅沢化や労働争議に限った問題だけではなく，生と死，飢餓と生存に関わる問題も生じている。
マーガレット：　ブルームズベリーのお仲間たちの話のようになってきましたね。
ケインズ：　気に入りませんか。
マーガレット：　詩作の得意な公務員は，多くはございません。
ケインズ：　さらに，空高く舞うことができるか，考えさせてください。
マーガレット：　お好きなだけ高く，お飛び遊ばせ。ただし，どうかごゆっくりと。
ケインズ：　〔口述を始めて〕講和会議には，これから起ころうとする災厄が黒々とした影を投げかけている感がある。〔間〕立ち向かわねばならない数々の大事件を前に，人間はなんとちっぽけで，何もできないか。〔間〕重大性と非現実性の入り混じった政策，〔間〕軽挙妄動，判断力のなさ，傲慢な言動，〔間〕悲劇の要素はここ

に全部揃っている。
マーガレット： とても上手な表現ですこと。パリ会議自体がすばらしい大劇場ですのねえ。
ケインズ： 〔 嫌味っぽく冗談めかして 〕締めくくらせていただいてもよろしいですか。
マーガレット： 失礼いたしました。当然です。どうぞお続けください。
ケインズ： 〔 口述を始めて 〕パリ会議の現場では，人間の意志と目的とが複雑にぶつかり合う。そして，現在は４名の人物が中心となって，これまでとは比較しようのない様相で議論を闘わせており，1919年春の現状は人類全体の縮図とでも言えよう。
ローズ： 〔 ローズがノックして，ケインズの部屋のドアを開ける 〕失礼します。こちらは米国執務室でしょうか。
ケインズ： いいえ，残念ながらそうではありません。〔 ケインズは椅子から立ち上がり，その若いアメリカ人に歩み寄り，笑顔で握手を求める 〕こんにちは，私はメイナード・ケインズと言います。こちらはマーガレット・アンダーソンです。ここはイギリス大蔵省の仮執務室です。
ローズ： 〔 退出しようとして 〕お許しください。お邪魔して大変申し訳ございませんでした。
ケインズ： 急いで出ていかれることはない。講和会議に関する草稿を口述していただけですので。
ローズ： 大変ご親切にどうも。初っ端からしくじったわけではありませんよね。
ケインズ： 私は，第一印象で人を評価したことはありません。
マーガレット： とんでもない。先生はすぐに，第一印象で判断なさるじゃありませんか。
ローズ： なるほど，なるほど。では，私も名乗りますが，アレックス・ローズと申します。アメリカ国務省に勤務しております。
ケインズ： こちらには到着したばかりですか。
ローズ： はい，パリは初めてです。
マーガレット： 熱き論争の場にようこそ。
ローズ： このホテルでは，どの部屋の温度も，確かに高めに設定してありますね。
ケインズ： 〔 笑顔で 〕いかにも。国務省の中での，君の守備位置はどこに

あるのですか。
ローズ： 外交部門です。
ケインズ： おや，それは結構。仮に，秘密外交でないとして，君の任務は何ですか。
ローズ： 〔笑い声を上げながら〕アメリカには国家機密はありません。
ケインズ： 〔にこにこと〕そうか，もちろんないでしょうね。
ローズ： ウィルソン大統領が私を派遣したのは，講和条約の文書を作成するためです。
ケインズ： なんとまあ，なかなか責任重大じゃないですか。
ローズ： 自分でも信じられません。
ケインズ： いやあ，全くそのとおり。ずばり言ってしまおう，ローズさん。ウィルソン式平和が実現すれば，崇高なる業績となるでしょうね。
ローズ： 懐疑的なおっしゃりようですね。
ケインズ： ローズさんは……。
ローズ： 〔ケインズの話を止めて〕どうかアレックスとお呼びください。
ケインズ： それじゃあ，アレックス君。私は，ウィルソン大統領の14ヵ条には最大級の敬意を払っています。しかしね，それらはすぐに的外れの代物になってしまう。それどころか，下手をすると，カルタゴ的な平和状態に向かって進むことにもなりかねない，と心配しているのです。
ローズ： おっしゃる意味がわかりません。
ケインズ： 私が言いたいのは無慈悲な和平ですよ，——ローマがカルタゴに押し付けたような，負担の大きな和平のことです。
ローズ： ローマ史は私の専門ではありませんので。
ケインズ： いいですか，ローマはカルタゴ市民のために，わざわざ領土を荒廃させたんですよ，和平と称してね。パリでも，同じ結末に向かって行事が進行中です。
ローズ： そうですが，ローマは帝国であったのに対し，連合国側は皆，民主国家じゃありませんか。
ケインズ： パリでは，その違いがいまだ認知されていませんよ。
ローズ： ウィルソン大統領が，ヨーロッパを訪問したアメリカ人初の大統領であることはご存知でしたか。
ケインズ： いや，そうとは知らなかった。

ローズ： 　　　　われわれの大統領は，政治的に大きな危険を冒してやってきたんです。
ケインズ： 　　　　恐らくそうだったでしょうね。
ローズ： 　　　　そのとおりです。そして，政治の舞台の先頭に立つのだという大統領の心意気こそが，本当の平和を生み出すのです。断言できますよ。
ケインズ： 　　　　アレックス君，君の言うとおりだと良いのですが。今現在，ヨーロッパを窮乏状態から救い出せるのは，アメリカだけですから。
ローズ： 　　　　〔 声を立てて笑う 〕それでは，私はまさに一番ふさわしい時に到着したことになりますね。
ケインズ： 　　　　そうとも，哲人王たる君の国の大統領は，諸侯ひしめく現世に君臨するために必要な兵器を，これまでの誰よりもたくさん所有しています。
ローズ： 　　　　先生は，まさか私の足を掬うおつもりではありませんよね。
ケインズ： 　　　　ウィルソン大統領は善意の士ではあるが，講和会議を取り仕切ってきた危険極まりない雄弁家たちに太刀打ちできるだけの理論の備えがない。
ローズ： 　　　　大統領は世間知らずで，だまされやすいとお考えですか。
ケインズ： 　　　　大統領に綿密な計画があれば……とは思いましたよ。でもね，ウィルソン大統領はなんら検討していない。ホワイトハウスで演説した例の14ヵ条を，実現可能にするための指針は何もないのです。
ローズ： 　　　　ケインズさん，ご安心ください。ウィルソン大統領の14ヵ条を，私が講和条約そのものにしてみせます。
ケインズ： 　　　　よし，アレックス君，君の行動を信じよう。しかし，大統領が論敵の意見を理解する手助けが君にできますか。今まさに，一番重要なのはそのことです。
ローズ： 　　　　大統領の評価が低すぎるのではありませんか。
ケインズ： 　　　　彼のお粗末な説法じゃ，ヨーロッパの蛮人どもの折伏は無理ですね。
ローズ： 　　　　アメリカでは，これこそが理想主義なんです。
ケインズ： 　　　　アメリカ国民を支配する理想主義がどんなものかはよく知っています。
ローズ： 　　　　本当ですか。
ケインズ： 　　　　ええ，詳しいと思いますよ。世界は，われわれが思考するものに

　　　　　　よって形成されるというのが，アメリカの皆さんの信念ですね。
ローズ：　　　はい，確かにそう思います。
ケインズ：　　しかしながら，ここパリでは，大統領の思想が現実世界に影響を及ぼすことはない，という風の噂を耳にします。
ローズ：　　　先生は悲観主義者でいらっしゃいますね。
ケインズ：　　私は現実主義者なんです。連合国にせよ敵国にせよ，どちらも同じように，ヨーロッパ全体に窮状が続き，組織が破壊されつつあることが連日報道されています。
ローズ：　　　こちらでは，万事が非常に困難なことはよくわかっています。
ケインズ：　　事実，困難なのです。同盟国のリーダーたちが不毛な策略を巡らせ，それぞれの運命を全うするための論議を行っている部屋を，ウィルソン大統領が足繁く訪れたとしても，悪夢を増やすことにしかなりません。
ローズ：　　　それだからこそ，政治家が今なすべきは……。
ケインズ：　　〔　ローズの言葉をさえぎって　〕アレックス君，君がよく注意してみれば，事態は政治家たちの思惑とは関係のない結末に向かって進んでいることが分かるでしょう。
ローズ：　　　先生は最悪の結末のことをおっしゃっているのでしょうけれど，ここにも人間の力は存在するんですよ，……平和を求めて努力をする人たちが。
ケインズ：　　ああ，そうだ。和平案を作ろうとしている人たちはね。
ローズ：　　　先生は，クレマンソー首相が平和を望んでいないとお考えなのですか。
ケインズ：　　クレマンソー氏は，平和か否かという名称とは関係なく，ドイツを滅ぼしたいだけです。
ローズ：　　　彼の意見に反対なんですね。
ケインズ：　　クレマンソーに異議を唱えることのできる奴なんていません，……反感すら持てやしない。しかし，教養ある人物の意見であれば，私とは異なる意見であっても，好意的に受け入れるにやぶさかでないのだから，私の希望はまあ，彼の希望とは別物ってことでしょうねえ。
ローズ：　　　クレマンソーは評判どおり冷淡な人ですか。
ケインズ：　　必要とあらば，熱いところも見せます。
ローズ：　　　でもきっと，論理的に物事を捉えることはできますね。

ケインズ： クレマンソー氏は論理とは無縁の人です。
ローズ： 論理でないならどんな。
ケインズ： なんと言えばよいものやら。君は実際に自分の目で，灰色のスエード革の手袋をはめ，紫の錦織の玉座についた彼の姿を確かめなくてはいけません。
ローズ： 威嚇的な感じがしますね。
ケインズ： そうでもないですがね。皮肉やからかいを含んだ目つきで，周囲の者たちをじろじろ見ていますよ。
ローズ： 変わっていますね。
ケインズ： そうとも。クレマンソーは古(いにしえ)の王様です。冷たい心で，希望のひとかけらもない。
ローズ： そんな人物像は心に浮かべることができません。彼をつき動かすものは何でしょうか。
ケインズ： 彼を駆り立てているのは，フランスという幻想……。それともう一つは，ヒトであることを決定する染色体の欠如です。
ローズ： 『ルモンド』紙によれば，偉大なる愛国者ですよ。
ケインズ： そいつは記憶に残らぬ婉曲表現ってやつですね。
ローズ： 彼の和平案はどんなものですか。
ケインズ： ああ，それが実に単純でしてね。クレマンソーは，ドイツ人が理解できるのは威嚇(いかく)だけだと思い込んでいます。ドイツ人には，名誉も，プライドも，慈悲の心もない，交渉したって何になる，……こういうことを，君がドイツ側に伝えなきゃいけないんだから。
ローズ： 外交官が耳にしたくない話です。
ケインズ： しかし，これこそがパリにいる外交官の直面している現実なのです。
ローズ： お国の首相ロイド・ジョージはどうですか。
ケインズ： もし彼に全く魅力がないのなら，危険人物ではないのですが。
ローズ： ということは，ロイド・ジョージは危険だとお考えで。
ケインズ： わが国の首相の根っこは何もないのです。ただ，当面の環境を生き抜いているだけで。吸血鬼であり，ついでに霊媒も兼ねている。
ローズ： 先生のために，この部屋の壁が，私の滞在中のホテルの壁よりも厚からんことをお祈りします。
ケインズ： そうじゃないと，君は明日，私の首筋に咬み傷を見つけることでしょう。

ローズ：	吸血気は和平交渉で何をしますか。
ケインズ：	彼は，トロルたちに召集をかけますよ。ロイド・ジョージのいるところには，アングロサクソン的善悪では測れない何者かの気配が感じられます。
ローズ：	おやまあ，それは凄い！
ケインズ：	ロイド・ジョージは，三国間の陰謀に女性的要素を与えています。わが国の首相こそが，和平会議における運命の女(ファム・ファタール)です。
ローズ：	それはいったい，どういう意味ですか。
ケインズ：	ロイド・ジョージは，他の者たちの手には入らない感覚を幾つか持っているのです。彼は聴き手の虚栄心をくすぐるのに一番ぴったりの論議を，テレパシーのような直感で組み立てることができます。
ローズ：	パリ会議では，それこそ強力な武器に違いありません。
ケインズ：	大半の人たちの間ではそうでしょう。ですが，クレマンソーは何枚も上をいく皮肉屋ですから，ウェールズ出身のそのご婦人にだまされることはありますまい。
ローズ：	ウィルソン大統領は，英国首相の魅力に抗うことができますか。
ケインズ：	君のお国の大統領については，もう十分お話してきました。
ローズ：	あなたがお話しくださった，このおかしなおとぎ話の中で，わが大統領がどんな場面にふさわしいのか，少なくともそれだけは教えてください。
ケインズ：	うーん，そうですねえ。……ヨーロッパという麗しの乙女を，鎖と虐待と太古の呪いから解き放してやるために，ウィルソン大統領はパリという魔法のかかった城に足を踏み入れたところです。
ローズ：	はい，わが殿下が，ですね。
ケインズ：	ええ，君の国の王子様ですよ。永遠の若さと美しさを持った乙女であり，同時に自分の母君であり，花嫁でもある乙女を解放してやるために，彼はやってきました。
ローズ：	なんて好奇心をそそられる表現でしょう。
ケインズ：	ここパリで上演中のおとぎ話について質問したのは，他でもない君じゃありませんか。
ローズ：	確かに私です。どうか続けてください。
ケインズ：	このパリという城には，100万歳にもなる王様と，ハープをかき鳴らしながら大統領自身のことを歌詞にして，妖しく歌って聞かせる魔女がいることはもうおわかりでしょう。

ローズ：　　　　そのおとぎ話は，どんな教訓を伝えているのですか。
ケインズ：　　　もしも，ウィルソン大統領—君の殿下—が，自分の麻痺した体を元通りにできさえすれば，彼はその城を撃破し，ヨーロッパという乙女は彼の両腕の中に飛び込んでくることでしょう。
ローズ：　　　　彼ならできますよ。
ケインズ：　　　私もそう願っています。しかしね，アレックス君。まさにその瞬間，トロルたちが優位に立つのです。君の殿下が，自分の持てる知識を総動員しない限り，生身の人間が魂を持たない魑魅魍魎どもよりも下位に置かれることになってしまうことでしょう。
ローズ：　　　　でしたら，わが殿下のお手伝いに向かったほうがいいですね。お邪魔したことをお詫び申し上げます。

（　ローズが退出する　）

マーガレット：　今の方はお若くて，大変な理想主義者ですこと。先生はちょっと手荒に扱いすぎたのじゃございませんか。
ケインズ：　　　誰かがあの大統領を揺さぶって，昏睡状態から目覚めさせてやらなければなりませんからね。大統領の理想は尊敬に値するものだし，彼の和平案は抽象論としては魅力があります。
マーガレット：　ええ，大統領の案を気に入っていると思っていましたわ。
ケインズ：　　　高邁な理想と崇高な計画だけで，十分なわけではありません。処理にあたっている国民の性質や状態を，私たちは把握しなくてはならないというのに，この点でウィルソンは全くのめくらです。
マーガレット：　庶民の熱狂からは，程遠いところにいらっしゃる大統領がお気の毒ですわ。
ケインズ：　　　同感です。クレマンソーとロイド・ジョージがやってしまったことの尻拭い役として，ウィルソンほどうってつけの犠牲者はそうそういませんからね。アメリカ人のいわばドン・キホーテが，名剣を手にした敵の待ち構える洞窟に入ってしまったのではないか，と心配しているのです。

2)　第一幕　第二場

ケインズ：　　　〔　ノックの音を聞いて　〕お入りなさい。〔　ノックしたのが，フェルディナンド・フォッシュ元帥とルイ＝リュシアン・クロッツ

　　　　　　　　　大蔵大臣であることがわかる〕フォッシュ閣下にクロッツ大臣，〔フランス語で〕こんなにうれしいことがあるとは思いもしませんでした。どうかお入りになってください。

フォッシュ：　　ありがとう。

ケインズ：　　　〔フランス語で〕秘書のアンダーソン君は初対面ではありませんね。

フォッシュ&クロッツ：　ご機嫌よう。

マーガレット：　ご機嫌麗しゅうございます。

ケインズ：　　　何かお飲み物はいかがですか。

フォッシュ：　　いや，結構。

ケインズ：　　　〔フランス語で〕英語を使ってもかまいませんか。

フォッシュ：　　君のフランス語は実にすばらしいね，ケインズ君。でもご希望なら，こちらも英語で話せるがね。

マーガレット：　申し訳ありません，私のためなんです。私のフランス語が拙いものですから。

フォッシュ：　　こちらこそ申し訳ない。では，このお嬢さんのために英語で話しましょう。

ケインズ：　　　それは大変結構なことです。お二方は，私どもの首相ではなくて，この私に会いに来られました。大変名誉なことですが，少々当惑いたしております。

フォッシュ：　　ケインズ君，私どもの声明をロイド・ジョージに伝えるのに，君ほどの適任者はおらんよ。君なら私たちよりずっとうまく，首相を説得できるものと信じておる。

ケインズ：　　　閣下も，クロッツ大臣も，極めて説得上手な方々です。そのお二人が，ロイド・ジョージに伝えてほしいという内容は何でしょうか。

フォッシュ：　　われわれは，フランスの国家生命に関わる利権の獲得に必要な和平条件を主張したい，というクレマンソー首相の意向でここに参ったのじゃ。

ケインズ：　　　各国の代表の皆様が，その国その国ごとのご苦労をなさらねばならないようですね。

フォッシュ：　　それでは要点をはっきりさせておこう。フランスは，ドイツからライン州の領有権を獲得する。新たな侵略からフランスを防衛するには，これ以外の手立てはあり得ん。

ケインズ：　　　フォッシュ閣下，われわれを悪の陣営から救い出してくださった

のは，閣下の率いる連合国軍とウィルソン大統領のすばらしい平和原則の文言です。しかし，今おっしゃった条件は，大統領の14ヵ条と矛盾するのではないでしょうか。

フォッシュ：　ウィルソン氏と彼の14ヵ条は，もはや現状にそぐわん。ドイツにライン川左岸の統治権を放棄させない限り，彼奴(きゃつ)らは数週間のうちに，ベルギーとルクセンブルクへの侵略を実行する恰好の位置に，軍を配備するに違いない。そこからなら北海まではすぐそこで，そうなれば，パリ市民はもちろんのこと，ロンドン市民もおちおち眠ってなどいられまい。

ケインズ：　しかし，あなたがたの要求は，休戦協定の文言に反します。

フォッシュ：　ケインズ君，君は悠長にも，随分遠くから，高みの見物を決め込まれているようじゃ。フランスが，ドイツの言いなりになって，無理矢理協定に調印させられたのが，ついこの前のことだったのをお忘れか。

ケインズ：　いいえ，忘れてはおりません。

フォッシュ：　ならば，今回の勝利に乗じて，ドイツを弱体化しておこうというこちら側の理由も，飲み込んでもらわねばなるまい。

ケインズ：　駄目です。皆さんのご意見には全く同意できません。あなたがたが提案しようとしていることは，効果がありません。

フォッシュ：　まあ聞きなさい。ドイツは戦闘の再開を恐れておる。というのも，今度こそドイツ本土が激戦の地となり，荒廃の舞台となるからじゃ。ケインズ君，君は兵士ではない。だから，君の同意を得ようとは思わん。だが，わしはこう言うことができる，征服せんとする意志こそが勝利の第一条件なんだと。

ケインズ：　フォッシュ閣下，ドイツが和睦したのは，連合軍の提示した休戦協定に則ってそうしたのであって，条約文書はそれらの文言を尊重すべきではないでしょうか。

フォッシュ：　いや，君は間違っておる。休戦協定とは恒久的な平和状態ではなく，戦時の先送りにすぎん。こちら側が提示するどんな和平案であっても，すばやく突きつければ，相手側に受諾させることができるのじゃ。

ケインズ：　しかし，敵側は厳粛なる合意文書に調印し，公平な裁定の約束された和平や，破壊された普段の生活を元通りにしたい，という当たり前の希望を信じて降伏したのです。

付論 2　パリ講和会議：一幕劇（『戯曲：ケインズ』より）　249

フォッシュ：　　われわれには，自分たちにとって不可欠な利益を守る権利がある。
ケインズ：　　　もちろん，そうでしょう。しかし，各国がそれぞれに，できるだけ多くの徴発を強要したら，いっそう悪い結果を招くことでしょう。フォッシュ閣下，今こそヨーロッパに，新しい秩序を生み出す時です。各国が，自国の利益のためだけに動かないようにするのが，その秩序なんです。
フォッシュ：　　秩序と君は言うがね，ヨーロッパ同士の戦争は必ずまた起こるのだから，「ほどほど（の賠償額）」であるべしなどと，そんな悠長なことを言っていられる余裕はフランスにはありませんぞ。われわれには保証となるものが必要なのだ。
ケインズ：　　　保証を求めているようで，閣下が実際に捜していらっしゃるのは，ドイツにできるはずのないことを，なんとか実現させるための方策です。閣下が「保証」とお呼びになるものの一つひとつが，牡蠣（かき）に混じった砂のように口の中に不快感を残し，いつかはドイツを怒らせて報復に駆り立てることになりましょう。
クロッツ：　　　ケインズ君，われわれが君に話していることをしっかり聞きなさい。保証なき希望では，フランスは納得しない。戦争によって，フランスの青年の半数の命が奪われ，鉱山や工場も破壊されたのですぞ。
ケインズ：　　　はい，戦争による被害は非常に甚大でした。しかし，和平によって同様の犠牲を強いることは，絶対に避けねばなりません。
クロッツ：　　　和平案がドイツに損害を与えようと，私の知ったことではない。
ケインズ：　　　ええ，それは存じ上げております。お二人は，どんなことを提案なさるおつもりですか。
クロッツ：　　　提案をまとめてきたから，ざっと英訳させていただこう。
ケインズ：　　　どうぞお願いします。
クロッツ：　　　わかりました。〔*メモを読み上げて*〕ドイツはフランスに対し，ザール川流域にある炭鉱の独占採掘権を，一つ残らず無条件に，かついかなる使用料も全額免除して譲渡すべし。
ケインズ：　　　ところで，採掘したその石炭は，ドイツからどのように輸送するつもりですか。
クロッツ：　　　皇帝政権の管理下にあった鉄道の全権を，ドイツ帝国の代わりにフランス政府に持たせるつもりだ。
ケインズ：　　　それで，主要な収入源がフランスの管理下になってしまった場合，

皆さんが要求する賠償金を、ドイツはどのようにして払うことが出来るのですか。

クロッツ： ドイツ国民は、あの驚異的な工業生産力を、ヨーロッパに君臨する目的に向けることも出来たはずだ。自らがもたらした破壊の弁済のために、今度は自らの財源を整理させれば良い。

ケインズ： クロッツ大臣、あなたがたは実情に見合った賠償額を決める権利をお持ちです。しかし、丸々一世代にもわたってドイツを隷属状態に貶（おとし）めれば、敵対感情や憎悪が生まれることでしょう。

クロッツ： 当然の報いを与えてやるのだ。

ケインズ： 正当な裁定とは、そんなに単純なものではありません。親や統治者が悪事を犯したからといって、敵国の子どもたちに罪を背負わせることが、国家の持つ権利ではないのです。

クロッツ： 聞きなさい、ケインズ君。ヴェルダンでは50万個もの砲弾が炸裂し、幾千という兵士や罪のない民間人が命を落としたんだ。戦場は、いまだに何も育たない、―草も花も、何一つだ。

ケインズ： フランスが大損害を被ったことは承知しております。

クロッツ： それならば、われわれがなぜ、ドイツの経済力を根底から粉砕せねばならんかお分かりになろう。

ケインズ： お望みどおりにはうまく運ばないことを恐れているのです。

クロッツ： うまくいかしてみせる。

ケインズ： 首尾よくはいきませんよ。

クロッツ： 君は、どうしてそうも悲観的なんだ。

ケインズ： ヨーロッパ中が不安のあまり、一斉に動悸の音を速めています。私たちは、一つの文明社会として繁栄してきましたし、戦時にはお互いひどく動揺させられました。ヨーロッパ全体の生活を持続可能にする装置を壊せば、この大陸に革命をもたらすことになるでしょう。

クロッツ： いやいや、ケインズ君。ドイツ国民は空っぽになるまで、絞り上げてやらねばならんのだよ。

ケインズ： あなたがたの提案している条項は破壊的です。あなたがたは、賠償金の支払いという形で、ドイツに重大な経済負担を押し付けたいのでしょうが、そうやって押し付けることで、ドイツの賠償金支払いを可能にする財源そのものも同時に剥奪するつもりなのです。

クロッツ： われわれは勝ったのだから、こちらが頭を下げる必要はないでは

ないか。

ケインズ： もちろんありません。しかし，もしフランスが勝利をいいことに，ドイツを破滅に追い込んでこの戦争が終結するなら，フランスは自国の破滅を招くことになりますよ。お認めになるかどうかはわかりませんが，加害者と被害者は，精神的にも経済的にも，深い結びつきで絡み合っているのです。

クロッツ： 君はわれわれが受けた傷の深さと，逸脱行為に対するドイツの弁済能力を見くびりすぎているぞ。

ケインズ： そうでしょうか。敗戦後の不満を抱えるヨーロッパの民族が，自分たちの生活を立て直し，自ら生産した物の大部分を外国への支払いに当てることを何十年も続けるなんて，本気で信じられますか。

クロッツ： ケインズ君，精神力の強い有言実行の人間であれば，何でもできるよ。

ケインズ： 大臣は，問題の核心を見落としておられます。あなたがたが要求なさっている項目が，枝分かれしてはどんどん広がっていき，狭量なあなたがたの頭を八方塞がりにする様子をお見せしよう，と私は努力しているのです。何が何でも賠償金を払えというあなたがたの要求が，ドイツが支払えないまま結局は失敗に終ることになっても，ヨーロッパ全体に食糧を行き届かせている，精巧な経済機構の破壊には成功することでしょう。

フォッシュ： ドイツ国民が，食事の量を減らすことになど関心はない。

ケインズ： もしかしたら，関心をお持ちにならなければいけないのではないでしょうか。飢餓に瀕した人々が，静かに息を引き取る姿が想像できませんか。

クロッツ： ケインズ君，もし君がフランスの求める条項の阻止に成功したら，ヨーロッパに災厄をもたらすのは，君の虚栄心だということになりますぞ。

ケインズ： 私には，あなたがたの条項を阻止する権限はありません。この条項が自滅的だという事実に，あなたがたの目を向けさせようと，必死に頑張っているだけです。あなたがたは，ドイツが代金を払わない限り，ドイツへの食糧輸入を了承してはいませんが，ドイツに金での食糧代金を禁じておられるのは，賠償金返済の名目で金を得ようとしているからではありませんか。

フォッシュ： 時間稼ぎの屁理屈で決定を遅らせる場合ではない。

ケインズ： 　欠けているのは，連合国側の決意ではなく，あなたがたの想像力です。皆さんの念頭には，未来は必ず恐怖を，過去は必ず憎悪を伴うものしかありません。けれども，恐怖や憎悪が胎内に持ち歩いているのは，一生ではなくて，一死なのです。
フォッシュ： 　ケインズ君，君に一つ教えておこう。ロンドンはヨーロッパ大陸から非常に遠く離れておる。遠すぎて，助言もできぬほどの距離じゃ。

（　フォッシュとクロッツは退出に向かう　）

ケインズ： 　〔フランス語で〕合意に達せず，申し訳ございません。
フォッシュ： 　〔フランス語で〕いや，こちらこそ。さらばじゃ，アンダーソンさん。
マーガレット： 　クロッツ大臣，フォッシュ閣下，ご機嫌よう。

（　フォッシュとクロッツ退場　）

ケインズ： 　〔マーガレットの方を向いて〕今の二人を見れば，パリ講和会議で作り上げようとしている「平和」の全体像が，一方では闇雲に突っ走る復讐心，もう一方は飽くことを知らぬ貪欲さ，この二つから生まれた犯罪だというのが分かるだろう。
マーガレット： 　お二人を一緒にすべきじゃありませんことよ。性格は全く違います。フォッシュ元帥は，勇敢なお方です。ドイツ軍が勝利目前のまさにその時に……。
ケインズ： 　知っていますよ。敵が国境線を越え，フランス領土を侵略する瀬戸際にあった時に，彼がどんなセリフを吐いたか。
マーガレット： 　ああ，読んだことがございます。フォッシュ曰く，「わが軍の右翼は押されているし，中央は崩れかけている。撤退は不可能である。これ以上の状況はない。われわれは，これより反撃する」，ですね。
ケインズ： 　ええ，そうでした。フォッシュは単純な男です。まるで，中世の人物であるかの様に，お人好しで大胆不敵です。不屈の闘士でもあります。
マーガレット： 　確かにそのとおりですわ。
ケインズ： 　しかし厄介なのは，人類の起こしてきた数々の事件の十中八九が，彼の視界から抹殺されていることです。そして，彼のような感受性の鈍い人たちが，えてして人類の幸福にとっては危険な存在となり

マーガレット： それでもやはり，フォッシュ元帥には，どこか高潔なところがおありになりますわ。

ケインズ： ええ，君は常々そう言ってきましたね。さあ，ペンを取ってください。筆記してほしいことがあります。

マーガレット： ちょっとお待ちになって。〔 *マーガレットは筆記具を取り出そうと立ち上がる* 〕先生は，フランス人を取り巻く世界についてお話になるおつもりですね。

ケインズ： いかにも。しかし，それだけではありません。講和条約の最終的な結末にも言及するつもりでいます。憧れの的であるこの「外交」という偶像を，この際，木っ端微塵に粉砕してやろうと思います。準備は整いましたか。

マーガレット： はい。でも，ゆっくりとお願いします。

ケインズ： わかりました。……〔 *口述開始* 〕クレマンソー氏とフォッシュ氏は，フランスとドイツの立場からのみ講和条約を眺めているのであって，……人間性や，新しい秩序を手に入れようともがいているヨーロッパ文明は考慮に入れていない。ヨーロッパの今後の生活など，クレマンソーの関心事ではないから，ドイツが生計手段をどうするかを彼は全く考えていない。

マーガレット： お次は。

ケインズ： 〔 *皮肉っぽく* 〕聞いてくれてありがとう。続けてもよろしいですか。

マーガレット： はい，もちろんです。ごめんなさい。どうぞ続けてください。

ケインズ： 〔 *にこにこして* 〕大変結構です。続けましょう。〔 *口述を続けて* 〕パリに集まった政治家たちの頭の中は，国境と民族の問題，権力の均衡，帝国主義の拡大，強力かつ危険な敵国の弱体化などでいっぱいである。彼らは仕返しを狙っているのである。そればかりか，敗戦国の双肩に経済的負担を転嫁したがってもいる。

マーガレット： もしも，イングランドが戦争破壊の現場であったなら，先生も同様の感情を抱いたかもしれませんわ。ブルームズベリーのお仲間たちが，石炭粉でこさえた戦時ビスケットを召し上がっていたとすればどうでしたでしょう。

ケインズ： あながち見当はずれの意見ではありませんが，続けてもよろしいですか。

マーガレット： はい，すみません。
ケインズ： クレマンソー首相とフォッシュ元帥にとっては，国家の栄光こそが望ましい結末である。たとえそれが，隣国の犠牲で手に入れた栄光だとしても。
マーガレット： 先生のご意見は，だんだん公平なものではなくなってきていますわ。全部フランス側のせいだと非難なさったら，世間を味方につけることはできませんことよ。
ケインズ： 時がたてば分かることでしょう。わが国の首相は，あと数時間後に彼らと会談する予定です。世界の行く末は，当事国同士の力関係にかかっています。では，仕上げに入ることを許可していただけますか。
マーガレット： その会談は，金曜日だと思っておりました。
ケインズ： その予定でした。けれども，ドイツへの食糧供給が危機的局面に達してしまったのです。
マーガレット： それでは，言われたとおりにすべきだとクレマンソーを説得するのが，わが国の首相とアメリカ大統領のお役目なのでございますのね。
ケインズ： クレマンソーは，愚かなるアメリカ国民と偽善的なイギリス国民の「理想」には，口先だけの返事で十分だと悟りますよ。
マーガレット： 先生って，恐ろしいほどシニカルでいらっしゃいますのね。
ケインズ： 全くです。そしてこんな具合に，詭弁と欺瞞という縦横二本の糸で，物語は織り始められるのです，可愛いアンダーソンさん。次のセリフは，パリの魔女どもに向かって吐かれたものでしょう。

　　　　　　　きれいは穢い，穢いはきれい。
　　　　　　　さあ，飛んで行こう，霧の中，
　　　　　　　汚れた空をかいくぐり。
　　　　　　　（シェークスピア著・福田恆存訳『マクベス』第一幕第一場より）

3) 第一幕　第三場

ケインズ： 〔 明らかに興奮した様子で，マーガレットの待っている部屋に入ってきて 〕すばらしい，実に立派だ。
マーガレット： それでは，フランスの皆さんとの会談はうまく行きましたのね。

付論2　パリ講和会議：一幕劇（『戯曲：ケインズ』より）　255

ケインズ：　　　　ああマーガレット，ロイド・ジョージ首相をできるものなら抱きしめてやりたかったほどだ。彼は，実に，実にうまくやった。
マーガレット：　　どうなったのですか。
ケインズ：　　　　君もその場にいたら見物できただろうが，ロイド・ジョージが会談の場に入室した途端，誰も彼の意見に反論ができない……。
　　　　　　　　　（ノックの音が聞こえ，ケインズがドアを開けると，ドイツ人の銀行家メルヒオル博士が立っている。彼はケインズとの密談が目的で来訪したところである　）
　　　　　　　　　これはメルヒオル博士，こんばんは。どうぞお入り下さい。ここにおかけになって。こちらにいらっしゃる姿を，誰かに目撃されませんでしたか。
メルヒオル博士：　見られてはいないと思います。襟と帽子で顔を隠して参りました。
ケインズ：　　　　それは良かった。お茶はいかがですか。
メルヒオル博士：　いいえ，結構です。すぐにお暇(いとま)します。私の滞在中のホテルでは，警察によって外出禁止時刻が定められておりますので。
ケインズ：　　　　お気の毒に。それは存じ上げなかった。
メルヒオル博士：　門限など，不便のうちには入りません。
マーガレット：　　ホテルでは，お召し上がりになるものが十分にございますか。よろしければビスケットでも。
メルヒオル博士：　私は大丈夫です。しかし，ドイツへの食糧供給は，餓死者の出るレベルまで引き下ろされる時期が刻一刻と迫ってきていることを，あなたにお伝えせねばなりません。
ケインズ：　　　　今日の午後，私たちが連合軍の食糧封鎖について話し合った内容をお聞きになれば，きっとお喜びになりましょう。
メルヒオル博士：　何か進展があったのですか。
ケインズ：　　　　確かに，ありましたよ。私はこれまで，自国の首相を見くびっておりました。
メルヒオル博士：　ロイド・ジョージ首相が，フランス側の決意を変えさせることができたのですか。
ケインズ：　　　　誰かが自分の意見に賛成した場合に，ロイド・ジョージが驚嘆すべき力を発揮できる人物であったことを，私はすっかり忘れておりました。
メルヒオル博士：　午後の交渉は，順調に進んだのですね。

ケインズ：	始まりは順調な交渉とは言えませんでした。しかし，最終的にはうまく収まりました。
メルヒオル博士：	お話しいただけますか，何もかも逐一。
ケインズ：	いいですとも。クロッツ氏が発言の口火を切り，食糧封鎖が解除されないうちに，フランスがどうしてもドイツから入手すべき鉄壁の保証について，いつまでも喋り続けました。それから彼は，フランスの新たな要求を突き付けて，ドイツの所有する金(きん)は賠償金返済のためにとっておく必要がある，と述べたのです。
メルヒオル博士：	しかし，わが国が予備資産として保有する金(きん)は，ドイツ国民が食糧の代価を支払うための唯一の手段です。
ケインズ：	承知しております。それはそうとして，まさにその瞬間ですよ，ロイド・ジョージが発言しようと立ち上がり，怒気を含んだ口調で話し始めたのは。首相は，ドイツ側が休戦条件を呑んでいるのに，食糧が1トンたりともドイツに運ばれていないことを強調しました。それから不意に，クロッツの顔を真正面から見つめて声を張り上げ，連合国側は耐え難い苦痛を相手に与え続けることで，ドイツ国民の将来のみならず，連合国国民の将来にも憎しみの種を蒔いているのだ，と語ったのです。
メルヒオル博士：	首相のおっしゃったことは真実です。ドイツ国民は，絶望のあまり，飢え死にするくらいなら，弾丸(たま)に当たって死んだほうがましだ，と思っているほどです。
ケインズ：	ええ，そうでしょう。ロイド・ジョージは，フランス代表をロープ際まで追い詰めました。フランス側の主張は崩落寸前でしたが，まさにその瀬戸際で，クレマンソーが最後のカードを見せたのです。出席者全員は，クレマンソーの発言を聞いて，ドイツがドイツ籍の艦隊をまだ連合国側に引き渡していないことと，引き渡しの通達を出すために，クレマンソーがフォッシュ元帥を派遣する予定であることを思い出しました。
メルヒオル博士：	それでは，フォッシュが出向いてきて，われわれドイツの代表者たちが絶対にその最後通牒を拒まないようなやり方で，伝達役を務めるのでしょうね。
ケインズ：	はい。しかし，ロイド・ジョージは，直ちにそれが罠だ，と見破ったのです。
メルヒオル博士：	彼はどうやって，その罠からうまく逃れることが出来たのです

ケインズ： 　ロイド・ジョージは，クレマンソーの提案を慇懃(いんぎん)に断わりました。次に，相手の怒りを鎮める呪文を唱えながら，〔　ケインズはロイド・ジョージの口調をまねて　〕「これは船舶，すなわち領海に関与する問題であって，領土に関与した問題ではありません。私ロイド・ジョージは，陸におけるフォッシュ閣下に対する敬意では何人(なんぴと)にも引けをとりませんが，そのフォッシュ閣下が，海のことにも同様に精通していらっしゃるかどうかお尋ねしたい」，と質問したのです。さらには，自らの問いかけに対する答えを待つこともなく，「もしも私が，英国商船団長のために，このような事態の際の優先権を確保しておかなければ，英国内における自分の立場は恐ろしく厄介なことになるでしょう」，と続けました。フォッシュ元帥は，ロイド・ジョージの発言内容を，何から何まで理解できた訳ではなかったのですが，お世辞に気をよくして，にやにやしながら口髭をぐいっと引っ張りましたよ。

メルヒオル博士： 　すばらしい！最後はそんな具合だったのですね。

ケインズ： 　いいや，フォッシュ元帥は説得しましたが，クロッツ大臣を打ち負かすことはできませんでした。クロッツ大臣は，「こちらが多大なる犠牲を払って，食糧封鎖の中止に同意したからには，これ以上自国フランスのいかなる利益の譲歩にも応じない」，と断言しました。「ドイツの金(きん)は，賠償金返済にどうしても取っておかねばならんぞ!!」，とね。

メルヒオル博士： 　しかし，ドイツには他に何もありません。

ケインズ： 　あなたは，クロッツ氏の顔を知っていますか。

メルヒオル博士： 　いいえ，彼には一度も会ったことがありません。

ケインズ： 　彼は背の低い，ぽっちゃり肥えたユダヤ人で，手入れの行き届いた黒々とした口髭を蓄えていますが，女癖の悪い奴のようにキョロキョロと落ち着かぬ目付きをしています。

メルヒオル博士： 　実は，私もユダヤ人ですが。

ケインズ： 　はい，あなたは極め付きのユダヤ人でいらっしゃる。ユダヤ人であろうとなかろうと，あなたこそ敗者の威厳を保持しておられる唯一のお方です。

メルヒオル博士： 　何をおっしゃりたいのか，さっぱり分かりません。

ケインズ： 　褒め言葉ですので，どうぞ聞き流して下さい。

メルヒオル博士：　どうもありがとう。そういたします。
ケインズ：　ロイド・ジョージは，常日頃からクロッツを軽蔑していたので，奴など完膚なきまでに打ち負かせると，一瞬にして悟ったのでしょう。あなたが今，「金（goold：goldのユダヤ人的発音）」について話している間にも，女子どもが餓死しかかっているのだぞ，と彼が一喝してくれたからこそなんです。ロイド・ジョージ首相は，その後さらに身を乗り出し，大財布をぎゅっと抱え込んだおぞましいユダヤ人の姿を，身振り手振りで皆に示しました。目はギラギラし，口から飛び出す言葉があまりに激しいので，クロッツに唾を吐きかけるのじゃないか，と思ったほどです。
メルヒオル博士：　なんということだ。
ケインズ：　ロイド・ジョージは，次にクレマンソーの方を向き，こうした妨害をやめさせるように命じ，さもないとクロッツは，ヨーロッパにボルシェヴィキの思想を広めた者たちの中でも，レーニンやトロツキーと比肩する位置に置かれることになるであろう，と述べました。
メルヒオル博士：　クレマンソーは，反論しませんでしたか。
ケインズ：　面目を保つために二言三言は述べましたが，形勢が変わってしまっていることに気づきました。ドイツには食糧が供給されますし，食糧の代金も金（きん）で支払うことになりましょう。
メルヒオル博士：　それでは，ドイツ国民が餓死することにはなりませんね。
ケインズ：　ドイツの代表団が，ドイツ艦隊をアーノルド提督に即時に引き渡し，戦争と戦争による全損害はドイツ単独の責任である，との明確な宣言書を出すことを承認すればの話ですがね。
メルヒオル博士：　強要されたものである場合には特に，自白供述を法律で禁じるのが，あなたのお国の伝統であると思っておりました。
ケインズ：　ドイツの屈辱は，戦争責任の承認だけで済むとは思えません。
メルヒオル博士：　つまりその，賠償金返済のことですか。
ケインズ：　そうです。私は80億ポンドが途方もない額であると，わが国の首相に納得させることができませんでした。
メルヒオル博士：　それほど多額を返済することは，ドイツにはどうしても無理です。
ケインズ：　残念ですが，それでおしまいではない。フランス側は，ドイツの持っている全資産の独裁権を要求しています。

メルヒオル博士： しかし，ウィルソン大統領は，フランスが優先的に利益を得るのではなく，どの国々にも共通した利害関係に基づく和平を約束したではありませんか。
ケインズ： はい，そこが悲劇なのです。法を刻んだ，すばらしい銘板を一枚一枚割っていったのは，深遠なる大義名分ではなくて，堂々たる悪意なんです。
メルヒオル博士： もうお暇しませんと，締め出されてホテルに入れなくなります。
マーガレット： ビスケットをお持ち帰りになりませんこと。
メルヒオル博士： 実はですね，甘いものは苦手なんです。ケインズさん，私どもドイツのためにお骨折りくださいまして，誠に有難うございました。
ケインズ： ごきげんよう，博士。

（　*メルヒオル博士退場*　）

マーガレット： なんて風変わりで，お小さい方でしたこと。
ケインズ： そうですね，毛足の短い絨毯(じゅうたん)のような髪型だったが，瞳はまっすぐ君を見つめてキラキラ輝いていましたよ。
マーガレット： 深い哀しみを湛えていらっしゃいました。
ケインズ： うん，まるで追い詰められた誠実な動物みたいにね。
マーガレット： あの方のことを，とても気に入っておいでですねえ。
ケインズ： われわれ連合国側は，彼の祖国に対し，不可能であると知りつつ，法外な要求を突き付けようとしました。一方，ドイツの代表団は，支払い不能だと分かっていながら，その賠償額に応じようとしているのです。
マーガレット： 一方は復讐に燃え，もう一方は誠意を捨て，でしょうか。
ケインズ： 多分，君が口述して，私が筆記するのが良いでしょう。
マーガレット： それは愉快ですこと，先生。
ケインズ： やれやれ，君は女神(ミューズ)たちを解き放してしまったようです。今日のところはおしまいにしましょう。
マーガレット： どうぞ，私に記録を取らせてくださいな。ゆっくりお始め遊ばせ。
ケインズ： では始めよう。〔　*口述を始めて*　〕現在，パリで協議中の講和条約の条項は，ヨーロッパの経済再建には全く役立たない。〔　*間*　〕敗れたドイツ帝国の領土を，善き隣国に変えることもなければ，

〔 間 〕ヨーロッパの新興国を安定させもせず，〔 間 〕ロシアを改心させることにも，連合国同士の連帯意識を高めることにも，なんら貢献しないであろう。

マーガレット： 調停をなさる方は大勢いらっしゃるのですから，先生がお頼みになれば。

ケインズ： 君は，外交官になりたいのですか。

マーガレット： どうぞ，先をお続けくださいまし。

ケインズ： いやどうも。〔 *口述を再開して* 〕調停にあたっている者たちは，こうした問題には全く注意を向けない。なぜなら，彼らの頭は別の目標でいっぱいであるからだ。―クレマンソーの目標は，敵国の経済基盤を踏みつぶすこと，ロイド・ジョージの目標は賠償金をかなり減額した上で，協議期間をなんとかすり抜けた幾ばくかの額を故国イギリスに持ち帰ること，アメリカ大統領にいたっては，高潔な原則を冒瀆されまいとすることのみが目標であった。

マーガレット： 先生ったら，本当に否定的に……。

ケインズ： 〔 *両手を挙げてマーガレットの発言をさえぎり* 〕調停者の目の前で，ヨーロッパの一国が日々の食糧にも事欠き，崩壊しかかっているという経済基盤上の難問が持ち上がっているのに，その中で唯一問われているのは，戦勝国の関心をかき立てることが可能か否かなのです。

マーガレット： お話の結末はどのあたりですか。

ケインズ： もうまもなく……。

マーガレット： 今のお返事は，私の質問に対するお答えですか，それとも口述の続きですか。

ケインズ： どちらとも言えます。〔 *ケインズはまた口述を始め* 〕もうまもなく，ドイツは何百万人もの住民に，食糧も仕事も供給できなくなる。その次に来る苦難が，破局の前兆であり，ついには肉体の不調を通り越して，精神にまで弊害が及ぶ大惨事となるであろう。なんとか生き延びたにしても，やがて人間として我慢できる限界に達した時に，絶望や発狂を勧める声が苦難者の心を揺さぶる。〔 *長い間* 〕そんな時，人は体を揺すって，慣行という束縛を振り落とそうとする。そして，希望であれ，幻想であれ，復讐であれ，空を漂ってその人のもとに届いた，どのような指令にも

	耳を傾けることだろう。
マーガレット：	革命ですか。
ケインズ：	それは分からない。ですが，そろそろ口述も終わりです。
マーガレット：	至極妥当なご判断ですね。
ケインズ：	私の頭に今浮かんでいるのは，パリ講和会議の影響を受けた後のヨーロッパの将来であって，一英国人の身ではあるけれども，ロンドンの将来を考えているのではない。私は，自分を一ヨーロッパ人と捉えているので，この一大歴史劇の展開からは目を離すことができない。展開によっては，西側社会全体を破壊するかもしれないが，逆に新たな世界を設立するかもしれないからである。〔 *非常に長い間* 〕パリ講和会議の舞台には，偉大なる個性の持ち主が大勢登場する。例えば，クレマンソーは耽美主義の見地から言えば，最も高潔なる人物であるし，ウィルソン大統領は道徳的見地から一番賞賛できる。頭の回転の速さで言えば，ロイド・ジョージが一番です。〔 *また非常に長い間を取って* 〕しかし，彼らの性格がそれぞれに違い，それぞれに欠点を持っているところから生み出されるのが，母親の美点も父親の美点も何一つ受け継がなかった，─つまり，気品も道徳も知性も全くない鬼子，すなわちそれがこの講和条約なのです。

第一幕の終了

4. 謝　　辞

　戯曲上の語法を整理してくださった Jens Holscher と Matthias Klaes，また編集の助けとなるご提案を多々いただいた Victoria Chick に感謝の意を表したい。

参考文献

[1] Anderson, S., *Lawrence in Arabia*, The Knopf Doubleday Publishing Group, 2013.（邦訳）山村宜子訳,『ロレンスがいたアラビア』, 白水社, 2016年.
[2] 荒井一博,『文化の経済学―日本的システムは悪くない―』, 文芸春秋, 2000年.
[3] 浅野栄一,『ケインズの経済思考革命―思想・理論・政策のパラダイム転換―』, 勁草書房, 2005年.
[4] Backhouse, R.E. & Bateman B.W., (eds.) *The Cambridge Companion to Keynes*, Cambridge University Press, 2006.
[5] ――――, *Capitalists Revolution ; John Maynard Keynes*, Harvard University Press, 2011.（邦訳）西沢保監訳, 栗林寛幸訳,『資本主義の革命家 ケインズ』, 作品社, 2014年.
[6] 別宮暖朗,『第一次世界大戦』, 並木書店, 2014年.
[7] Bell, C., *Old Friends*, Chatto & Windus, 1956.
[8] Bell, Q., *Bloomsbury*, Weidenfeld & Nicolson, 1968.（邦訳）出淵敬子訳,『ブルームズベリー・グループ』, みすず書房, 1972年.
[9] ――――, *Elders and Betters*, John Murray, 1995.（邦訳）北條文緒訳,『回想のブルームズベリー』, みすず書房, 1997年.
[10] Blaug, M., *Ricardian Economics, A Historical Studies*, Yale University Press, 1958.（邦訳）馬渡尚憲・島博保訳,『リカァドウ派の経済学』, 木鐸社, 1981年.
[11] ――――, *Great Economists before Keynes, An Introduction to the Lives & Works of One Hundred Great Economists of the Past*, Wheatsheaf Books, 1986.（邦訳）中矢俊博訳,『ケインズ以前の100大経済学者』, 同文舘出版, 1989年。
[12] ――――, *John Maynard Keynes*, Macmillan, 1990.（邦訳）中矢俊博訳,『ケインズ経済学入門』, 東洋経済新報社, 1991年.
[13] Christiansen, R., (ed.) *Cambridge Arts Theatre: Celebrating Sixty Years*, with a Foreword by Sir Ian McKellen, Granta Editions, 1996.
[14] Crabtree, D. & Thirlwall A.P., (eds.) *Keynes and the Bloomsbury Group*, Macmillan, 1980.

[15] Darwin, C., *On the Origin of Species by Means of Natural Selection or the Preservation of Favored Races in the Struggles for Life*, John Murry, 1859.（邦訳）八杉龍一訳,『種の起源』, 岩波書店, 1990 年.
[16] Davidson, P., *Keynes Solution : The Path to the Global Economic Prosperity,* Palgrave Macmillan, 2009.（邦訳）小山庄三・渡辺良夫訳,『ケインズ・ソリューション：グローバル経済繁栄への道』, 日本経済評論社, 2011 年.
[17] Deacon, R., *The Cambridge Apostles*, Robert Royce, 1985.（邦訳）橋口稔訳,『ケンブリッジのエリートたち』, 晶文社, 1988 年.
[18] Dostaler, G., *Keynes and his Battles*, Edward Elgar, 2007.（邦訳）鍋島直樹・小峰敦監訳,『ケインズの闘い―哲学・政治・経済学・芸術―』, 藤原書店, 2008 年.
[19] Fry, R., *Vision and Design*, Chatto & Windus, 1920.
[20] ―――, *Cezanne*, Hogarth Press, 1927.（邦訳）辻井忠雄訳,『セザンヌ論』, みすず書房, 1990 年.
[21] 福田徳三,『厚生経済学』(『福田徳三著作集』第 19 巻), 信山社, 2017 年.
[22] 福岡正夫,『ケインズ』, 東洋経済新報社, 1997 年.
[23] Garnett, D., "Maynard Keynes as a biographer", in Keynes M. (ed.) *Essays on John Maynard Keynes*, Cambridge University Press,1975.（邦訳）佐伯彰一・早坂忠訳,『ケインズ　人・学問・活動』, 東洋経済新報社, 1978 年.
[24] 原正彦編,『グローバル・クライシス』, 青山社, 2012 年.
[25] 橋口稔,『ブルームズベリー・グループ―ヴァネッサ, ヴァージニア姉妹とエリートたち―』, 中央公論社, 1989 年.
[26] Harrod, R. F. *The Life of John Maynard Keynes*, Macmillan, 1951.（邦訳）塩野谷九十九訳,『ケインズ伝』上・下, 東洋経済新報社, 1967 年.
[27] 速水融,『日本を襲ったスペイン・インフルエンザ　人類とウイルスの第一次世界大戦』, 藤原書店, 2006 年.
[28] 早坂忠,「ケインズの社会思想と国家観」(『季刊　現代経済』52　ケインズ生誕百年), 日本経済新聞社, 1983 年.
[29] Hayek, F.A.,"Personal Recollections of Keynes and the Keynesian Revolution", *Oriental Economist* (January, 1966), Reprinted in his *New Studies in Philosophy, Politics, and Economics and the History of Ideas*, Routledge, 1978.（邦訳）田中真晴・田中秀夫編訳,「回想のケインズと『ケインズ革命』」『F.A. ハイエク　市場・知識・自由―自由主義の経済思想―』, ミネルヴァ書房, 1986 年.
[30] Heilbroner, R.L., *The Worldly Philosophers*, Simon and Schuster, 1986.（邦訳）八木甫監訳,『世俗の思想家たち』, HBJ 出版局, 1989 年.

[31] Hill, G., "The Paris Peace Conference : Act I from *Keynes : A Play*" in *Keynes's Economic Consequences of the Peace*, (ed.) Holscher J. & Klaes M., Pickering & Chatto, 2014. (邦訳) 中矢俊博訳, 「パリ講和会議：一幕劇―『戯曲：ケインズ』より―」『南山経済研究』, 第 29 巻第 3 号 (2015 年 3 月).

[32] Hill, P. & Keynes., R., *Lydia and Maynard* , Macmillan, 1989.

[33] 平井俊顕, 『ケインズとケンブリッジ的世界』, ミネルヴァ書房, 2007 年.

[34] ――――, 『ケインズ 100 の名言』, 東洋経済新報社, 2007 年.

[35] ――――, 『市場社会論のケンブリッジ的展開』, 日本経済評論社, 2009 年.

[36] ――――, 『どうなる私たちの資本主義』, SUP 上智大学出版, 2011 年.

[37] ――――, 『ケインズは資本主義を救えるか―危機に瀕する世界経済―』, 昭和堂, 2012 年.

[38] Hollander, S., *The Economics of Thomas Robert Malthus*, University of Toronto Press, 1997.

[39] Holroyd, M. *Lytton Strachey*, Heinemann, 1967.

[40] 北條文緒, 『ブルームズベリーふたたび』, みすず書房, 1998 年.

[41] 池上惇, 『文化経済学のすすめ』, 丸善, 1992 年.

[42] 伊藤邦武, 『ケインズの哲学』, 岩波書店, 1999 年.

[43] 伊東光晴, 『ケインズ―新しい経済学の誕生―』, 岩波書店, 1962 年.

[44] ――――, 『現代に生きるケインズ―モラル・サイエンスとしての経済理論―』, 岩波書店, 2006 年.

[45] 伊藤宣広, 『投機は経済を安定させるのか？』, 現代書館, 2016 年.

[46] ケインズ学会編・平井俊顕監修, 『危機の中で〈ケインズ〉から学ぶ』, 作品社, 2011 年.

[47] 経済学史学会編, 『経済思想史辞典』, 丸善, 2000 年.

[48] ――――, *The End of Laissez-Faire* in *Essays in Biography*, Macmillan, 1931. (邦訳) 山岡洋一訳, 「自由放任のおわり」『ケインズ説得論集』, 日本経済新聞出版社, 2010 年.

[49] Keynes, J. M., Introduction by D. Garnett, *Two Memoirs, Dr. Melchior: A Defeated Enemy and My Early Beliefs*, Rupert Hart-Davis, 1949.

[50] ――――, *The Economic Consequences of the Peace* , Vol. 2 of *The Collected Writings of John Maynard Keynes*, ed. by The Royal Economic Society, Macmillan, 1971. (邦訳) 早坂忠訳, 『平和の経済的帰結（『ケインズ全集』第 2 巻)』, 東洋経済新報社, 1977 年.

[51] ――――, *A Tract on Monetary Reform*, Vol.4 of *The Collected Writings of John Maynard Keynes*, ed. by The Royal Economic Society, Macmillan, 1971. (邦訳) 中内恒夫訳, 『貨幣改革論（『ケインズ全集』第 4 巻)』, 東洋

経済新報社, 1978 年.

[52] ──────, *The General Theory of Employment, Interest and Money*, Vol. 7 of *The Collected Writings of John Maynard Keynes*, ed. by The Royal Economic Society, Macmillan, 1971.（邦訳）塩野谷祐一訳,『雇用・利子および貨幣の一般理論（『ケインズ全集』第 7 巻）』, 東洋経済新報社, 1983 年.

[53] ──────, *A Treatise on Probability*, Vol. 8 of *The Collected Writings of John Maynard Keynes*, ed. by The Royal Economic Society, Macmillan, 1973.（邦訳）佐藤隆三訳,『確率論（『ケインズ全集』第 8 巻）』, 東洋経済新報社, 2010 年.

[54] ──────, *Economic Possibilities for Our Grandchildren & The End of Laissez-Faire & Am I a Liberal?* in *Essays in Persuasion*, Vol. 9 of *The Collected Writings of John Maynard Keynes*, ed. by The Royal Economic Society, Macmillan, 1972.（邦訳）宮崎義一訳,「わが孫たちの経済的可能性」「自由放任の終焉」「私は自由党員か」『説得論集（『ケインズ全集』第 9 巻）』, 東洋経済新報社, 1981 年.

[55] ──────, *My Early Beliefs & Robert Malthus : Centenary Allocution & Dr Melchior : A Defeated Enemy & Lloyd George : A Fragment & William Stanley Jevons* in *Essays in Biography*, Vol. 10 of *The Collected Writings of John Maynard Keynes*, ed. by The Royal Economic Society, Macmillan, 1972.（邦訳）大野忠男訳,「若き日の信条」「ロバート・マルサス　100 年祭記念講演」「敗れた敵　メルヒオル博士」「ロイド・ジョージ氏　断章」「ウィリアム・スタンリー・ジェヴォンズ」『人物評伝（『ケインズ全集』第 10 巻）』, 東洋経済新報社, 1980 年.

[56] ──────, *The General Theory and After Part II Defence and Development*, Vol. 14 of *The Collected Writings of John Maynard Keynes*, ed. by The Royal Economic Society, Macmillan, 1973.（邦訳）清水啓典他訳,『一般理論とその後　第 II 部　弁護と発展（『ケインズ全集』第 14 巻）』, 東洋経済新報社, 2016 年.

[57] ──────, *Activities 1914-1919 The Treasury & Versailles*, Vol. 16 of *The Collected Writings of John Maynard Keynes*, ed. by The Royal Economic Society, Macmillan, 1971.

[58] ──────, *Activities 1931-1939: World Crises and Policies in Britain and America*, Vol. 21 of *The Collected Writings of John Maynard Keynes*, ed. by The Royal Economic Society, Macmillan, 1982.（邦訳）舘野敏他訳,『世界恐慌と英米における諸政策—1931-39 年の諸活動—（『ケインズ全集』第 21 巻）』, 東洋経済新報社, 2015 年.

[59] ──────, *Keynes and the Arts* in *Social, Political and Literary Writings*,

Vol. 28 of *The Collected Writings of John Maynard Keynes*, ed. by The Royal Economic Society, Macmillan, 1982.（邦訳）那須正彦訳,「ケインズと芸術」『社会・政治・文学論集（『ケインズ全集』第 28 巻）』, 東洋経済新報社, 2013 年.
[60] ―――――, *Keynes's Economic Papers*, King's College Libruary, Cambridge University, Microfirm, Chadwyck-Healey Ltd.,1995.
[61] Keynes, M., (ed.) *Essays on John Maynard Keynes*, Cambridge University Press, 1975.（邦訳）佐伯彰一・早坂忠訳,『ケインズ―人・学問・活動―』, 東洋経済新報社, 1978 年.
[62] ―――――, *Lydia Lopokova*, Weidenfeld & Nicolson, 1983.
[63] 木村靖二,『世界大戦と現代文化の開幕』(『世界の歴史』第 26 巻), 中央公論社, 1997 年.
[64] 小室信一・岡田暁生・小関隆・藤原辰史編,『第一次世界大戦』(第 1 巻), 岩波書店, 2014 年.
[65] Krugman, P., *End This Depression Now!*. Norton & Company, 2012.（邦訳）山形浩生訳,『さっさと不況を終わらせろ』, 早川書房, 2012 年.
[66] 草間秀三郎,『ウィルソンの国際社会政策構想―多角的国際協力の礎石』, 名古屋大学出版会, 1990 年,
[67] 牧野雅彦,『ヴェルサイユ条約　マックス・ウェーバーとドイツの講和』, 中央公論社, 2009 年.
[68] Malthus, T. R., *Principles of Political Economy considered with a View to their Practical Application*, John Murray, 1820.（邦訳）小林時三郎訳,『経済学原理』, 岩波書店, 1968 年.
[69] Marcet, J., *Conversation on Political Economy; in which the Elements of that Science are familiarly explained* , Longman, 1816.
[70] Marshall, A., *Principles of Economics*, 8 ed., Macmillan, 1920.（邦訳）馬場啓之助訳,『経済学原理』, 東洋経済新報社, 1965 年.
[71] 『魅惑のオペラ』第 20 巻,『ワーグナー　ローエングリン』, 小学館, 2008 年.
[72] 三光良治,『新編　ワーグナー』, 平凡社, 2013 年.
[73] Mill, J. S., *Principles of Political Economy*, Reprint; Augustus M. Kelly, 1965.（邦訳）末永茂樹訳,『経済学原理』, 岩波書店, 1960 年.
[74] Mini, P. V., *Keynes, Bloomsbury and the General Theory*, Macmillan, 1991.
[75] 宮崎義一・伊東光晴,『コメンタール　ケインズ一般理論』, 日本評論社, 1981 年.
[76] 水田洋,『十人の経済学者』, 日本評論社, 1984 年.
[77] Moggridge, D., *Keynes*, Macmillan, 1976.（邦訳）塩野谷祐一訳,『ケインズ』, 東洋経済新報社, 1979 年.

[78] ─────, *Maynard Keynes : An Economist's Biography*, Routledge, 1992.
[79] Moore, G. E., *Principia Ethica*, Cambridge University Press, 1903.（邦訳）深谷昭三訳，『倫理学原理』，三和書房，1973年.
[80] 諸富徹編，『資本主義経済システムの展望』(『岩波講座　現代3』)，岩波書店，2016年.
[81] Myrdal, G., *Beyond the Welfare State*, Yale University Press, 1960.（邦訳）北川一雄監訳，『福祉国家を越えて』，ダイヤモンド社，1970年.
[82] 永井義男，『ベンサム』，講談社，1982年.
[83] 中矢俊博，「ケインズ『自由放任の終焉』の意味するもの」『南山経済研究』，第5巻第2・3号（1991年2月）.
[84] ─────,「ケインズの"美と知性"に関する一草稿」『南山経済研究』，第8巻第2号（1993年10月）.
[85] ─────,『ケンブリッジ経済学研究─マルサス・ケインズ・スラッファ─』，同文舘出版，1997年.
[86] ─────,「ケインズの社会哲学─現代日本の有効需要増大策との関連で─」『南山経済研究』，第14巻第3号（2000年2月）.
[87] ─────,『ケインズとケンブリッジ芸術劇場─リディアとブルームズベリー・グループ─』，同文舘出版，2008年.
[88] ─────,「ケインズの『わが孫たちの経済的可能性』」『南山経済研究』，第24巻第1号（2009年6月）.
[89] ─────,「ケインズの『若き日の信条』」『南山経済研究』，第25巻第1号（2010年6月）.
[90] ─────,「ケインズとイギリス・ロマン派詩人パーシー・シェリー」『南山経済研究』，第27巻第2号（2012年10月）.
[91] ─────,「ケインズと芸術─芸術評議会の理念─」『南山経済研究』，第28巻第1号（2013年6月）.
[92] ─────,『天才経済学者たちの闘いの歴史』，同文舘出版，2014年.
[93] ─────,「ケインズの『敗れた敵，メルヒオル博士』」『南山経済研究』，第32巻第3号（2018年3月）.
[94] 那須正彦，『実務家ケインズ』，中央公論社，1995年.
[95] ─────,「ケインズとブルームズベリー」『ケインズ研究遍歴』増補第2版，中央公論事業出版，2015年.
[96] 中山幾郎，『分権時代の自治体文化政策』，勁草書房，2001年.
[97] 夏目漱石，『草枕』，新潮社，2005年.
[98] 西部邁，『ケインズ』，岩波書店，1983年.
[99] 野下保利，「証券市場，投資家行動，そして効用価値論─ジェヴォンズ自由資本概念の含意─」，日本証券経済研究所『証券経済研究』，第94号

(2016 年 6 月).
[100] 岡田暁生,『クラシック音楽はいつ終わったのか？―音楽史における第一次世界大戦の前後―（レクチャー　第一次世界大戦を考える）』, 人文書院, 2010 年.
[101] Otaki, M., *Keynes's General Theory Reconsidered in the Context of the Japanese Economy*, Springer, 2016.
[102] Piketty, T., *Capital in the Twenty-First Century*, Harvard University Press, 2014.（邦訳）山形浩生他訳,『21 世紀の資本』, みすず書房, 2014 年.
[103] Ricardo, D., *On the Principles of Political Economy and Taxation*, Vol. 1 of *The Works and Correspondence of David Ricardo*, ed., Piero Sraffa with the collaboration of M. H. Dobb, Cambridge University Press, 1951.（邦訳）堀経夫訳,『経済学および課税の原理（『リカードウ全集』第 1 巻）』, 雄松堂書店, 1972 年.
[104] ―――――, *Notes on Malthus's Principles of Political Economy*, Vol. 2 of *The Works and Correspondence of David Ricardo*, ed., Piero Sraffa with the collaboration of M. H. Dobb, Cambridge University Press, 1951.（邦訳）鈴木鴻一郎訳,『マルサス評註（『リカードウ全集』第 2 巻）』, 雄松堂書店, 1971 年.
[105] Roche, P., *With Duncan Grant in Southern Turkey*, Honeyglen, 1982.
[106] Rosenbaum, S. P., (ed.), *The Bloomsbury Group*, University of Toronto Press, 1975.
[107] 坂本公延,『ブルームズベリーの群像―創造と愛の日々―』, 研究社出版, 1995 年.
[108] 桜井邦朋・嶋中雄二編著,『太陽が変わる　景気が動く』, 同友館, 1989 年.
[109] Russell, B., *Autobiography*, George Allen & Unwin, 1967.（邦訳）日高一輝訳,『ラッセル自叙伝』（第 2 巻）, 理想社, 1968 年.
[110] Samuelson, P. A., *Economics*, McGraw-Hill Kogakusha, 10th ed., 1976.（邦訳）都留重人訳,『経済学』, 岩波書店, 1977 年.
[111] 白石正樹,「主権・一般意思・法・立法者」, 小笠原弘親他著,『ルソー社会契約論入門』, 有斐閣, 1978 年.
[112] Schumpeter, J.A., *Business Cycles ; A Theoretical, Historical, and Statistical Analysis of the Capitalist Process*, Richard D. Irwin, 1939.（邦訳）吉田昇三監訳,『景気循環論』, 有斐閣, 1964 年.
[113] ―――――, *Capitalism, Socialism and Democracy*, Harper & Brothers, 1947.（邦訳）中山伊知郎・東畑精一訳,『資本主義・社会主義・民主主義』, 東洋経済新報社, 1951 年.

[114] ─────, "John Maynard Keynes", *The American Economic Review*, Vol. 36, No.4 (September, 1946). Reprinted in his *Ten Great Economists from Marx to Keynes*, Oxford University Press, 1951.（邦訳）中山伊知郎・東畑精一監訳,『シュムペーター・十大経済学者』, 日本評論社, 1952年.

[115] Scrase, D. & Croft, P., (ed.), *Maynard Keynes : Collector of pictures, books and manuscripts*, Provost and Scholar of King's College, 1983.

[116] Shelly, P. B., *Prometheus Unbound*, 1820.（邦訳）石川重俊訳,『鎖を解かれたプロメテウス』, 岩波書店, 2003年.

[117] Shelly, M. W., *Mathilda*, 1959.（邦訳）市川純訳,『マチルダ』, 彩流社, 2018年.

[118] 柴田多賀治,「D.H. ローレンスとB. ラッセル」『名古屋市立大学教養部紀要』, 第2号（1956年3月）.

[119] 塩野谷祐一,「ケインズの道徳哲学―『若き日の信条』の研究」(『季刊現代経済』52 ケインズ生誕百年), 日本経済新聞社, 1983年.

[120] 小学館編,「D.H. ローレンス」『日本大百科全書』, 第24巻, 小学館, 1988年.

[121] Skidersky, R., *John Maynard Keynes Hopes Betrayed 1883-1920*, Macmillan.1983（邦訳）宮崎義一監訳・古屋隆訳,『ジョン・メイナード・ケインズ1 裏切られた期待／1883-1920年』, 東洋経済新報社, 1987年.

[122] ─────, *John Maynard Keynes The Economist as saviour 1920-1937*, Macmillan, 1992.

[123] ─────, *Keynes*, Oxford University Press, 1996.（邦訳）浅野栄一訳,『ケインズ』, 岩波書店, 2001年.

[124] ─────, *John Maynard Keynes Fighting for Britain 1937-1946*, Macmillan, 2000.

[125] ─────, *Keynes : The Return of the Master* , PublicAffairs, 2009.（邦訳）山岡洋一訳,『なにがケインズを復活させたのか？―ポスト市場原理主義の経済学―』, 日本経済新聞出版社, 2010年.

[126] Skidersky, R. & Skidersky, E., *How much is enough ?*, PublicAffairs, 2012.（邦訳）村井章子訳,『じゅうぶん豊かで, 貧しい社会―理念なき資本主義の末路―』, 筑摩書房, 2014年.

[127] Smith, A., *An Inquiry into the Nature and Causes of the Wealth of Nations*, 2 Vols., ed., Edwin Cannan, 6th ed., Methuen, 1950.（邦訳）大内兵衛・松川七郎訳,『諸国民の富』, 岩波書店, 1974年.

[128] Spalding, F., *Vanessa Bell*, Weidenfeld & Nicolson, 1983.（邦訳）宮田恭子訳,『ヴァネッサ・ベル』, みすず書房, 2000年.

[129] ―――――, *Duncan Grant*, Chatto & Windus, 1997.
[130] Strachey L., *Eminent Victorians*, Chatto & Windus, 1918.（邦訳）中野康夫訳,『ヴィクトリア朝偉人伝』, みすず書房, 2008 年.
[131] ―――― *Landmarks in French Litrature*, Willams & Norgate, 1927.（邦訳）片山正樹訳,『フランス文学道しるべ』, 筑摩書房, 1979 年.
[132] Throsby, D., *Economics and Culture*, Cambridge University Press, 2001.（邦訳）中谷武雄・後藤和子監訳,『文化経済学入門』, 日本経済新聞社, 2002 年.
[133] 若田部昌澄,『経済学者たちの闘い―脱デフレをめぐる論争の歴史―』増補版, 東洋経済新報社, 2013 年.
[134] 渡会勝義,「マルサスの経済学とケインズ―マルサス＝リカードウの『一般的供給過剰』論争の評価をめぐって―」早坂忠編著,『ケインズ主義の再検討』, 多賀出版, 1986 年.
[135] Woolf, L., *An Autobiography*, 5 vol., Hogarth Press, 1960-69.
[136] Woolf, V., *Roger Fry: A Biography*, Hogarth Press, 1940.（邦訳）宮田恭子訳,『ロジャー・フライ伝』, みすず書房, 2008 年.
[137] ―――――, *Moments of Being*, ed. by J. Schulkind, The Sussex University Press, 1976.（邦訳）近藤いね子他訳,『存在の瞬間』, みすず書房, 1983 年.
[138] ―――――, *The Diary of Virginia Woolf*, ed. by A.O. Bell, Hogarth Press, 1978.
[139] ―――――, *The Letter of Virginia Woolf 1888-1941*, ed. by N.Nicolson & J.T.Banks, Hogarth Press, 1975-80.
[140] *World War I document Archive*
[141] 吉川洋,『ケインズ』, 筑摩書房, 1995 年.
[142] ―――――,『いまこそ, ケインズとシュンペーターに学べ』, ダイヤモンド社, 2009 年.
[143] 吉野雄一郎編著,『図説　日本の税制（平成 29 年度版）』, 財経詳報社, 2017 年.
[144]『図説　第一次世界大戦』（上・下）, 学習研究社, 2008 年.

あとがき

　筆者は，2018年の3月末をもって，39年間勤務した南山大学を定年退職した。多くの運に恵まれ，大きな病気をすることなく職務を遂行できたことは，何物にも変えがたい幸せである。その間に，ロンドン大学やケンブリッジ大学に留学させて頂き，学生部長を4年と経済学部長を6年やらせて頂いた。いずれも，かけがえのない素晴らしい経験であった。

　はしがきにも書いたように，筆者は研究書として，1997年には『ケンブリッジ経済学研究―マルサス・ケインズ・スラッファ―』を，2008年には『ケインズとケンブリッジ芸術劇場―リディアとブルームズベリー・グループ―』をそれぞれ出版した。今回の研究書は，主にそれ以降に書いたケインズに関する論文を集めたものである。以下では，その出典を明記しておく。

　　第1章は，「ケインズと芸術―芸術評議会の理念―」『南山経済研究』，第28巻第1号（2013年6月）．
　　第2章は，「メイナード・ケインズを取り巻く芸術家たち―使徒会，ブルームズベリー・グループ，メモワール・クラブ―」『南山経済研究』，第32巻第1号（2017年6月）．
　　第3章は，「ケインズとケンブリッジ『使徒会』・再考」『南山経済研究』，第33巻第1号（2018年6月）．
　　第4章は，「ケインズの『若き日の信条』」『南山経済研究』，第25巻第1号（2010年6月）．
　　第5章は，「ケインズの『敗れた敵，メルヒオル博士』」『南山経済研究』，第32巻第3号（2018年3月）．
　　第6章は，「ケインズの『わが孫たちの経済的可能性』」『南山経済研究』，第24巻第1号（2009年6月）．
　　第7章は，「ケインズ『自由放任の終焉』の意味するもの」『南山経済研究』，第5巻第2・3号（1991年2月）．

第8章は,「ケインズの景気循環論―『一般理論』第22章「景気循環に関する覚書」を中心にして―」『南山経済研究』,第32巻第2号(2017年10月).

第9章は,「ケインズの社会哲学―現代日本の有効需要増大策との関連で―」『南山経済研究』,第14巻第3号(2000年2月).

付論1は,「ケインズとイギリス・ロマン派詩人パーシー・シェリー」『南山経済研究』,第27巻第2号(2012年10月).

付論2は,「パリ講和会議:一幕劇(『戯曲:ケインズ』より)」『南山経済研究』,第29巻第3号(2015年3月).

以上のように,今回の本は,過去10年に筆者が書いたケインズ関係の論文を集めた論文集である。しかし,当然のことながら,書物としてまとめる際に,それぞれの論文にはかなり手を加えた。また,重要性を考えて,2008年以前に執筆した論文(「ケインズ『自由放任の終焉』の意味するもの」と「ケインズの社会哲学―現代日本の有効需要増大策との関連で―」)を入れた。しかし,それぞれの論文には必要に応じて,かなり大幅な修正を加えている。

今回は,本書を編むに当たり,ケインズが芸術家として誕生したことを,様々な角度から検討した。しかし,筆者の意図が実現したかどうかについては,本書を手にした読者の皆さんに委ねることとする。また,10前に出版した『ケインズとケンブリッジ芸術劇場―リディアとブルームズベリー・グループ―』とは姉妹書となっているので,本書を読む際に合わせて手に取って頂ければ幸いである。

最後になったが,この書物を,私の亡き母・美和に捧げることをお許し頂きたい。母は,本書を準備している2018年5月16日,南山大学に近い名古屋第二赤十字病院にて,92歳で死去した。母は,私が研究者の道を進むことを後押ししてくれただけでなく,数々の支援を惜しむことはなかった。長く続いた母の精神的援助がなかったならば,私が研究者として今あることはなかったと考える時,母の突然の死を悼むと同時に,心からの感謝を捧げるものである。

索　引

―事項―

［あ　行］

Agenda……………………178, 181
アッシジの聖フランシスコ……………106
アニマル・スピリット……………206, 216
イギリス芸術評議会……………4, 16-18,
　　　　　　　　　　　　22, 84, 88, 152
一般意思……………………………173
イノベーション……………………189
意味を持つフォーム…………………50
ヴィック―ウェルズ・バレエ団………15
オメガ・ワークショップ………………39
音楽芸術奨励協議会……………8, 15, 16,
　　　　　　　　　　　　20, 64, 84, 88

［か　行］

過剰投資説……………………196, 203
貨幣愛
　財産としての――……………10, 18,
　　　　　　　　　　　160, 161, 226
　人生の享受と現実のための手段としての
　――……………………………10, 160
完全雇用………………205, 207, 215
幾何級数的……………………………157
記号論的擬似数理方法論………………234
キングス・カレッジ…………14, 35, 63, 67,
　　　　　　　　　　68, 71, 85, 139, 225
均衡財政主義……………208, 214, 217
近隣窮乏化……………………………217
近隣窮乏化政策………………………213
限界消費性向……………205, 207, 216
ケンブリッジ「使徒会」………4, 5, 8, 15,
　　　　　　　　　　33, 35, 63, 67, 82
ケンブリッジ芸術劇場…………63, 91,
　　　　　　　　　　152, 225, 234
ゴートン・スクエア46番地……………27,
　　　　　　　　　　　　38, 46, 79
個人的欲求……………………………10
コベント・ガーデン劇場………………84

［さ　行］

最大幸福………………………………172
資本の限界効率……………190-195, 197,
　　　　　　　　　　198, 203, 207-210
集合的欲求……………………………10
所得の再分配政策………………206, 214
スペイン風邪…………………………127
絶対的なニーズ……………………159, 167
相対的なニーズ……………………159, 166

［た　行］

大恐慌………………25, 151, 152, 162,
　　　　　　　　　191, 194, 195, 212
太陽黒点説……………………202-204
チャールストン…………9, 34, 35, 39, 42,
　　　　　　　　　　43, 61-63, 79, 85
投資のやや広範な社会化………210, 211
投資の利子弾力性………………………208
道徳律………………………………160
ドガ・スタジオ………………35, 63, 85
富および所得の恣意的で不公平な分配
　……………………………205, 207, 215

［な　行］

なさざるべきこと（Non-Agenda）……181
なすべきこと（Agenda）…………181, 211
ニュー・ディール政策………………212
ニューナム……………………………69

［は　行］

ハーヴェイ・ロードの前提……………208
非自発的失業者………………………207
フェビアン協会………………56, 70, 81, 221
ブルームズベリー・グループ……7-9, 12,
　　　　26, 29, 33, 34, 37, 39, 47, 51, 53,
　　　　58, 63, 64, 67, 70, 78-87, 115
ホガース・プレス………………………55
ポスト印象派展…………………………81

ポスト印象派の画家たち……………52
ボルシェヴィズム…………123, 129, 132,
　　　　　　　　　　　134, 136, 145, 148
ボルシェヴィキ…………………………258

　　　　　　　［ま　行］

マネとポスト印象派展………7, 27, 71, 72
ムーアの宗教………………98, 99, 100,
　　　　　　　　　101, 104, 111, 115
メモワール・クラブ…………36, 63, 64, 68,
　　　　　　　　　71, 72, 83, 87, 91

　　　　　　　［や　行］

有機的統一の原理……………11, 98-100

有効需要の原理………………206, 208
余暇選好説………………198, 199, 203

　　　　　　　［ら　行］

ラファエル前派……………………53, 81
リーマン・ショック………………3, 25, 108
利子生活者の安楽死………………206
流動性選好説………………207, 209
レッセ・フェール（Laissez-faire）
　……………………………178, 185
論理哲学論考………………………73, 74

―人名―

　　　　　　　［あ　行］

アダム・スミス……173, 175-181, 184, 185
アルフレッド・マーシャル…………33, 69,
　　　　　　　170, 177, 178, 180, 182, 185
イプセン……………12, 14, 15, 225, 234
ヴァージニア・ウルフ……………5, 38, 44,
　　　　　　　51, 57, 58, 72, 73, 86, 87
ヴァネッサ………34, 38-41, 45, 49, 61, 79
ヴィトゲンシュタイン………………72-74
ウィリアム・モリス……………………53
ウィルソン大統領………27, 36, 56, 70, 123,
　　　　　　　128, 139, 141, 147, 150, 241,
　　　　　　　242, 245, 246, 248, 259, 261
ヴィルヘルム二世……………116, 130, 142
エイドリアン…………………………38
エリザベス一世……………………156

　　　　　　　［か　行］

カサンドラ……………………151, 163
カルサヴィーナ………………………13
クウェンティン・ベル……………39, 41, 48,
　　　　　　　　　　　49, 86, 110
クライブ・ベル………………34, 41, 45, 48
クレマンソー………133, 135, 141, 147-149,
　　　　　　229, 243-247, 253-258, 260, 261
クロッツ大蔵大臣………123, 124, 134-136,
　　　　　　236, 246, 250, 252, 256-258

　　　　　　　［さ　行］

坂本公延…………………………5
サミュエルソン………………187, 221
シェイクスピア………12, 161, 225-227,
　　　　　　　　　232, 234, 254
ジェヴォンズ………………200-202, 204
シュンペーター………169, 170, 171, 176,
　　　　　　　　180, 182, 187-189
ジョージ・エドワード・ムーア…6, 69-71,
　　　　　　　89, 97, 98, 100, 102, 104, 105
ジョン・エリオット・ケアンズ…170, 177,
　　　　　　　　　　　180, 183
ジョン・スチュアート・ミル……177-180
ジル・ドスタレール……………4, 6, 18, 26
スキデルスキー……4, 25, 90, 107, 108, 222
セザンヌ……………………………35, 54
セシル・ビートン………………………13

　　　　　　　［た　行］

ダーウィン……………77, 156, 174, 175
ダンカン・グランド……………27, 34, 39, 41,
　　　　　　　　　　45, 46, 60, 63
デイヴィッド・ガーネット…41, 42, 79, 85,
　　　　　91, 93-95, 109, 110, 115-117, 131, 140, 147
ディヴィッド・スロスビー………………10
ドナルド・モグリッジ…………………19
トマ・ピケティ………………………205

[な 行]

那須正彦 …………………………………… 3
夏目漱石 ………………………………… 231

[は 行]

パーシー・シェリー ……… 70, 227, 229-232
バートランド・ラッセル ………… 70, 71, 73, 92, 94
ハイエク …………………… 163, 171, 183
橋口稔 ………………………………… 9, 48
ピカソ ……………………………… 35, 79
ピグー ……………………………………… 33
ヒトラー …………………… 105, 142, 162
平井俊顕 ………………… 3, 4, 9, 107, 108
フォッシュ元帥 ………… 119, 120, 133, 148, 236, 246, 248, 252-257
プラトン ………………………………… 229
ペーリー ……………………………… 172-176
ベンサム …………… 113, 172, 173, 175, 184
ポール・クルーグマン ………………… 3, 33
ポール・ロッシュ ………………………… 62
マーク・ブローグ ……………… 33, 182, 185, 187, 188, 221, 222

[ま 行]

マルサス ………… 157, 175-178, 180, 185, 206, 217-219, 223, 229, 230
ミルトン ……………………… 13, 77, 225

メルヒオル博士 …… 121, 126, 132, 133, 137, 138, 140, 149, 233, 236, 255

[ら 行]

ライオネル・ロビンス ………………… 235
ライランズ ………………… 12, 225, 226
ラムジー …………………………………… 74
ランバート・コンスタント …………… 13
リカード（ウ） ……………… 176-178, 180, 184, 185, 217, 223
リチャード・デーコン ………………… 35
リットン・ストレイチー … 6, 8, 27, 35, 38, 43, 45, 49, 54, 63, 68, 70, 80, 81, 87, 110
リディア・ロポコヴァ ………… 12, 13, 36, 46, 64, 83, 225
ルソー ………………… 172, 173, 175, 184
レナード・ウルフ ……… 35, 45, 47, 49, 54, 63, 68, 70, 80, 81
ロイド・ジョージ …… 28, 80, 119, 133-136, 141, 142, 147-149, 229, 237, 244-247, 255-258, 260, 261
ロジャー・フライ …… 6, 7, 26, 35, 41, 43, 45, 49, 56, 70, 82, 87
ロバートソン ………………………… 196
ロレンス ………… 85, 91, 93-96, 107-110

[わ 行]

ワーグナー ……………… 116, 130, 131, 146
ワーズワス ……………… 77, 225, 229, 230

《著者紹介》

中矢　俊博（なかや・としひろ）

1949 年	北九州・小倉生まれ
1973 年	名古屋市立大学経済学部卒業
1979 年	南山大学大学院経済学研究科満期退学
1979 年	南山大学経済学部助手・講師・助教授を経て、
1994 年	南山大学経済学部教授
現　在	南山大学名誉教授　名古屋大学博士（経済学）

（著書）

1997 年	『ケンブリッジ経済学研究』同文舘出版
2008 年	『ケインズとケンブリッジ芸術劇場』同文舘出版
2014 年	『天才経済学者たちの闘いの歴史』同文舘出版
2016 年	『学びなおし経済学』日本実業出版社

その他多数

平成 30 年 12 月 1 日　初版発行　　　　略称：ケインズ研究　　《検印省略》

ケインズ経済学研究
―芸術家ケインズの誕生を探る―

　　　著　者　　Ⓒ中　矢　俊　博
　　　発行者　　　中　島　治　久

発行所　同文舘出版株式会社
東京都千代田区神田神保町1-41　〒101-0051
電話　営業 (03) 3294-1801　編集 (03) 3294-1803
振替 00100-8-42935　http://www.dobunkan.co.jp

Printed in Japan 2018　　　　　　印刷・製本：萩原印刷

ISBN 978-4-495-44300-9

JCOPY 〈出版者著作権管理機構　委託出版物〉
本書の無断複製は著作権法上での例外を除き禁じられています。複製される場合は，そのつど事前に，出版者著作権管理機構（電話 03-3513-6969, FAX 03-3513-6979, e-mail: info@jcopy.or.jp）の許諾を得てください。